自律と自立のまちづくり

元山口県柳井市長　河内山哲朗回顧録

河内山哲朗 著

小宮一夫／新嶋 聡 編

吉田書店

はしがき

まだ現役のつもりなのだが、やや早めに過ぎるかもしれないが、回顧録という人生の終期に認めるだろうと想定していたものを上梓することとなった。

きっかけは、松下政経塾において若い塾生を指導いただいていた小宮一夫先生との出会いである。まだ、社会保険診療報酬支払基金の理事長を務めていた時期であったが、松下政経塾の入塾選考の面接員を依頼された折に、小論文の審査をされていた小宮先生と茅ヶ崎にある松下政経塾の応接室で昼食を共にした。小宮先生から、塾出身者のいくつかのオーラル・ヒストリーの成果物を渡され面白いものだと感じた。当事者でなければ話せないファクトの強さというか、説得力を感じた。

しばらくして、私の市長時代の話も有意義なオーラル・ヒストリーになるとのお話を小宮先生からいただき、小宮先生、新嶋聡先生のインタビューが始まった。支払基金理事長室で、毎回二時間程度を目安に始まったインタビューは、両先生のインタビュー力のすごさもあって、時に四時間近くにもなり、回数も八回を数えるに至った。当時、支払基金の秘書であった牧井章氏は、インタビューが終わるたびに汗をかきながら退出される小宮先生の姿を見送ると、よくお話になることがあるものですねと驚いた様子で私に感想を述べるのが常であった。

両先生からの質問に答える形でインタビューは続くのだが、話しているうちに幼い頃のこと、学生時代の友人のこと、市長時代にお世話になった市民や市役所の職員の思い出、楽しかったこと辛かったことを思い出し、自らの生き方考え方がどう形成されてきたのかがトレースできて楽しかった。不思議な時間だった。

私は何を考えて仕事をしてきたのかについて、まとめてみる。

詮ずるところ、私は若くして市長を務め、現場の人から学び、現場で考え、現場でチャレンジする精神を大切にしながら市政に取り組んだ。これこそが自治の精神であり、自立した地域をつくり、自立する人生を貫く根本精神だと思う。師である、松下幸之助翁から「人間の力の偉大さ、条件不利であっても、課題が大きくても、人間にはそれを克服する力をもっている」ということを教えてもらったが、現場ではそれを実感することが多々あった。思ったほど地方分権化が進まず、中央に依存する精神からの脱却ができない現状に憤慨することもあるが、まだまだ地方にはできることがある。憂うべきは諦めの弱気である。

人間の心の中には希望の燈がある。一人一人の燈は小さく、暗いが、指導者にはそれを広げていく責任がある。一人が十人になり、十人が百人なり、百人が万人となれば、大きく、希望の燈が、明るく世の中を照らすはずだ。

同時に、人間は公共の福祉を考える崇高な精神をもっている。私益を超える公共の精神は普段は隠れている。地方自治は、一人ひとりのこの崇高さを引き出す場であるはずだ。

このようなことがインタビューを続けるたびに次から次の心に浮かび、胸が熱くなった。

こうしてできあがった回顧録であるので、その作業の膨大さを考えても、両先生の労作であり、私は本当に喋っただけなのである。おかげで、早めの半生の記ができた。子どもの頃の思い出から始まり、学生時代、松下政経塾時代、若くして市長を務めたこと、選挙での悲喜こもごもなど得難い体験ばかりをさせていただいた我が半生なのだと、我がことながら感じ入っている。

同時に、世の中を支える、数多くの有名無名の人々との出会い、公職にあるものの気概、自治の精神の気高さなど、知っていただきたいことの数々も記録できたと思っている。特に、我が国における地方自治の現状や分権の未完の状況を鑑み、幸せな社会に少しでも進展するための何かの示唆をいささかでも提供できる意義もあるのではないかと考える。

冒頭に書いたように、私自身いくつかの一般社団法人の代表理事という現役の役割をもち、文中に登場する多くのかたがたもまた現役であるので、少々曖昧な表現にせざるをえなかった記述もある。将来、機会があれば、社会保険診療報酬支払基金理事長時代のこと、松下政経塾の塾長時代のことも含めて回顧できることがあればと願っている。その時には、よりあるがままのことを記述したい。

最後になるが、改めて小宮、新嶋両先生に感謝申し上げるとともに、本書の刊行を後押ししてくださった吉田書店の吉田真也代表に心から御礼申し上げる。

令和六年一月

河内山　哲朗

目次

＊本文中における部署名、役職、肩書きなどは原則として当時のものである。

第1章　松下政経塾以前

生い立ち

――ご両親のご職業や家族構成についてお話しください。

河内山　私の父利男は一九二七（昭和二）年の生まれです。王将酒造株式会社という酒造会社の代表取締役をやっておりました。また、父方の祖父敬治も酒造会社の社長でしたが、一九四一（昭和一六）年の開戦で国家総動員が始まり、企業整理が行われたために、酒屋をたたみました。代替措置でしょうか、近くに陸軍の揚陸部隊の基地ができ、その近くに郵便局が必要だということで、一九四一年から一九六七（昭和四二）年まで局長を務めました。そして、母晴生は一九三五（昭和一〇）年生まれの専業主婦でしたが、祖父の跡を継ぎ郵便局の局長を七年ほど務めました。

――小さい頃のご家庭でのしつけや教育は、どのようなものでしたか。

河内山　両親はあまり厳しいことを言いませんでした。一番記憶に残っているのは祖母で、一番影響を受けたと思っています。特に厳しく言われたのは、「神・仏というものに対しては、正座して、きちんとした姿勢で向かわなければいけない」ということです。

1歳頃の著者と母河内山晴生

7歳頃の著者と父河内山利男

もう一つ。私は一九五八（昭和三三）年生まれで東京オリンピックのとき六歳でしたが、祖母から「弱い子や生活に恵まれない子を、絶対にバカにしてはいけない」と、かなりきつく言われました。あと、父はあまり言いませんでしたが、亡くなった祖父も祖母からも、「人の上に立って仕事をするような、そういう人間になれ」と、よく言われました。

岸家との関係

――山口出身の昭和の政治家は伊藤博文、山縣有朋と同じ長州の血を引いているという意識をもっています。小さい頃、明治維新の郷土の偉人の話は、聞きましたか。

河内山　父方の祖母奈都《なつ》が一九〇五（明治三八）年生まれで、祖母の妹が山口県の田布施町にある行本《ゆくもと》という醸造家に嫁ぎました。岸先生が一時期公職追放で政治の舞台で活躍できないときに、行本家が応援しました。それから、今（二〇一五年）の安倍晋三総理のお母さん（安倍）洋子さんが山口銀行の田布施支店にお勤めのときに、身の回りのお手伝いをしていました。ですので、岸先生のお話は小さい頃からずっと聞いていました。当時、私は「岸先生は、とにかく賢い人だ」と感じておりました。

もう一つ。「歴史の中に名前が出ることは良いこともあるが、天国と地獄と両方をみる」という話を、亡くなった祖母や行本酒造に嫁いだ祖母の妹からも聞いておりました。さらに、岸先生が選挙に出られるときに、祖母の妹が、家庭を顧みずに一生懸命に選挙を応援したという特別な関係もあります。岸先生のお話は、よく聞いておりました。

2歳頃の著者と母方の祖父武居良生

高村家との関係

河内山　一方、母方の実家が山口の下松市で、武居《たけすえ》と言いまして、これも酒造業をやっておりました。この武居のほうの祖父良生《よしお》が、高村坂彦さんと関わりがあります。高村坂彦さんは衆議院議員もされ、徳山市（現、周南市）長もお務めになった、元外務大臣の高村正彦さんのお父さんです。祖父がこの高村坂彦さんの熱心な後援者ですから、保守合同する前、そこの事実上の後援会長みたいな仕事もしていました。母方の実家に行きますと、高村坂彦さんの話をいろいろと聞かされました。そして高村坂彦さんからは、「人間は長いものに巻かれろではなく、自分がこうだと思ったら、正直に生きていかなければいけない」と聞いておりました。実は、息子さんの高村正彦さんが、私が政経塾に入りましたときの、身元保証人です。

佐藤家との関係

――佐藤家との関わりはどうでしたか。

河内山　先ほど言いましたように、父方の祖父は特定郵便局長をやっていましたので、自民党の系統で言いますと、後々は田中角栄さんが引き継ぐ「逓信族」、「郵政族」に近いといえますね。佐藤栄作総理は旧運輸省（通信・海運・郵便を管掌した逓信省が改組され運輸省となった）のご出身ですから、特定郵便局長会との関係も深い。父方の祖父は、佐藤先生に近いのです。

今もそうですが、政治家は色紙を書きます。それで、うちの家の応接間に、時々は岸先生の額がかかる。あるときは、佐藤先生の額がかかる。「両方に気を使わなきゃいけない」というのがわかりました。選挙になれば近くで演説会をされる。当時は中選挙区ですから。そうすると「両方に顔を出さなきゃいけない」ことがわかる。ズルいようですが「そんなもんだろうな」と感じました。

うちのほうではそんなに激烈ではありませんでしたが、やはり佐藤先生と岸先生の御兄弟が争う以上は、本人同士は仲がよくても、後援団体や後援者同士の仲までよいと、選挙になりません。買い物しても、「こっちは佐藤さんの系統」。床屋に行っても、「これは岸さんの系統」。酒売っても、「こっちは佐藤さんの系統」。こうなってしまいます。自分も後に選挙をやるのですが、選挙というのはときとして迷惑なものだなと感じました。

岸信介先生の思い出

――直接、岸さんや佐藤さんに会ったことはありますか。

河内山　祖母は隠居して暇でしたから、岸先生が「お国入り」されたり、あるいは、どこか大きなお宅の広い座敷で岸先生を囲んでお茶を飲むところに、よく連れていかれました。頭をなでてもらったこともよく覚えています。他にも、親戚の結婚式の仲人を岸先生の一番上のお子さんの岸信和さんがなさったことを覚えています。そのときに、安倍総理の弟さんの岸信夫さんともお会いしました。今、衆議院議員になっておられ、私と同い年です。お目にかかったことは何度かありました。

それから、大学に行く頃になって、岸先生の御殿場のお宅に行ったことがあります。そうそう、旧日本石油ビルに岸先生の事務所がありました。大学生のときに、そこに行ってお小遣いをもらったことがあります（笑）。金額は忘れましたが、相当な額でした。

――岸さんから言われたことで、何か覚えていることはありますか。

河内山　「山口県は目立つところだから山口県の人とだけ仲よくするのではなく、広く、いろいろな人と付き合うように」と。また、「勉強したらわかるけれども、皆、山口県と仲がよいところばかりじゃない。そういう人たちとも、仲よく付き合えるようにしなければいけない」と言われたことをよく覚えています。「福島」とはおっしゃらなかったですが。

佐藤栄作先生の思い出

――佐藤さんのほうはどうですか。

河内山　佐藤先生とは直接のご縁はなかったです。後々に出てきますが、市長選では佐藤系の人と戦いました。当然のことながら、岸先生の後継者である吹田愰さんという元自治大臣の系統のかたが、私を一生懸命に応援してくれました。代理戦争的なものは、ずっと残ります。先ほどのように、後援者同士、特に、県議会議員さん同士、あるいは、市議会議員さん同士、町議会議員さん同士が仲悪いですから。そういう意味では、佐藤先生のほうとは、少しご縁がなかったですね。

余談ですが、運輸大臣をやられた佐藤信二さん。私が市長に初当選したときに、就任のあいさつで東京を回りました。ちょうど、予算委員会に出ておられましたが、秘書のかたが呼んでくださって、衆議院の第一委員会室を出たところで初めてお目にかかった。「あなたが河内山さんの息子か」と言われたのが非常に印象的でした。

佐藤信二さんはよくも悪くもいわゆる世襲の国会議員さんで、ちょっと住む世界が違うかただという印象は、今なおもっております。それはよい部分と悪い部分とあります。悪いほうからいいますと、ご苦労をされていませんので、選挙民が言われることについては寛容。普通に考えますと、あまりにも法外な要求ではないかと思われるようなことも、佐藤信二先生は真面目に聞かれます。一方でよい部分でいいますと、今の時代にはなかなか珍しく私心がほとんどない。本当に何も波風がなければ、何一つ苦労されずに大臣もお務めになられた。私心がないというか、邪心がないですね。

佐藤内閣を振り返って

―― 昭和三〇年代は、日本が高度経済成長をしていく時代です。時代の変化を感じることはありましたか。

河内山　一番記憶に残っているのは、小学校一年生のときに我が家の前の県道が舗装されたことです。アスファルトの匂い、湯気が立って、どんどん、道路が真っ平になっていくのを目の当たりにしました。

「触っちゃいけない」と言われながらも何となく触ってみたいものですから、竹の棒の先っぽのほうで触れて、工事しているおじさんから怒られたことが非常に印象に残っています。

小学校に上がる前の年の一九六四（昭和三九）年に東京オリンピックが開催された。全国津々浦々まで巡回して聖火リレーが行われたことが、極めて印象に残ることです。

あとは……。褒められた話ではないのですが。母と遠くに出かけるときに汽車に乗る。トンネルに入る直前に黒い煙が入らないように一斉に窓を降ろす。子どもというのは、逆をやってみたくて（笑）。それでやったら、黒いものが入ってくる。後ろの席にいた怖いおじさんにこっぴどく叱られました。またこんなこともありました、我が家のほうではありませんが、母方の酒造会社に、夏休みに遊びに行ったときの話です。これも褒められた話ではありませんが……。店員さんが、オート三輪で配達しに行くのです。そのとき若い店員さんが僕に「坊ちゃん、動かしてみたら、どうですか」と言うから、やってはいけないのですが。面白いからねえ（笑）。動かして、ちょっと前に出て、降りて、後ろに下げてもらって。そんなふうに遊びながら、「経済が変わっていくというのは、こういうことなのか」という感じを非常に受けました。

――小学生の頃に、佐藤さんが総理大臣になりました。学校の先生がたから佐藤さんについてどのような話を聞きましたか。

河内山　ある日の夕方、テレビで相撲を見ていましたら、祖父と誰かが一緒に家に帰ってきて、大きい声で、「いよいよ佐藤さんが総理大臣になる」と話をしたのが、非常に印象的です。その後、首班指名が行われたのでしょう。

それから、小学校五年生の冬休み、一二月に総選挙が行われるのです。もう冬休みに入っていましたが、担任の清見敏子先生のところへ何かものを届けに行きまして、「今度は、自民党は勝つんでしょうか」という話をしたら、「えー、哲朗君はそういうのに興味があるのね」と言われたことを鮮明に思い出します。もちろん、佐藤先生が郷土の総理大臣ですから「勝ってほしい」という意味合いで「自民党、勝つんですか」と聞いたのです。身近なところに政治家の人たちの話題がある家ですので。

一方で、学生運動がだんだん激しくなってきた。安田講堂事件などが起こったとき、祖父も祖母も、父も、母も、相当、口を酸っぱくして、「大学行くときには、絶対、全学連に入っちゃダメよ」と言われたことを思い出しました。

——佐藤総理の時代に大阪万博（日本万国博覧会、一九七〇年三月一五日～九月一三日）もありました。万博の思い出を聞かせてください。

河内山　夏休みになった途端に、私と二つ違うすぐ下の弟と二人で、とにかく「連れてってくれ」と言っていました。それで、連れていってもらえました。妹がいるのですが一九六三（昭和三八）年生まれですから、五つ下で、妹は留守番。母と弟と三人で大阪万博に行かせてもらえました。まだ新幹線はありませんでしたから、「しおじ」という特急に乗って岡山まで行き、岡山で別の特急に乗り換えて。当時、母の妹が旦那さんの勤めの関係で芦屋に住んでおりましたので、そこの家に三日間泊めてもらい、万博に行きました。阪急電車に乗って行って、また駅まで帰ってくる。これを三日繰り返す。三泊四日の旅です。印象的で、面白かったですね。

——万博会場で、記憶に残ったものはありますか。

河内山　非常に長い時間並びましたが、やっぱり、アメリカ館の月の石ですよね。それから、当時はまったく無縁でしたが松下館。お茶室みたいでした。あとは、冷戦ですから一方の極はソ連です。ソ連館は斜めに切り上ったような形のユニークな建物でした。展示では、この三つが印象に残りました。見ているのでしょうが、太陽の塔は、あまり印象に残っていません。それよりも、月の石など展示されているものが面白かった。

長い時間並んでいると、前にも後ろにも外国の人がいる。どこを見ても印象的でした。日本人と比べると、「外国の人はいろいろな色の服を着ている」ことが印象に残りました。当時は、日本中がオシャレはしていたのでしょうが、枠からはみ出したような人はいなかった。

その年の夏休みは麻疹か何かにかかり、海で泳いだ思い出もありません。ソフトボールや野球もやっていたのですが、何となくつまらない。万博の影響だったと思います。一人ひとりにまでは聞いていませんが、クラスの二割ぐらいは連れて行ってもらったのではないでしょうか。さっきのうちの祖母の話ではありませんが、「あまり、友達に、万国博覧会に行ったと自慢して言うもんじゃないよ」と、釘を刺されました（笑）。

――世代的に、ベトナム戦争によってアメリカが頂点から、少し下り坂になってきます。幼少の頃、アメリカのホームドラマ、例えば「パパは何でも知っている」などを見て、日本と違うと感じたことはありますか。

河内山　アメリカのアニメーションをいろいろと見ましたが、小学校、中学生の頃、非常にショッキングな出来事で記憶に残っているのは、一九七二（昭和四七）年のミュンヘンオリンピック事件。選手村を襲ったテロですね。強烈な印象があります。そのこととあわせていろいろなことを考えて、「世界は、アメリカ一辺倒でもないんだ」ということは、強く思いました。

オリンピックでは、他にも印象に残るシーンがありました。一九六八（昭和四三）年のメキシコオリンピックで、黒人の選手が星条旗の上がるときに握りこぶしで黒い手袋をした「ブラックパワー・サリュート」。言ってみれば、メダルを獲ったことの喜びと同時に、非常に強力な政治的なメッセージを発した。あのことも、印象的です。

田中内閣を振り返って

河内山　その後田中角栄内閣ができ、日中国交正常化を実現する。一般に、日本の国内情勢的にいうと、台湾の蔣介石総統は日本が戦争に敗れたときに「怨みに報いるに、徳を以てす」と言ったそうですね。そのため、「恩義のあるところと国交を断ち、いかに大国といえども、共産国家中国と交わりをつくるというのは、どうなんだろう」と強く思いました。アメリカが中国と仲よくするというのならば、日本はついていかなければいけない。でも、恩義のある国という……。そういう気持ちでした。また先ほどのミュンヘンオリンピックにおけるテロなどを見ると、「そういう恐ろしい集団がいるんだ」という、大変な人たちがいるのだなということを、強く感じました。

――柳井では、田中角栄の『日本列島改造論』はどのような評価でしたか。

河内山　私は、あまりピンとこないのです。山口県の瀬戸内側は、戦前は光海軍工廠や徳山海軍燃料廠がありました。戦後、その海軍工廠が後々の新日鉄や武田薬品に、海軍燃料廠は出光をはじめとする石油コンビナートになっていく。そういうわけで、当時としては、山口県の瀬戸内海側は、皆「自分たちの地域は、言ってみれば豊かなのだ」と信じていた。それと、立派な代議士がいらっしゃるので、「自分たちのところは、恵まれた特別なところだ」という意識があった。ですから、「田中さんのやろうとしていることは、そうでないところを豊かにするのだな」と感じておりました。雪深いところから出てきた人なので、そういうところに光を当てるということを一生懸命にやろうとしている印象でした。他の地域はどうだという意識はもてなかった。これは後々、いろいろなところを見聞きすると「そうでもないんだ」と（笑）。まあ、市長になるということにつながるのですけれども。当時としては、「自分たちのところは、よいところなんだ」と、思っていました。

――当時は、公害・環境問題が全国で問われた時期です。柳井ではどのような問題がありましたか。

河内山　ごくごくミクロな話ですと、私が住んでいたところから、七〇〇メートル、八〇〇メートルくらい離れた山の中にゴミの焼却場を建設する計画ができていました。それで、私の祖父も含め、地元の人はずいぶん反対運動をやりました。そのときに私は……。自分たちもゴミを出しているので、どこかにつくらなければいけない。ですから、冷めた言い方をすれば、「近くだから嫌だという理屈だけでは、通らないんじゃないか」と感じました。それ以外に、何か別の理由があるから反対ならいいのですが、「自分のところを選んだから反対、嫌だ」というだけでは、通る理屈じゃないとずっと思っていました。

結局はできたのですが、見返りとして道路が立派になったというのはありました。今でいう地元対策をやらないと、こういう話はなかなかできない。それから、実は地元と約束したことの中で、実現されなかったことがありました。それは「立派な公会堂を建設します」ということで、市は約束を果たさなかったのです。

後々ですが、老朽化した市営の火葬場が限界となり新しいものを建てるときに、ちょうど市長になりました。反面教師というのでしょうか……、学習だったのでしょうね。地元の言われることは全部、市議会に諮って説明しました。「そこまで、やるの」ということも含め、一応、全部約束は守ったつもりです。信頼というのは、「九〇％できているから、残りの一〇％は、いいではないか」では、ダメ。子どもの記憶にも残るのですから、終生、いろいろな人の心に残り、言葉に残り、言い伝えになることを考えると、行政を執行する立場からすると大事な点だということを、反面教師的にそのときに学びましたね。

――瀬戸内海で、赤潮の被害はありましたか。

河内山　だんだん出始めました。獲れる魚が変わってきました。赤潮の場合は影響が激烈で、ローカルのテレビのニュースで見聞きし、あるいは、現実に漁師さんの仕事をしている子どもから「困った」という話を聞きました。

広島大学教育学部附属高等学校への進学

――高校時代のことをお話しください。

河内山　一九七三（昭和四八）年、中学校三年生の二学期に、当時の校長先生から校長室に呼ばれました。普通に進学すると地元で柳高と呼んでいる山口県立柳井高等学校に行くものだと思っていました。余談ですが、私が生まれた一九五八（昭和三三）年に柳井高校は夏の甲子園で全国優勝をした。その柳井高校に行くものだと思っていたのですが、校長先生が、「あんた、勉強ができるから、いろいろなところを受けてみたらどうか」と。それで私は「事情はよくわからないし、家でも相談しないと」と言ったら、「いやいや、もうお母さんに話はしているから」と校長先生は言うものですから。

それで、広島大学教育学部附属高校を受験したのです。これは結果的に、私の人生に今なお大きな影響を与えています。受験をして運よく合格したことによって、私は井の中の蛙が大海に出たような気がしたのです。田舎の中学生が読んだことがないような難しい本を読んだりする子がいたり、掛け算の暗算をやっても、九九どころか二桁掛ける二桁をできる子がいたり……。

特に社会性ということでは、「世の中には自民党しかいない。偉いのは岸先生、佐藤先生」という気持ちがあり、それが普通だと思っている私に対して、まあ、かなり激烈なことを言う者もいるのです。とにかく、高校一年生や二年生で、「世の中のいわゆる矛盾というのは、こういうことで起こっているんだ」、「マルクスはこう言っている」、それから、「誰それはこう言っている」など、やたら難しいことを議論するのが、いっぱいいるんですよ。「そんなのは、面倒臭い」とは思いながらも、外でかなり活発にそのまま学生運動にでも走っていくような感じの子も、五人くらいはいました。「どこそこで闘争している人たちと、連帯しないといけない」と、大学生でも言うか言わないかということを平気で言っているのがいた。それで、「マックス＝ウェーバーも読んでいないような奴が、政治のことをどうこう言うのはおかしい」と。

言ってみれば、知的刺激だけではなく、感情的というか。ある意味「打ちのめされるくらいの敗北感」を味わいまして、「勉強しなきゃな」と思いました。それは単に学校の授業だけではなく、自分が好きだと思っているものだけでなく、難しい本を読むことも含めました。当時、皆、次から次へと読んだものとして五木寛之の『青春の門』がありました。私も当然のことながら、皆と一緒に「面白い、面白い」と読んで、「次の第三巻が面白そうだ」などと思っていました。一方で、「そんなもの、読んでいるような場合じゃない」とも言われて、例えば、「西田幾多郎の『善の研究』を読んでもいないのに、偉そうなことを言うな」と言われれば、図書館で借りて一生懸命読みました。

それから、柳井の実家から通おうと思えば通えたのですが、広島にいる父方の叔母のところに下宿させてもらいました。弟と話をするとか何かをする時間が省略できて、読みたいだけ本を読めました。夜中だって、「もう寝なさいよ」と言われることもなかった。とにかく、自分の時間をフルに使えた。それから、ありがたかったことがあります。ほぼ毎週、土曜日の午後、授業が終わったら電車に乗って柳井に帰り、日曜日は、夕食の時間になるかならないかくらいの時間に電車に乗って、広島に戻るのです。そのたびに、父が「これで、本を買え」と、五〇〇〇円くれました。毎週お金をもらえるので、本がいくらでも買えるのです。私が高校生のときにできたのですが、元の広島市民球場の横にある、紙屋町の広島センタービルというそごうも入っているビル（現：アクア広島センター街）に紀伊國屋書店がある。図書館になかったら、そこで本を買って読みました。

高校生のときに別の世界に行ったおかげで、友達からも本からも刺激を受け、それから、先生からも。私、漢文が好きで、しょっちゅう職員室に行って漢文の長谷川滋成先生（現：広島大学名誉教授）に、いろいろな質問をした。そうしたらですね、「実は、台湾で印刷している『史記』を中国式に解説しているこんなに分厚くて大きなやつがある。こういうのを読むと、中国人が『史記』をどう読んできたかがわかるから、興味があるなら貸してやる」と言われたのです。「そんな大事なもの。先生、どこで買えるんですか」と言ったら、「取り寄せてやる」と。それで、買ったのです。そういう意味では、先生からも刺激を受けました。

それから、担任の三浦泰生先生。私がちょっと保守的なことを言うと、「こういう考え方も、あるよ」と。「そういうこともあるけれども、自民党もこういうよいところがあるけれども、自民党も迷惑をかけたこともあるよ」など、いろいろと教えてくれました。そういった意味で、高等学校の三年間というのは、人生に本当に大きな影響を与えました。

「中庸」な態度

――一九七〇年代の知的社会はまだわりと革新派系が強く、当時は「保守反動」というネガティブな言い方が残っていたと思います。広島大学教育学部附属高校時代は非常に、言論の自由、思想の自由を尊重していて、「考え方が違っても、きちんと真摯に向き合う姿勢を学んだ」という点でも、大きな意味をもっていたと感じました。

河内山　はい。いまだにそうですが、レッテルばりして「それだから、無条件に好き」もおかしい。同じように「だから、絶対的にダメ」もおかしい。全ては、「本人が何を考えているか」ではなく、「どういう行いをしたか」です。「何を考えているか」、「何をしゃべっているか」だけで人を判断してはいけないというのは、そのときに感じました。

　だからこそでしょうか、高校の先生が「何を以ってよかれとし、何を以って悪しかれとするか」という点を重視していました。社会的によくないことについては、厳しく叱られる。広島は今も市内電車が走っていますが、高校一年生のある日、広大附属学校前から電車で帰ろうと思ったら、空いている座席にちょっと行儀悪く座った子がいた。たまたま電車に乗り合わせていた別の先生がそれを咎めて、その場で立たせた。そして、本来だったら座れるはずだった女性に、頭を下げさせたのを目撃したことがあります。ですから、思想・信条の自由はありますが、祖母の話に通じるのですが、マナーだとか、弱い者いじめはいけないということは厳しく、それは身を以って感じました。非常によい学校だと思います。本当に、あんまりタブーを設けずに、自由闊達でした。

広島東洋カープ

河内山　一九七五（昭和五〇）年、高校二年生のとき、広島東洋カープが初めてリーグ優勝しました。広大附属は自由な雰囲気の学校でしたが、いよいよ、カープの胴上げが近づいてきたら、先生も何となく、デーゲームでしたが、「今日は優勝が見られるかもしれん」と言うわけです。半ば、「応援行ってもいいよ」という雰囲気になる。胴上げは別の球場（優勝が決まったのは一〇月一五日、後楽園球場での対巨人戦）でしたが、「広島東洋カープが優勝する年に広島のまちにいた」ことに、強い印象をもちました。

私自身は単に「プロ野球の広島東洋カープ」という気持ちで見ていたのですが、やはり、広島生まれ広島育ちの人からみると、「ヒロシマ」にとっての広島東洋カープは、「原爆からの立ち直りの象徴」のようなチーム、特別の感覚があるのだなとよくわかりました。同級生は、皆、戦後の生まれですが、お父さんやお母さんから、語り継がれているのでしょうね。

あの優勝の前後、「ヒロシマ」は、悲惨な原爆から「不死鳥のごとく甦った自分たちのまち」を意識したのだと思います。今でも、広島の人は東京でも平気で広島弁でまくしたてるくらい、郷土愛や郷土意識、自分の故郷を隠すどころか大いにアピールするのですね。「ヒロシマ愛」というものに立ち会ったという意味で、意義深かったなと思います。

同時に、「自分は山口県人なんで、少し、ズレてる」とも感じました。そして、「羨ましい」という気持ちを、同級生に対して抱きました。そのことが、後々、私が政治を志すにあたって、「ふるさと」、自分が生まれ育ったところというものが自分の政治の原点である。その「ふるさと」に関わることが、政経塾でいろいろなことでお世話になる中で、自分の生き方を決めていった大きな意味合いをもつ出来事だったなと、思い出しました。

「郷土ナショナリズム」

——地方出身者が「ふるさと」を思い出す一例として、夏の甲子園野球をあげることがあります。広大附属に通っていましたが、夏の甲子園は山口の高校を応援したのですか。

河内山　そうですね。近年はなかなか山口県のチームは勝てませんが、先ほど申しましたように、私のふるさと柳井の柳井高校は、私が生まれた一九五八（昭和三三）年に全国優勝をして、一九七二（昭和四七）年に準優勝。山口県内では特別の地域、特別の高等学校。とにかく意識は強くもたざるをえないです。

——柳井出身で、プロ野球で活躍した人はいますか。

河内山　柳井高校出身で、阪神タイガースで一時期四番を打った、遠井吾郎さんがいます。

——晩年、代打で出てくるのをテレビで見た記憶があります。

河内山　そうですね。遠井さんは本当に朴訥とした人柄で、人生の最終局面でちょっと苦労をされました。野球を辞めて大阪で飲食業を経営されるのですが、お人好しで商売はうまくいかないのです。最晩年は柳井高校の同級生たちが、「遠井さんを地元で応援しようや」と、柳井で「スナック　ゴロー」を開店した。私も数度は伺いました。残念ながらお年も取られて少し体調も崩されたので往年の元気さはございませんでしたが、野球で現役だった頃の様々な記念になるものをお店に置いておられて。非常にご立派だなと思いました。

それから、柳井出身のプロ野球選手ですと、広島東洋カープなどで活躍された森永勝也さん。柳井商工高等学校で、このかたとはご親戚も含め、いろいろとお付き合いがありました。あとは、広島でキャッチャーをやった道原裕幸さんともご縁がありました。野球の関係者は、何人かおりました。

ロッキード事件

河内山　私の人生を変えたのは、田中角栄さんの逮捕です。私、どちらかというと高校時代は理科系のほうが好きでした。ですが、田中角栄さんが一九七六（昭和五一）年七月二七日に逮捕され、私は、「自分の志望するものは医者などの理科系の学部ではなく、文科系の学部で弁護士とか検事なのか」と考えるようになりました。あるいは、その前から『文藝春秋』で立花隆さんの「田中角栄研究」や児玉隆也さんの「淋しき越山会の女王」を読んでいましたので、そういうことを綿密に取材して、様々なことをやる仕事に就いたらいいんじゃないかと感じました。田中角栄さんの逮捕と同時に沸々として、熱病のごとくの感じになりました。

担任の先生は、「今から進路を変えるのはなかなか大変かもしれないけど、それは本人が決めることだから」という感じでした。ですので、実家に帰って、「こういうことをしようと思う」と言いました。下松で酒屋をやっている叔父は早稲田、祖父も早稲田、母の弟も早稲田で日本経済新聞社。ですから、何か知りませんが、皆、「早稲田に行け」と。ですが祖父は、「いやいや、せっかく広大の附属まで行ったのだから、学費のことを云々言うわけではないけれども、東京大学に行け」と言う。両方とも受験しまして、早稲田は合格して、東大は一次試験に合格しましたが、二次試験は落ちちゃいました。

そういうことで、人生を決めたというのは、よくも悪くも高校三年間だと思います。いまだに高校のときの友達はSNSでもつながっていて、何となく心湧きたつような感じになりますよね。それがやっぱり、私にとっては思い出です。

私自身のことより周りのことのほうが多くなりましたが、やはり田中さんの逮捕は非常にショックでした。「今太閤」がいかにしてダメになっていくか。「ダメになる」というよりは、疑獄に名を連ねてしまうのですから。

早稲田大学への進学

河内山　一九七七（昭和五二）年に早稲田大学に進学して、私は田舎者なんだなということがわかりました。自分の着ているものや身につけているものがいかに野暮ったいか。なんとなく、ショックを受けました。ですが、高校と違って「勉強はできるんだろうけど、大した奴はいないな」と感じました。

あわせて、「大した人」がいるとも感じました。早稲田でもよい出会いをしたのです。政治のことは好きですが、「勉強が好き」というタイプの人と付き合うようになりました。現実離れはしていませんが「学問をしなければならない」という気持ちの人たちです。東海大学の学長になられた山田清志さんが私より一年上にいました。大人びたかたで、優しく「河内山君、政治に興味があるんなら、行動政治学という分野が、今から広がっていくから」、「世の中というのは、いったい、どういうカラクリになっているのか、どういう人たちがどう思って、世の中がどう動くのか。こういう学問をアメリカで一生懸命勉強している人たちがいる。日本語に翻訳されている本もあるから、読んだほうがいいよ」と教えてくれました。それから、大阪国際大学の教授になっている堀要さん。堀さんは、「経済というものがわからないと、立派な政治ができない」、「日々の営みというものについて学識や見識がないと、よい政治家になれないと思う」と。堀さんも政治が好きなのですが、そういうことを一生懸命に言う人もいるのですよ。

荒井広幸君とも大学で知り合いました。彼は渡部恒三さんの事務所に書生として、徳永正利さんの秘書として出入りしていたので弁は立つ。理屈は人一倍言うので、僕は、すごく言い籠められた。それから、神奈川県知事になっている黒岩祐治さん。彼も先輩です。知事になって以降、何度もお目にかかっているのですが、「どちらかというと、政治というものは当事者になる人が頭がいいと、当事者になれない。だから、自分は、よき観察者になる。それから、よき導き人になる。こういう形で政治と付き合いたい」と言っていました。黒岩さんはフジテレビに入って、報道をやるわけです。それで、考えを変えて当事者になっています。クールでしたけどね、そういう人とも付き合っていくようになる。

先ほどお名前を出した山田さん、黒岩さん、非常に大人でした。いずれも一年先輩でしたが、そういう人たちとお付き合いできたというのは、非常によかった。もうちょっと上のかたには、下村博文さんがいらっしゃいますが、下村さんとは直接のご縁はあまりなくて。下村さんという骨っぽい人がいるという話を聞いていました。

政経塾に一緒に入って、今、山口県の下松で市議会議員をやっている近藤康夫君とも、大学で会いました。それで政経塾で一緒になって、私が市長をやって、向こうも市議会議員をやり、私の選挙も応援してくださったし、私も応援しました。長い付き合いになりました。

早稲田大学に四万人も学生がいる中で、偶然、今あげたような人たちと会うことができました。

一方で、授業の印象はあまりないのですが、それでも面白い先生は印象に残っています。そのお一人が、奥島孝康さん。総長をされましたね。フランスから帰ってこられた直後でした。授業ではもっぱら「フランスはこうだった」、「パリにはこういう場所がある」など、様々なことを教えてくださった。それが印象に残っています。

失敗もありました。入学前に早稲田を勧めてくれた東京にいる母方の叔父が、「英語は誰だってできる、誰だって代わりがいる。例えば、スペイン語なんてどうだ」と。「中米、南米に行ってもしゃべっているから、スペイン語を第二外国語にしたほうがよい」と。それで、第二外国語はスペイン語を取ったのですが、まったく肌に合わなくて。もう、授業に出るのも嫌になって、とにかく「不可」にならない程度で、通してもらった。したがって、語学のクラスが一緒で仲がよいという人は、残念ながら、今でも二人ほどです。年賀状のやり取りをしますが、他の人とは無縁の状態になっていて、もったいないことをしたなと。

先ほど言い忘れましたが、山田さん、堀さん、黒岩さん、下村さん、皆、早稲田大学雄弁会です。雄弁会（笑）。私の大学の知り合いのほとんど、八割は雄弁会の人たちです。

学生運動の残り香に触れて

――学外で知り合って影響を受けたかたはいますか。

河内山　早稲田以外では、ほとんどいないですね。今あげた人たちと濃密な付き合いをしていたという感じです。よくも悪くも、早稲田の周りのことしか大学生のときにはわからなかったです。場所といっても、当時は、新宿と高田馬場と早稲田。あの界隈です。

――河内山さんが大学に入った頃は、学生運動が終わり、「大学生がシラケ世代になった」と言われるようになった時代だと思います。例えば、学生運動の残り香を経験されているかたから、「おまえたちは、世代が違う」という話を聞いたことはありますか。

早稲田大学時代の１枚（前から２列目の左端が著者）

河内山　雄弁会の関係者でも、それ以外でも、やはり、強烈な人はいました。実名はあげませんが、茨城出身のTさんという人が、「河内山君、三理塚というのがどうなっているのか、一回、後学のために見学に行かんか」と言うので、あんまり強く勧めるものですから、電車やバスを乗り継いで三理塚まで見に行きました。先ほど思想・信条と言いましたが、私の判断基準からすれば外れていますので、一回だけ行って、Tさんに「本当によくわかりました。後学のためになりましたから、もう、今回だけで」と言いました。そうしたら、「残念だな」と言われました。彼はその後、何かのことで公務執行妨害で逮捕されたり、まともに就職できなかったと思います。

あと、私が在学中に一回だけ革マル派の拠点にガサ入れが……。

この間（二〇一四年に）、京都大学で起こった京大公安事件のようなものです。革マル派の拠点ということで、何か強制捜査をする必要があるので、最後に早稲田に機動隊が入ったというのがありました。その当時は誰もが、最後になるとは思ってないですが。そういうときになると、そこにシンパだけでなく構成員の人がいるということが、わかるんですよ。「ああ、結構いるんだな」と。小さい頃の話を思い出して、「普通の学生運動はやってもいいけど、全学連に入ってもいいけど、あれをやったら、両親、それから、おじいちゃん、おばあちゃんが悲しむだろうな」と思いました。

早稲田古書店街

――早稲田大学の近くにある古書店の思い出はありますか。

河内山　今でもあの界隈には行くのですが、本の、古書の香りというのが、何ともいえず心地がよいものですね。それからどこのお店も、オヤジさんも、店先にいるオバさんも、親切でね。「今日、お金ないけど」と言ったら、「ちゃんと、取っとくから」と人に売らずに取り置きしてくださった。

世の中から少し離れ、外れていくのですが、思想に非常に影響を与える人がいるじゃないですか。そういう人は、「いったい、何を語ったから、何を書いたから、非常に影響を与えたのか」と考えました。自分の思想・信条と合致しているか否かは別として。左でいうと幸徳秋水、中江兆民。右でいうと北一輝、大川周明など。今あげた四名は、自分では極端だとは思っていないでしょうが、世の中の基準でいくと、相当極端だと思います。それで、「そういう人は、何を書いていたんだろう」という点に興味をもち、古書店に行って、古色蒼然としたものをいっぱい買い込みました。今でももっています。やはり、古書店に行って探すのが面白かったですね。

そうすると、そこから連関して、次第に左右極端から中庸の人のものも読むようになるのです。そのときに思ったことは、彼ら自身が言っていることは世の中に影響を与えていますが、明らかに、その中身までは斟酌せず、嚙み砕かずに、そういったものを旗頭にして、あるいは、その名前だけを政治利用した人がいかに多いかということが、わかりました。

一方、政治利用されるつもりはないが、研究に研究を重ねて現実の中で独特の理論を打ち立てていく人がいる。自分としては、地味だけど、そういう人のほうが世の中をよくするときは大事なのではないかなと思いました。具体的に誰かと言えば、それは、まあ、たくさんおられて。誰が典型例とは言えませんが。まあ、「いっぱい、そういう人がいるな」と思いました。

早稲田大学雄弁会

――雄弁会で、海部俊樹元総理や森喜朗元総理などのお話を聞いたことはありますか。

河内山　私どもが大学生のときの一番人気は、弁舌の立つ海部さんです。早稲田大学の雄弁会の成り立ちは弁論部なので、やはり演説、弁論ができる人というのは、尊敬されるわけです。年に一度ＯＢ会があって、学生もその受付係やら何やらで、手伝わされるのです。森さん、青木幹雄さん、渡部さんなど、偉い人が来ています。そのような人たちの中で、海部さんは短時間で「そのとおり」という感じの話をされる。当時、憧れの大先輩というのは、やっぱり海部さん。

青木さんはまだ参議院議員になる前で、竹下登さんの秘書でした。「竹下さんのところの大番頭だよ」と教えられました。我々のちょっと上くらいの人で、例えば、海外に武者修行しようと思う人は皆、青木さんのところに行ってお小遣いをもらっていました。

あと、もう亡くなられましたが、石田博英さん。伝説的な感じですね。もちろん竹下さんもいます。今から考えると、本当、皆すごく仲がよいのです。社会党のかたも、何人かおられるし。面白いなと思いました。

新自由クラブの限界

――河内山さんの大学時代は、いわゆる「保革伯仲」の時代でした。自民党が公明党や民社党などと連立政権を組む可能性など、何か感じましたか。

河内山　そういう時代の中で、新党として「新自由クラブ」ができる。雄弁会出身ではありませんが、河野洋平さん、それから西岡武夫さんも有名です。その二人が自民党から離党して新自由クラブを結成して、すぐさま衆議院議員総選挙。当然、早稲田大学雄弁会を通して、「手弁当で手伝いに来い」と人を募られる。私も行ってみようかとなりました。それで、「行ける人は集まって打ち合わせをする」日がありましたが、私はどうしても都合が悪くて行けなかったのです。伝言しようにも、誰に下宿に電話をかけてももちろん捕まらない。伝言を頼んだところで伝わるかわからない。連絡も来ないということで、出遅れました。

行かなかったら、今度は別の人、今も政治周りの裏方で頑張っている人が、「河内山君。菅直人さん、江田五月さん、市川房枝さんら、言ってみれば、自民党にないよい人たちがいるんだ。そこに行ってみないか」と。それで、断れないから一緒に行ったのです。三菱信託銀行にお勤めになったこともある片岡勝さんという、社会市民連合の活動をロジスティックに支えた人と出会うことができました。片岡さんは、今も社会起業家の勉強会や、女性の起業をすすめるセミナーなどを一生懸命やっていて、なかなか、面白い人なのです。六、七年前に久しぶりにお会いしましたが、片岡さんの話は、いつも面白いですね。

一方、菅さんは実務能力がなくて、また、申し訳ないのですが、「この人は、何をしようというのはあまりない人だな」という印象を受けました。「現状はいかん」、「そのためには、今までにない政治勢力をつくらなければいけない」と言われるのですが、「それによって、何を実現しようとしているのか」という話はない。もっぱら、「政治の浄化」、それから「政治の信頼回復」などと言われる。「どういうふうにしていこう」というのがないわけです。一方、片岡さんのほうは、「なかなか、曲者だな」と思いました。

ですが、申し訳ないけどそういう人たちとは肌が合わない。人手がたくさんあるわけではないので、過剰に期待されるのです。「車にも乗ってくれ」、「小さなミニ演説もやってくれ」。ましてや、「ビラの内容が詰まってないから原稿書いてくれ」と。それは、私の仕事じゃない。私は完全に心酔しているわけではないですから、「それはできません」と言って、三日くらいで帰ってしまいました。それはそれで、「あ、こういう人たちもいるんだな」と印象に残りました。

――新自由クラブが伸び悩んだ要因は、何だと考えますか。

河内山　選挙というのは、一時期に膨大な資源投入をしていく。資源投入というのは「お金によって集める」のか、「共感・共鳴によって集める」のかは別にして、人がたくさん必要です。新自由クラブの周辺には、非常に立派な人たちがいました。中にいて頑張っている当事者も立派。その周辺には、メディア出身の世の中をよくわかっているような人も一生懸命に応援している。一部には「お金を出してもいいよ」という若手の経営者もいる。

しかし残念ながら、その人たちだけでは、全国、津々浦々に組織がつくれなかったのです。結局、「河野党」あり、「西岡党」あり、「山口党」あり。その後がない。これは、後々の新しい政党に全て共通しています。市長時代に「国会に出たらどうですか」とお話を受けたときに、いつもお断りしていました。一回目はゲリラ戦で勝てますが、二回目は……。お話をもって来てくれた人たちは、言ってみれば「現状を打破しよう」なのです。「バラバラなんだけど、とにかく現状はNOだ」ということで集まる。ですが、二年経ち、三年経つと……。政治的主張は全然違う人たちですから。「もう一回、結集しよう」と思ったら、何か相当大きな旗頭がない限り結集できない。結局、一人離れ、二人離れ、長持ちしない。一回だけでも当選するのも、もちろん大変かつ光栄なことですが、政治というのは、ある程度、五年、一〇年かけてつくり上げていかなければいけない、それだけ大きなものだと考えています。

新自由クラブがブームになったのですが、結局、最初に期待して入って中心になって一生懸命やった人は、「自民党ではない」。あるいは、自民党の金権政治、金権体制が嫌だという人もいる。自民党の政策が官僚制におんぶに抱っこで、現状を改革できないから嫌だという人もいる。あとは、外交姿勢が違うという人。様々な人が結集していますから、長持ちしない。それが新自由クラブの限界だったと当時も今も考えています。

無党派層の増加

――世論調査を見ますと、一九七〇年代は、無党派層が増えていく時代です。「あまり政治に興味のない」人たちが増えているという雰囲気はありましたか。

河内山　そうですね。一歩、雄弁会の世界から出て、早稲田に通っている同級生に、「河内山君、日頃、何やってるの」と言われたとき、「こんなことやったり、こんなこと勉強してる」と返したら、「へー、面白いの？」とある女性から言われましたね。逆に「こういうことに関心ないの」と聞くと、「それよりも、いいところに就職しなきゃ。女性は厳しいんだから」と、こんな感じでした。小学校の五年や六年のときの同級生も同じように、あまり関心はない。もちろん大事なことはわかっているが、誰かを選んだからといって、それで全て物事が解決するわけじゃない。それなら、与えられた環境の中で、自分は一生懸命に生きていくほうがより大事。そんな余裕はないという感じですかね。今も同じかもしれません。

　ですが、面白いことにその当時、「あんまり関心ないわ」と言っていた人の中に鎌倉の市議会議員をやっている人がいるのです（現：衆議院議員の早稲田夕季さん）。私、全然、知りませんでしたが、先方は私が市長をやっているというのを知っている。ある日、突然「旧姓○○で、今△△で」と、電話をかけてきました。ゼミの同級生でした。ちょっと変わったゼミで、池田文雄先生の航空法というゼミです。今は全日空の幹部になっていますが、当時から「飛行機大好き」な友達がいて、その友達の縁でゼミに入りました。

　私は行政法のほうが好きなのですが、行政法のゼミの先生が、「公務員試験受けるなら、役に立つんだけど」という感じでして。一度受けてみたものの面白くとも何ともない。そこで、その友達が「池田先生というのは、とにかく世の中で誰も知らないようなことを知ってるんだから、将来、ひょっとしたら得するかもしれないよ」と言ってですね（笑）。ゼミ生が集まらないから、結局、勧誘されまして、逃げられなかった。ですが、別世界の人たちと付き合えたのがよかった。航空法ですから、航空会社か旅行会社に入るくらいしか、勉強したことと進路はかみ合わないわけです。したがって、ＡＮＡに行った人もいれば、ＪＡＬに行った人もいれば、ＪＴＢに行った人もいます。いまだにみなさんお付き合いしますが。面白いですよね。よい文化ですよね。

　それでそのゼミの同級生に先ほどの女性がいまして、市議会議員になっていた。「あの頃は、なんか、小バカにしてたよね」と言ったら（笑）、「ゴメンなさい」（笑）。まあ、そんなことでした。

革新自治体の可能性と限界

――一九七〇年代に革新自治体が台頭しました。大学時代、美濃部亮吉都政をどう見ていましたか。

河内山　「保守政治に対するアンチテーゼとして」の美濃部さんだろうなと考えます。美濃部さんのやられたことは、豊かな財政力を背景に他の自治体ではとてもできないような恵まれた給付を行うことが、一つの大きな柱でした。それは、老人医療費の問題もあります。それこそ、都営交通などのシルバーパスもあります。当時、全部をわかっていたというわけではないのですが、私は、美濃部さんのやられていることは、「これは、どちらかというと、まやかしだ」と思っていました。

それに比べて、時代は少しずれてしまいますが長洲一二さん。飛鳥田一雄さんの印象はさほどないですが、長洲さんという神奈川の県知事がやろうとしていること、言わんとしていることは、これは明らかに「もう一つの旗印だ」と感じていました。今でいう「地方分権」。当時、長洲さんたちが、「地方の時代」と言い出したわけです。長洲さんが言っていたことは、神奈川県を含めて、もっというと東京都も含めて、「誰が、どこで、物事を決定するのが一番よいのか」。あるいは、「誰が、どこで、政策を差配して、最適な答えを出すのが望ましいのか」です。そういう意味では先見の明があったと思います。ですが、美濃部さんに対しては、あんまり。とにかく、「アンチテーゼなんだけれども、何なのか」というのが、いまだにわからない。美濃部さん、ならびに美濃部さんのファンにはまことに失礼な物言いでしょうが、長洲さんとの比較においては、そういう面があると感じました。

「グループ１９８４年」

――河内山さんの大学時代に香山健一さんが「グループ１９８４年」を結成します。このままでは日本はローマ帝国のように、「パンとサーカスで滅んでしまう」と。あと、「英国病」という言葉がはやっていた時期かと思います。当時、財政赤字を何とかしないと福祉を切り下げる、もしくは、福祉を維持するために増税が必要になるという予感はありましたか。

河内山　行財政改革を選挙の争点にすると、当時は勝ち目のある話ではありませんでした。ですが、本気で、悪い意味では理解される形で、香山先生などが言っておられたことを具体化していく道筋をつくっていくのが、今の日本の政治家の大きな仕事だと思います。

結局、福祉国家は、どれくらい成り立っていけるのか。あるいは、福祉国家を成り立たせていくには何をやればいいのかというのは、今の私の立場、あるいは、仕事にも通じていくことです。「切り捨てる」というのは、やってはいけない。ギリシャみたいなやり方をすると、それは国民の信頼、信は得られない。そうすると、一度は行財政改革に成功したように見えるが、揺り戻しがある。必ずもう一回、次の段階ではひっくり返る。

ですから、行財政改革の名のもとに、その時々で、増やしたものを減らす、減らしたものを増やすということを繰り返しやるのは国民的に得ではない。説得力をもった納得性のあるものを政治の側、あるいは行政の側が提案しない限り、行財政改革は成功しない。市長時代、「行革をどうやって、行革をどう理解してもらって、協力してもらうか」ということを考えていました。一六年間の市長時代の基本テーマでした。大学時代、政経塾に入った頃も含めてですが、自分はどちらかといったら「行政改革家」になりたいですね。

こういうことは、香山先生の「グループ１９８４年」をはじめ、様々な人が言い始めました。それが、松下幸之助さんの哲学にも、だんだん、近づいていくわけです。そういうことは、大学のときから、少しずつありました。

北川正恭先生ともちょっとお話ししたのですが、「河内山君が市長選挙に出る頃は、公約は、『何々を頑張ります』ぐらいで通じた」と言うので、「もう少し、具体的になりましたよね」と答えましたら、「そうだろうね。いまどき、そんなものは通用しないと思うが、二〇一四（平成二六）年一二月の総選挙では、誰もマニフェストと言わなくなったよね。自分はいったい、何をしてきたんだろうと思う」という話になりました。本当にもう一回、もっと具体的にやらなければいけない時代なのに、あんまり言わなくなりました。最近の話ですが、大学のときから、少しずつそんな感じはもち始めていました。

第2章　松下政経塾時代

松下政経塾を知る

――松下政経塾のことは、いつ頃知りましたか。

河内山　松下政経塾は一九八〇（昭和五五）年四月に開塾するのですが、一九七九（昭和五四）年に松下幸之助さんがメディアで取り上げられました。それで、「どんなものか」と思い、すぐに資料を取り寄せて「こんなものができるのか」と感じました。

それからすぐさま、ＰＨＰから出ている月刊誌『Voice』を手に取りました。松下電器を創られたことや二股ソケットは知っていますが、松下さんが政治に何を求められているのか、まったく知らなかった。強烈な印象を受けました。「政治はこのままでいい」とは、誰も思っていません。ですから、若い人を集めて日本の政治をよくしようということを始められる。あるいは、そのための人づくりをやることがわかりました。ちょうど私は「これから自分は、いかに生きていくべきか」、「何を職業として生きていくか」という選択の時期でしたので、「これは、自分のためにできたようなものだ」という気持ち。ある意味では、「中身はわからないけれども、ぜひ、そういうところの仲間にしていただきたい」という感じを受けました。

松下村塾との違い

――山口の出身ですと、松下村塾で学んだ伊藤博文らのように、松下政経塾で学んでいずれ政治の世界で何かを成し遂げたいとイメージできましたか。

河内山　山口県人だから特に思うのかもしれませんが、山口県人にとって、吉田松陰先生というのは特別な存在です。吉田松陰先生が目指したのは、欧米列強に負けない国をつくらなければならないという強烈な精神。吉田松陰先生の思想は、革命の思想です。

その後、我が国において幸いにして議会制民主主義ができあがった。この中でつくられた政経塾が目指すところとは、官僚出身者でもなければ、二世、三世という世襲政治家でもない。官僚よりも民衆に近く、世襲議員よりも現実に近い。経営者たる松下幸之助さん、町工場から起こされた松下電器の成り立ちを並べて考えると、非常に汗臭いし、理屈っぽくない。ある意味では、「無から有を生む」、「自分で考えて、自分で創り上げる」、そういう政治家をつくろう、育てようと思っておられたのではないでしょうか。

松下村塾とは明らかに違うものだなと思っています。世間的に「昭和の松下村塾」とか「現代の松下村塾」と言われるたびに、「違うんだけどな」と思っているのが、正直なところです。

選考試験

――松下政経塾の試験を受けたときのことを教えてください。

河内山　願書を取り寄せて、出願しました。「ぜひ、行きたい」と思いました。当時の選択肢は、早稲田の雄弁会出身が多くいるＮＨＫ、日本経済新聞、朝日新聞などのメディア関係に行くか、政経塾に行って政治家になる勉強をする。どちらかだと思い定めていましたから、一般企業への会社訪問はしなかったですね。

「そういうのもいいけれども、なかなか……」と、親がとにかく心配しました。当時、まだ父が会社をやっていましたから、「どこかの会社で経営の勉強をして、家に帰って跡を継いでくれると、お父さんも喜ぶんだけどねえ」と言われていたのですが、「そうなるかどうかわからないから」、「なるようにしかならないから」と。早めに諦めてもらった感じです。

そして選考試験を受けた。一次選考は筆記テスト、小論文みたいなもの。そして政経塾のスタッフと面接。面接は、「自分というものをよく見てほしい」という気持ちで、かなり肩に力が入っていた気がします。採用の担当責任者は松本耕司さんという松下の人事出身のかたで、政経塾初期段階の採用担当者です。松本さんは、目は笑わないのですが、非常に上手に誘導してくれた。あまり肩に力が入らないようにしてくださった。私は「この人は、私に味方してくれているんじゃないか」と感じました。先ほどの話ではありませんが、「ご家族は、こういうところに進むのに、何か反対されていませんか」と聞かれたので、「反対はしていませんが、何か大変なことだと思っています」と答えました。そうしましたら「それはそうですよね。せっかく大学まで行かせて。やっとこれからは、少しは楽になると思ったら、もっと大変なことになる。親孝行のためにと思ったら、取りやめるということは考えないのですか」という話をされた。「だけど、あなたの志ですからね」と言われたので、「そうです、志なのです」と答えましたら、「わかりました」という感じで。それが非常に印象的でした。

当時、政経塾のもう少し海側にチサンホテルという企業の研修や合宿などで使われる施設がありました。二次選考ではそこに一泊して、また学科試験のようなものがあり、面接試験もあった。今度は役員面接で、ＮＨＫ出身でＮＨＫの解説委員などをされました緒方彰先生。それと政経塾の塾頭の久門《ひさかど》泰《ゆたか》さん、副塾頭の土井智生さんという三人が、面接をされたと思います。

土井さんが優しい質問をされ、塾頭の久門さんが厳しい質問をされ、今度は緒方先生が志の中身を聞かれる。そういうパターンだったと思います。「政経塾に入ったら、どんな勉強をしたいのか」と聞かれたので、私は「今、行政改革というのは大事だと思いますが、松下さんが言っておられるように、政治の生産性を上げるべきだと考えます。具体的にどうやっていくかを勉強してみたい」と答えましたら、緒方先生が「受験のためとはいえ、よく本を読んだね」と言ってくださって、なごやかになりました。一方、久門さんは非常に厳しくて「ここは普通の学校ではなく私塾だから。普通だったら合格でもここでは不合格もある。どういうことかというと、私たちが気に入らなければ、ここはダメだ」と。「ヒドイことを言う人だな」と思いました。それが、印象に残りました。

松下幸之助塾長との面接

河内山　二次選考に運よく合格し、次は三次選考。松下幸之助さんの面接を受けました。これは、もう、記憶が飛んでいます。これが、座っておられるだけで人間がもつオーラというか。言葉もハッキリしないお年でしたが、聞かれるだけで、もう、人を圧倒するというだけのものをおもちだとつくづくと感じましたし、「キチンと話せなかったな」と思いました。「せっかく三次選考まで残してもらえたけど、ダメだったかな」という気持ちもありました。

松下さんが最後に「君、もし入ることになったら、五年間というのは長いけど、辛抱できるか」とおっしゃった。「辛抱できるか」とおっしゃったのに対して、「ハイ」と言った。「リップサービスかもしれないが、ひょっとしたら、いいことになるのかな」と、合否の通知が来るまでは非常に心配、心痛。むしろ、「ダメだったら、どうしようかな」のほうが大きかったです。

合格通知

――政経塾に合格したときの気持ちを、お話しください。

河内山　合格の通知を受けたときは、もちろん嬉しかったです。ですが、入る前ですから、「本当にこういうところに行っていいのだろうか」という気持ちもありました。政経塾で何を教えてくださるのか。パンフレットには立派な先生がたが理事や評議員や講師として名を連ねられておられるが、実際に指導してくださるのだろうか。さらに言えば、研修資金は初任給くらいはあるが、いずれ選挙に出るならばとても足りない。そういうのはどうしたらいいのだろうか。悩むことばかりですよね。

ですが、今さら、あとに引き下がるわけにもいきません。政経塾からは「辞退されるなら早めに」と言われるが、できない。仲のよい友達に聞くと「三井物産に内定をもらった」、「朝日新聞に行くことになった」、「ＮＨＫに入ることになった」、「新日鉄に行くことになった」、「三菱銀行に行くことになった」など。三井物産に行った友達は、「いずれは海外に行ってもらう。たくましくなってもらわないといけないから、時間があるようだったら、海外に行って武者修行してきたらいい」と言われたらしい。これに比べると、自分はそれどころじゃないよという状況でした。

当時は、嬉しさ・喜び半分、課題・問題山積だと思う気持ち半分。そうなったら、もう一回原点に帰って自分でできることをやる。それは、勉強すること以外にない。勉強するというのは、本をもう一回、一生懸命に読むことだと思った。松下幸之助さんが書かれたものは、ＰＨＰ研究所からたくさん出ていることを初めて知ったのですよ。本屋さんに行ってみると、やっぱり一つのコーナーを占めるくらい。買えるだけのものは買い、手に入れられるものを皆、手に入れて読みました。

入塾前は例えば『私の夢・日本の夢――21世紀の日本』というＰＨＰ研究所がまとめられた本をよく目にしたのですが、「そんな、世の中簡単にいかないじゃないか」と思うほどのテーマがいっぱい書いてある。ですが、あらためて政経塾に入って、この松下幸之助さんと共に学ぶ、松下幸之助さんの下で学ぶということになると、あるいは本気でこのことを、「君ら、これを実現するために、頑張ってくれ」と言われたら、どうしようか。「世界の中で尊敬される大番頭の国として何をすべきか」など、いろいろなことを考えた。「あ、これが勉強することだ」と思って、入塾前の一月、二月くらいは一生懸命本ばかり読んで過ごしました。まあ、早稲田大学は、意外と卒業しやすい大学でしたから（笑）。留年することはないだろうと思っていましたので、そんなことばかり考えていました。

入塾式

――松下政経塾の入塾式の思い出はありますか。

河内山　一期生のときに比べますと、マスコミの取材は少なくなったのでしょう。それでも、たくさんのテレビ局、新聞、週刊誌等が取材に来ていました。

政経塾の入塾式の日の思い出としては、松下塾長のご出席のもとで、一番前に出て行った決意表明です。今とあまりパターンは変わっていないかと思いますが。自分は、政経塾に入った以上は本当の意味で、国のために力を尽くすという、少し古臭い表現ですが、「国士」を目指していかなければならないという話をしたのです。当時日本テレビのニュース番組のキャスターをしていた櫻井良子（よし子）さんが取材に来られました。入塾式が終わって、研修棟の建物から出たところにいくつか階段があるのですが、そこで櫻井さんに捕まりまして、「あなた、先ほど国士って言ったけれども、そういうものを志すってことは、どういう意味合いなんですか」と聞かれました。私は、「それは、とにかく世のため人のため。国境を越えてよい人間になろうとすれば、それは国士であり、それこそ、地球士であり、宇宙のために志す。そういうことを、自分は考え方の中心に据えて勉強してみたいと思います」と話をした。櫻井さんが、微笑まれたというよりは少し驚いた顔をされて「ご立派ですね」と言われたのを思い出します。

松下幸之助塾長と研修生（塾長の左側が著者）

今もそうですが、入塾式というのは普通の学校と違って、「どうぞ、ご家族もご一緒においでください」という形式です。これはきっと、松下幸之助さんのお考えだと思うのですが、「五年間、他の人は一生懸命に世の中で仕事をしている中で、ちょっと違う形で頑張らなければいけない。だから家族、とりわけ父母をはじめとする人には、理解してもらわないといけない」というお気持ちなのでしょうね。私の場合は父が来てくれました。

入塾式が終わって、父がポロっと「これは……。大変なところに入ることになったな。今までは自分のことだけだから何とかなるもんだったが、こうなった以上は、もう自分が言うことではないから、世のため人のため、頑張れ」と言ってくれたことが非常に印象的でした。そんなこと、それまで言われた記憶はまったくありませんからね。それが入塾式のときでしょうか。

同期の横顔

河内山　一緒に入った塾生たちは個性豊かで、「皆、元気だな」と感じた。住まいも一緒ですから率直に言って「こんな人と一緒にやっていくのは結構、骨が折れるな」と思いました。

――入塾式の決意表明で、特に印象に残っているかたはいますか。

河内山　例えば、同じ早稲田出身の近藤康夫君。とにかく、声が大きいんです。非常に印象に残りました。山田宏君は今と同じで前のめりに外交や安全保障の話をしました。皆、三〇年前にしゃべったことは、原点としては変わらないなと思います。

ホームページの卒塾生一覧には載っていませんが、もう一人、下山純代さんという女性がいたのです。下山さんは東大法学部を出て、控えめですが、非常に頭がよかった。それから、宮下昌子さん。詩を詠むような非常に芸術的な話をされたのが、印象的。紅「二」点でしたが、それが印象に残っています。非常に気の強い男性ばかりですから、この二人がいることで二期生は何となく安定感が出た気がします。

一期生の印象

――入塾式のときに一期生のかたから何かアドバイスはありましたか。

河内山　入塾しまして、例えば上の人でいうと、逢沢一郎さん、小野晋也さん。逢沢さんは大人だと思いました。小野さんはすでに仙人のような、もう何か、突き抜けていると。それと、後々にも影響がありますが、非常に印象的だったのは野田佳彦さん。これは、いい兄貴分だなって思いました。それから、二〇〇七（平成一九）年から浜松市長をやっている鈴木康友さん。鈴木さん、野田さん、この人たちとは仲よくやっていけるなと思いました。

　逆に、逢沢さん、小野さんは、自分から見ると、年上の近寄りがたいかただなと思いました。あと、岡田邦彦さん。岡田さんは、言い方はちょっと失礼ですがシニカルで、評論家みたいなことを言っていましたね。相対的にいうと、一期生は鈴木さん、野田さん以外は、少し堅苦しい人だなという印象です。

寮生活

――寮では、誰と一緒でしたか。

河内山　林英臣さん。林さんは一期生です。ホームページの卒塾生一覧にはいないのですが、中野勘次郎さん。それと、衆議院議員をしばらくやった打越明司君。この三人でした。先ほどの話と関わりますが、中野君と鈴木さんが実は地元が浜松で、仲よく慶應の同級生です。一年遅れで中野さんが入ってきたから、その関係もあって鈴木さんと仲よくなりました。中野さんは親しみやすく、慶應ボーイで、おしゃれ。「こういうときには、こういう色の服装をするんだ」というのをいろいろと教えてくれました。

　打越君は鹿児島県出身。九州大学を出て勉強はできるのでしょうが、ある意味で横紙破り。いろいろなことでユニークな行動をするのですよ。僕は当時、「打越君が一番初めに政治家に打って出る」と思いました。有力な人脈を幅広くもっておられる気がしましたから。九州から出てきたにもかかわらず、東京にもいろいろな知り合いがいて、すごいなと思いました。

松下幸之助塾長を知る

――一年目の研修で印象に残っているのは、どのようなことですか。

河内山　徐々に研修はシステマティックになるのですが、私たちのときは、うーん。体系的ではなかった。松下さんのお考えで決まっているのは、まず、「販売での実習を頑張れ」。それから、「工場の実習を頑張れ」。それこそ、「我以外、皆、師なり」です。全てを師と思って研修すべきだという、政経塾の研修の基本でもあります。ある意味ではちょっと無秩序ですが、様々な分野の立派なかたが来られて、そのお立場、お立場でお話をいただいたという感じです。

それから、根本は松下幸之助さんがどういう生い立ちで、どういうことを考えられ、どういう経験をされて、政治にどういう注文をされているのか。そのことについては本を読んだり、松下幸之助さんご本人やご縁のあるかたの話を聞いたりしました。例えば、丹羽正治さんという松下電工の名誉会長や、後藤清一さんという三洋電機の相談役。それから、当時、塾頭だった久門さん。そして、副塾頭であった土井さんなど。やはり、松下幸之助理念の体現者と、松下幸之助思想を文章に起こされたかたの話が、政経塾の一年目の研修では、非常に印象深いです。

政経塾の一年目でとにかく一番印象に残っているのは、なぜか知りませんが、松下幸之助さんが、繰り返し、繰り返し、「君ら、辛抱できるか」と言われたこと。これは「政経塾の研修というものが辛抱できるか」という意味じゃないことが、後々、わかってくるんです。繰り返し、繰り返し、「君ら、とにかく、大事なことをやらないかん。もう、日本というのは、本当にある意味では、いずれ行き詰まる」、「だから、とにかく何とかしないといかん」、「そのために、君ら、辛抱できるか」ということを、繰り返し言われる。このことが、やっぱり印象に残っています。

順不同ですが、三洋電機の相談役をされた後藤さんは、「自分は若い頃に、松下幸之助さんにこれほどこっぴどく叱られたことないってくらい、叱られた」と話をされました。要は、大事なことを決めるのに相談しなかったことについて、相当厳しく叱られた。叱られた挙句、車で家まで送ってもらった。その運転手さんが、「後藤は、ひょっとしたら、あれだけ叱ったんで変な気を起こすかもしれない」と思い、家の中に入って、運転手さんが様子を見ておられたというくらいです。松下さんは叱るには叱るのですが、全体としては愛情をもって人と接するという形で、その大きさ、物凄さを、かなり面白おかしく、後藤さんがお話しになったこと、今でも印象に残っています。そのことと合わせてみて、松下幸之助さんの言われることは、先ほどの「辛抱できるか」という話なのです。

もう一つは、「人間というものの力」です。人間というものに与えられている力は、政経塾の理念であり、松下哲学の中心にあります。「万物の王者である人間」は、しっかりしなきゃいかん。それから、『無から有を生み出す力』を人間はもっているんだから、そういう力をとにかく出させるようにするのが、大事だ」など。そういう話をされました。

製造実習、販売実習

河内山　自ら経験した話でいうと、今でも忘れないのは製造実習です。当時ありました松下電池工場の辻堂工場で、電池の中でプリミティブなマンガン乾電池というものをつくるラインで、約二か月間、実習させていただきました。マンガン電池というのはマンガンの粉を固めて電極をつくるわけですから、電池工場はものすごく環境が悪いわけですよ。〝大松下〟、松下の名がついている工場なのに、機械化が進まずまだまだ、皆、額に汗して働いている。額に汗すると、顔も手も腕も、あるいは首もマンガンの粉で真黒になる。その仕事をさせてもらったというのは、面白かった。

工場の中にお風呂があるんですよ。アルカリマンガン電池の工程の人たちは皆、お風呂に入って帰られるんです。だから、私もお風呂に入ったんです。お風呂に入ると、社員の人がいろいろなことを言うんです。「あなたたち、政経塾でどんな勉強してるの」、「将来、松下相談役が、政治家つくるっておっしゃられたけど、あんた、選挙に出るのに何党から出るの」とか。単に工場の実習をしているだけでは言われなかったようなことを言われましたね。非常に興味本位なのですが、ものすごく真摯な期待を寄せられているのがよくわかるのです。「あなたたちが偉くなったら言うことないだろうけど、自分たちはまだ恵まれた立場。お給料ちゃんともらえるから。世の中には、恵まれない人もいっぱいいる。苦労している人がいっぱいいるんだから、決して、そういうことを忘れない人になってね」と皆、言われるのですね。大学を出たばっかりですからかわいがってもらえました。何度か仕事帰りにおでん屋さんや焼鳥屋さんに連れていってもらったことも印象に残っています。

それ以上に印象に残っているのは、販売実習です。小室電気（現：コムロデンキ茅ヶ崎）という茅ヶ崎にある電気屋さんの末っ子さんが暖簾分けをしたお店で実習をさせてもらいました。茅ヶ崎と藤沢の北側に湘南ライフタウンという開発された地域、今、慶應義塾大学湘南藤沢キャンパスがある場所のちょっと南くらいの湘南ライフタウンに店を出されました。私はそのお店で、店長である小室さん、留守番やお手伝いをされている女性と三人で仕事をしました。

私の主たる仕事は、松下の冷蔵庫、洗濯機、テレビなどの販売。また、真夏を前にしていますから、エアコンのカタログをもって営業をやる。とにかく一日二〇〇軒まわろうが、三〇〇軒まわろうが、まったく、反応がないんですね。後から考えればそんな簡単に何十万円もするものを買ってもらえるわけがないとわかるのですが。そのことを通じて商売の難しさや、初めて出会う人にどう話をするのか、あるいは、ちょっとしたきっかけで、何か次に展開できるようにするにはどうするか、そういう智恵を学びました。いずれ政治をやる人にとって、無意味ではないだろうと、創業者と息子さんは、私に対して思っておられたようです。松下幸之助さんがどう思っておられたかは別として。

ですから、結構、厳しいことを言われるのです。夕方、「今日も、夕ご飯食べられないね」。「だけど、まだ明日もあるから。気落ちせずに、明日も朝来てね」と、厳しいところもあるんです。まあ白分も素直に、「今日も一日やったけど、何も売り上げが上がらない」と考えながら、寮に帰ってくる。一方、打越君は川崎のほうのお店に住み込みで行き、週末だけ帰ってくるのです。そうすると、彼は一生懸命に「売れた」と言う。「テレビも売った。それから、その人の紹介で親戚のところで冷蔵庫も買ってもらうことになった」と。それで、僕は何も売れない。意地の悪いことを言うんですよ、「一台か二台くらい売らないと、退塾になるらしいです」と。なかなか、厳しいことを言うんです。ですから、私も本気で考えたのですが、本当に面白いものなんです。販売実習をやる間に、ものすごく暑くなったんです。そうなると、例えば週末に、今度はお店のほうに、「今週中にエアコンつけてもらえるの」、「こんな暑いから、お宅でできなかったら、どこか探すけど」と電話がかかってくるのです。当時は家電量販店ができ始めていたのでしょうが、やっぱり、壁に穴を開ける工事を伴うようなものは、当時でいうナショナルショップみたいな身近な販売店に頼まれるのが普通だったんでしょうね。

それで、「信頼があるんだな」と思いながらも、予約がいっぱいで、すぐには工事できないと言えば「よそを探す」とおっしゃる。ですから何が何でもつけなきゃいけない。店長に言うと、「自分も四台も五台も引き受けていて、週末までにやってくれるかって言われても、それは難しい。だけども、お客さんになってもらわないといけないから、あなたが行って、物差し出して、どこから何センチとか寸法とってきてよ」とおっしゃるんです。そうは言っても、私なんかは技術も何もない。だからとりあえずカタログをもって行って、「お部屋の広さですと、こういう商品ですよね、ぐらいの話をするのでもいいですか」と言ったら、店長に「こんなに急に暑くなったら電気屋さん同士でエアコンの取り合いなんだから右から左にエアコン入ってくるわけではないんだよ。そんな、めったやたらにどの型番だと決めてはいけない」と怒られるんです。「じゃあ、どうすればいいんですか」と言うと、「それを考えるのが、あんたの仕事だ」と言われて、まあ、苦労するんですよね。よその電気屋さんにも電話をかけられたのかもしれないけど、大変品薄で厳しいということでもあったのか、お客さんのほうも、今と違って非常におおらかに待ってくださる感じでした。

いくつか商談をまとめました。夜、政経塾の寮に帰って「これで退塾にならなくて済む」と嬉しくなりまして、「よし、明日も頑張ろう」と。最終的には、二、三台のエアコンの契約ならびに取りつけをしました。小室さんからは、「これは、松下幸之助相談役には内緒で。あなた、よく頑張ってくれたから」と金一封を（笑）。それが、販売実習の思い出です。

オートノミー研究会

河内山　あと一つ。これは、その後の私の生き方にも関わります。ややこしい小野さん、親しみやすい野田さん、今、三重県伊勢市で伊勢福の「おかげ横丁」の経営をされている橋川史宏さん。それから、野田佳彦事務所で第一秘書をやっている河井淳一君と私。この五人でオートノミー研究会というのを始めたのです。自治、自立についての研究会ですね。例えば小野さんが、「憲法のいう地方自治の本旨とは何か」といったテーマでスピーチする。スピーチの後、一時間なら一時間議論する。あるいは、野田さんが「直接自治と間接自治の中の住民請求」の話をする。私がいわゆる「地方交付税について」を勉強してしゃべる。こういう勉強会を、夜にやっていたのです。ある意味では面白くないといえば面白くないのですが。その頃には、小野さんも、野田さんも、私も「松下幸之助さんの思いを達成するためには、手間暇かかる。その取っ掛かりとして、自分たちが責任をもって関与できるのは、地方自治ではないか」という気持ちが、だんだん、強くなったんですよね。

その後、小野さんが政経塾で初めて県議会に出ていく。もちろん野田さんも県議会に出ていく。私も市長選挙に出ていく。河井君、橋川さんは、直接は選挙には出ませんが、橋川さんは地域づくりということで伊勢福ならびに「おかげ横丁」の経営をやっていく。河井君はとにかくタイミングがなかなか合わない。でも、野田さんと同志ですから、野田事務所でお世話になって仕事をする。こんな感じです。政経塾がセットしている研修ではありませんが、私にとって非常に大きな意味合いがありました。

――そのとき勉強したテキストの中で、印象に残っているものはありますか。

河内山　塩野宏さんの行政法関係の書物ですね。あとは、岡山県知事をされました長野士郎さんの地方自治法。長野先生は地方自治法をつくられた立場ですから非常に大きなテキストです。他には今の総務省、昔の自治省が出している地方交付税制度のテクニカルな解説書。地方公務員などが読むようなものですが、後々、市長になった頃に実はグルッと回って役に立ちました。そのへんが主なテキストです。

あとは、地方自治法や地方自治、自治制度そのものではありませんが、例えば、神奈川県知事をされた長洲一二さんの本。長洲さんは今でいう地方分権のきっかけになる「地方の時代」という言葉を言われたわけですよね。地方自治を本気で考えると、長洲さんにせよ、横浜市の飛鳥田一雄さんにせよ、それは中央政府のやり方と相容れないものがある。その中で、ずっとアンチテーゼをやっていても自治はできない。私は「言うべきことを言う」ことが大切だと考えます。日本にとって正しいことを、地方の人も言わないといけない。ですから、「中央地方パイプ論」で地方自治をやっていっても、結局それは地方の個性を失わせるのです。

――そういう中で、地方政治の要請として、どういったことを勉強しましたか。

河内山　基本は松下幸之助さんが言われた、「政治もまた経営」です。オートノミー研究会でも、「自治と経営は本当に親和性のある言葉なのか」、「地方自治をやることは、地方経営という表現が可能なのか」といったことについて議論しながら、経営というものを一生懸命に考えていくことになるのです。その中で、松下幸之助さんがまさしく自分で実践されてきたこと、例えば、松下電器産業が大きくなり過ぎると、決定のスピードも遅くなる。それから、個別事情、各部門の独立性や責任も失わせるので、事業部制度を始められた。結局、経営にとって大事なものは松下さんの言われるとおりで、「自主・責任・独立経営」。これは、まさに自治そのものだと至りました。

日本の地方自治制度は、自主・責任・独立経営になっていない。したがって、本当の意味で「地方の時代」をやろうと思ったら、地方自治の最も大事なところは、憲法でも言っている「住民自治」であり、そこの自治体が主役になること。だから、松下さんが言われる「地方自治は地方経営だ」と、地方自治の本旨である「住民自治・団体自治」はまったく矛盾しない。「そのものじゃないか」と、我々が二〇歳代半ばで一生懸命に話していたのですよ。

――オートノミー研究会を通して、大学時代の考えはどう発展しましたか。

河内山　現場の地方自治体の議員さん、首長さん、地方自治体で働いている職員の人と話をすればするほど、「自分たちの考え方の根本はどこにあるんだ」と問われたときに、東京の中央省庁、当時でいうと自治省が物事を決めるのが先で、私たちはそれにうまく乗っかっていこうと考えます。補助金行政、通達行政ですね。これが、地方自治のよいところを失わせる。だから、地方自治改革をやらない限りダメなんじゃないかなという意識を強くしました。

例えば、少し改まってきましたが、地方財政は何の疑いもなく大福帳方式の単式簿記でやっている。これはお小遣い帳と同じです。例えば、今年は一〇〇万円の予算なのに、一〇五万円使いましたので五万円赤字で借金しました。あるいは、一〇〇万円の予算なのに、九五万円でできたので五万円残りましたみたいな大福帳方式では、財政の真の姿は現わせない。ですので、何とか複式簿記化できないかと政経塾の三年目、四年目、五年目のときに一生懸命に格闘したのですが、結局、失敗しました。そういう意味では、地方自治を見つめる、地方行財政を見るという意味でも改革をしないといけない。

そのため自分は、「誰も言っていないことも含めて、言ってみよう。誰もやったことのないことも含めて、考えてみよう」と考えました。例えば、「タテ並び、ヨコ並びになること」は、最初からはやらない。タテ並びというのは前年どうやっていたかってこと。ヨコ並びというのはよそがどうやっているか。タテに並ぶこととヨコに並ぶことは、非常に居心地はいいし説明は不要なのですが、このことの否定に立って、もう一度、原点から考えてみようと行動しました。全てのことについてそういう習慣を身につけようと思ったのは、政経塾時代に一生懸命に、自分で考え、討論したからだと思いました。

――オートノミー研究会などで、視察に行ったことはありますか。

河内山　皆で行ったということはないですが、例えば、小野さんが岩手県の田野畑村に行った。それから、野田さんが行政のコストを研究するために、ある市のゴミ収集車に実際に乗せてもらった。私は、一生懸命に商店街の再開発をするために大型店問題で揺れているところの商店街のかたがた、あるいは、地方行政の責任者にインタビューやヒアリングをした。そういうものを持ち寄って、現実に世の中が動いていることを擦り合わせようじゃないかと一生懸命にやりました。

やっている最中、二年目、三年目でしょうか。そう遠くないうちに小野さんが選挙に出ることになった。野田さんも事務所に籠もったまま。私たちも入れ替わり、立ち替わり、実際に選挙の応援に行くことが増えてきた。それで、勉強の成果が固まる前に、このオートノミー研究会は雲散霧消するわけです。もう一、二年やっていると、いい成果が出たかもしれません。でもね、松下さんが言われる現場主義というのは、なかなか難しい。今なら政経塾の先輩を頼りに、あるいは、政経塾自体のある種の安心感がありますから、安心して受け入れてもらえる。あの頃は、政経塾の名刺を出しても、「どこの学習塾ですか」と尋ねられる始末ですからね。ひとたび、現場に入っていくということも、自ら切り開いていく意味でいうと、難しい時代でしたね。

徳田虎雄氏の来訪

河内山　話が前後しますが、ある日突然、「政経塾の若者と話がしたい」と徳田虎雄さんがきました。季節でいうと秋です。神奈川県警の幸野實先生の剣道の稽古が終わる頃にお見えになりました。救急車に乗って徳田さんが政経塾に乗りこんできたんですよ。「何で救急車で乗りこんで来られたんですか」と聞いたら、「寝る間もなく忙しく働いているから、移動中も救急車の中で寝転んでくるんだ」と言っていました。

パフォーマンスなのか本当なのかわかりませんが、相手の度肝を抜いてくるんですね。「ああ、エラい人がきたな」と思いました。ひととおり研修が終わった夕方の時間ですから、お腹もすいているのです。食べたか食べなかったか忘れましたが、徳田さんは夜の九時になっても帰らない。何度も「こんな立派な建物の中で、恵まれた環境で政治の勉強をしようというけど、そんなものでは、世の中、よくならない。君らは大甘だ」、「自分はこう、こうだ」と一代記をお話しになって。道場破りにきてくださったんですね。「おっしゃるとおりですが、私らにそんなこと言っても……」という話ばかりなので、皆、「もう、いい加減にしましょうよ」という感じでした。もう、終わるかなと思ったら「君ら、繰り返して言うけど、大甘だ」と何度も言うんですよ。それで、今はイギリスで政治の研究をやっている菊川智文君が「大甘のどこが悪いんですか」と言い返したものですから、また話が長くなって（笑）。

趣旨は「お前らは、政治をよくするって言って集まってるけれど、どんな苦労をして、それをやろうとしてるんだ。自分は、そんな人に語れるような苦労じゃない、甘い苦労じゃない、一生懸命やっているんだ」でした。最後は徳田さんが、「ここで、畳の上の水練をしているんじゃダメだ。自分が、とにかく今から全国各地で改革の火の手を上げるから、君らはここを辞めて、私の下に馳せ参じろ。それぐらいのことをやるのが、本当の君たちの使命であって。こんな恵まれたところで畳の上の水練をやるべきじゃない。希望者は、俺のところにこい」と言って帰られたのですよ（笑）。

非常に印象深かったです。その類の人は、時々いました。後々、自民党から衆議院に出られるような人も、何らかのツテを頼られて、「政経塾の人たちと一緒に勉強したい」。あるいは、後々民主党から国会に出られたある研究者は、「自分はこういう学問をやっているけれども、皆さんと一緒に勉強したい」と言って、一度か二度、突然来られた。

政経塾の当時の久門塾頭をはじめ土井副塾頭としては、様々なかたからのご紹介を断るわけにはいかない。逆に私たちは、意図も趣旨もよくわからない。そういうことによく付き合わされました。そのかたがたは希望というか狙いがありまして。次の機会からは名刺が変わって、裏のほうに、「松下政経塾講師」とある（笑）。「世の中には、こういうこともあるんだな」と思いました。

「動物園」と称された第二期生

河内山　そういうこともあり、外の人と相接することを悪用されると嫌なので、後ろ向きになりました。始まったばかりでしたが、政経塾には一つのブランドがあるんだなと感じましたし、ブランドの使い方や守り方を考えなければいけないなと思いました。皆、政治を志していますから、多くの人と知り合いになりたいし、いろいろな世界に飛び込んでいきたい。ですが、一年次の冬に『週刊新潮』に、「宴会トンビだ」と悪口を書かれたんです。政経塾の塾生、とりわけ二期生は、東京に夜な夜な出かけて行って、議員さんがやっている「励ます会」や政治資金パーティーに出没していましたので。そのことも相まって、「あまり外に出歩くな」と言われました。特に、我々二期生はキツイお達しを受けた。

一方、一期生は優等生、長男坊だから何も言われない。その頃に塾の関係者でしょうか、誰かが、「二期生は動物園だ。動物園だから、檻をつくって、外に出さないようにしなければならない。外に出歩かれると、政経塾の名誉に関わる」と言うんですよ。我々としては心外で、反発もします。研修担当は鳥居功さんというかたでした。今でも二期生は意外と集まり、東京界隈でも二か月か三か月に一回、同期会をやり、いまだに鳥居さんにご案内を差し上げてもきていただいていますので、仲が悪くなったわけではありませんが、当時は、バトルもありました。私は後々、政経塾のスタッフになりますから、そのときのバトルの収め方は、双方の立場をやっているとよくわかる。人間というのは、やっぱり両方やるといいですね。

小野晋也氏の初出馬

――先ほど小野さんの選挙の話が出ました。もう少しお話を聞かせてください。

河内山　当時、誰もノウハウがないんですよね。少しかじった人や縁のある人はいましたが。それで、表現が適当でないかもしれませんが、松下幸之助さんは「猿回しでも、皿回しでもやって。人が振り返ってくれなきゃどうしようもない。どんなに立派なこと、高邁な理想を掲げていても、人に知ってもらうというのが大事だ」、「松下電器だって、どんなに立派な家電製品をつくっても、それがどういうもので、いくらぐらいの値段で、どういうふうに使うのかってことが知られなければ、『それは商品があってなきがごとしだ』」、「したがって、松下電器では宣伝を非常に大事にしている。誇大広告はいかんけれども、正しい姿を知ってもらわないといけない。政経塾も、知ってもらうために新聞を出さないといかん」と考えまして、松下政経塾の塾報を創刊しました。出して、途絶えての繰り返しです。小野さんの選挙のためではないのですが、政経塾が政経塾としてできる啓蒙活動、ＰＲ活動ならやろうということになった。

ですが松下幸之助さんから、「つくって配ればいいというものではない。お金を出して買ってくれるようなものでないといけない」となりました。したがって、政経塾の塾報を出す以上は、例えば一万部出したら、三〇〇〇部から五〇〇〇部は有償で買ってもらわないといけない。松下さんのお考えはまことに正しいのですが、私たちが政経塾に入って三年目に、小野さんが選挙に出るから、とにかく、まずは一人頭一〇〇人、有償の読者をつくれ。そして親族、家族、同級生。少しでもご縁のある人にお声掛けする。やっている最中は、まことに心苦しい。そんなことのために政経塾に入った覚えはないと思いましたが、後々、ものすごく大事なことだとわかってくるのです。皆、そういうものをつくって、小野さんのために一生懸命、ダイジェスト版も含めて配り歩こうじゃないかとやる。それがきっかけで、人のところを訪問する。先ほどの販売実習のカタログのときと同じように、話しに行くだけではダメで、政経塾の場合、正々堂々、松下幸之助さんの署名の書かれた「政経塾を目指すということは、こうなんだ」ということと、「今、塾生はこういうことをしています」ということを相手にお伝えしました。迂遠な道のようですが、これが初期の松下政経塾の真面目さをわかってもらううえでは非常によかった。意義あることだったと思っています。これが松下幸之助さんが言われた、やり方の出発点ですね。

白川勝彦氏の影響

河内山　政経塾に様々なかたがお越しになる中で、白川勝彦さんも印象深いです。白川さんは自民党ですが、「このままの自民党ではイカン」というお立場をずっと貫いた人です。また、国会議員のバッチをつけられるまでも、ずっと苦労なさった。その代わり、あまり人や大きな組織に頼らない。それから企業にお世話にならない。弁護士という資格をおもちだということもありますが、とにかく、自主・自立の精神でやってこられました。ですから、白川さんに学ぶこと、白川さんの経験は政経塾の我々にとっては非常に有益、むしろ、共感できることです。

政治的な立場は同じではないが、例えば、田中角栄さんが言われた戸別訪問三万軒、辻説法五万回ということは大事だと。政治家というのは、とにかく人と出会うこと。それから、人に訴えかけること。

「自分は何の誰それで、何をやろうとしているのか」を、まずは皆が知っているという状況にならないと、選挙の入り口に入れないと白川さんが話をされるのです。当然、公職選挙法上、戸別訪問はできませんから、講演会活動としての個々面接であったり、入会促進だったり、法律に則って活動するわけです。

我々が政経塾の塾生時代に、何が選挙で一番大事なのかということを問われたときには、松下幸之助さんが言われた「どんな立派なことだって知ってもらう努力をしなければダメだ」ということを思い出します。知ってもらう努力の方法はいくらでもあります。まずは、書きもの。それから、白川さんが言われた、「とにかく、人と出会う、人に訴えかける」こと。皆、最初はそんなに会場に人を集めることはできません。外で聞いている人は一人で、あとは、イヌとネコとカラスくらいというところから始まるわけです。私も気恥ずかしさは経験しました。これ、勇気いるんですよ。言葉も出てこないですよ。

政経塾で初期の選挙に出た人は、小野さんだって、野田さんだって、皆そうです。まずは、恥ずかしがらずにやれることがスタートです。そのうち、何となく聞いてくれるようになったり、反応が出てくるようになったりしたら御の字というか、うまくいくのです。そうすると、ある日、突然、それまではウンともスンともなかった反応が急に出てくるのです。聞いてくれるようになる、不思議です。それから、こちらがお願いすると、「ああ、いいよ。うちの会社、従業員はそんなにたくさんいないけど、朝きてくれるなら、皆にあいさつさせてあげるから」、「社員の忘年会があるから、始まる前、乾杯の前に一〇分間くらいしゃべらせてあげるよ」という反応が出てくるのです。

「徒手空拳で出ていくこと」は、そういうことだと感じました。ですが、今は衆議院は政党選挙になり、地方自治体の選挙でも通用しなくなったのが、日本の政治での新人の出方の変化かと考えます。今は多様な候補者が、出にくくなった。以前は中選挙区であり、地方選挙だと新人が入ってきやすかったと思います。

塾生への三つの支持層

――一九八〇年代ですと、基本的には自民党体制を支持しながらも、既得権益をもたないサラリーマン層の不満が無党派層の増大につながっていくかと思います。選挙活動の肌感覚についてお話しください。

河内山　小野さんの場合は、支持層には大きく三類型あります。最初、小野さんは県議会の選挙に出ます。すると、地元意識。小野さんがどんな人であろうと応援するという、地縁に基づいたもの、血縁もあります。そういう無条件で応援されるかたが、一類型あります。よほどヘンテコな人以外は、誰が出ても基礎票的にあるようです。

二類型目は、松下幸之助さんのおかげですが、企業の経営者、それに類する自営業者。ご本人を見ると、学歴も東大の工学部や大学院で宇宙工学を学んで、真面目で、言っていることは筋が通っている。しかも、経営の神様である松下幸之助に学んでいるから、確かに今までの政治家とは違う点がある。つまり、松下幸之助さんの思いと波長が合う、本当に政治をよくしようという今までにない人を育てて政治に参入すべきだという松下さんの思いを真正面から受け止めておられるグループです。影響力のあるかたがたですから、選挙で広がりをもつきっかけになるでしょう。

あと、政経塾の初期段階では「若い」候補者だというのがありました。同世代も「若い」ということに魅力を感じてくださるのですが、とりわけ中高年の女性に、政経塾の初期段階で応援していただいたような気がします。地方都市では、保守政治家と一部公明党、共産党に対して非常に熱心なかたがたが存在します。あとは、労働組合のかたの比率が高いか低いかですね。小野さんの選挙区は圧倒的に保守の地盤ですから、年配で多くの経験をされて、多少のことではぐらつかない。「これぞ保守政治家」がいます。ですが、特に女性には、「これぞ保守政治家像」と違うタイプへの期待感が強い。ですので、中高年の女性がひとたび「自分たちは、こうだ」となると、組織にとられずに投票するのです。小野さんが既存の政治家と異なって見えた点は大きな追い風だったと思います。

　ですから、小野さんの選挙のときにも感じたのは、元々の地縁、血縁。松下幸之助さんに対する信頼感。それからアンチ既成政治家。この三類型だと思います。

――今までの研究では政経塾の初期段階で、中高年の女性が支持したという話は聞かないですね。

河内山　これは、全国的にそうだと思います。私もよく選挙の応援を頼まれて、組織立てができつつある頃に、応援に行きますと、八期生の前原誠司君は完全に、山井和則君もそうですが、圧倒的にある一定年齢の女性が一生懸命支えていることがわかります。ただ、そういうかたがたの期待や評価というのはすごく厳しい。その期待を裏切って苦杯をなめている人もいっぱいいます。そういう意味では、初期段階で当選しその後も連続して議席を守っている人は、そういうかたがたの支持が厚いのだと思います。

「世代代表」

――選挙に勝ち続けていくために若い人を支持基盤に取り込みたいとなると、どうしても、「自分たちが若い世代の代表だ」と意識し、気がつくと裸の王様になりがちです。中高年の女性ですと自分よりも目上です。男性が気づかない細かいところにも、厳しくご意見されます。

河内山　そうですね。

――そういう目に耐えることによって、「有権者が政治家を育てる」ような関係ができるのかなと思いました。

河内山　後のことになりますが一六年間市長をやっていまして、同世代の人からもある一定程度、支持は集めるのです。最近、「シルバー民主主義」という言葉が出てきますが、私がいつも痛感していましたのは、同世代の人というのは、二〇代の政治に対する期待と、三〇代のときの政治に対する期待と、四〇代の政治に対する期待、あるいは政治家そのものに対する期待が、ずいぶん変わっていくという点です。選ばれるほうは簡単には変われませんから、意外とギャップが生まれるのです。

よく「その世代を代表して出てきている」というイメージで活動していきますと、ズレが出てくる。選挙のポスターを見ますと、「子育て世代の代表」とか書いてある。子育て世代の代表は五年くらいでしょうね。一〇年も経つと、その人は子育て世代の代表では通用しなくなるのです。感覚がずれるので、その人は違うことを言わないといけません。ですから、そういう意味では小野さんとずっとお付き合いしていますが、タイプでいうと、同世代の人にももちろん支持されつつ、世代の違う人の応援も受けていますね。

野田佳彦氏の初出馬

――野田さんの選挙は、どのようにお手伝いしたのですか。
河内山　あまり野田さんのところに行かなかったのです。船橋の駅前に行きまして、野田事務所でいきなり住宅地図のコピーをもらって、「このコピーに印の入ってるところを全部回ってください」と頼まれた。野田さんの最初の選挙のときは、小野さんのところよりもっと厳しかったです。これは、愛媛県新居浜市と千葉県船橋市の違いだと思います。本当に、まったく反応がない。当然、県議会の定数でいうと船橋のほうが多いから、二分の一の支持を必要とするみたいな話ではありませんが、それにしても野田さんのところに行きまして、都市型の選挙というのは本当に大変だなというのが一番の印象です。現職が随所、随所で町内会長さんを押さえていますから、田舎ではないのですが、昼間在宅の人でいうのは、野田さんに対する支持率はほとんどなかったのではないでしょうか。

ですから、野田さんの最初の選挙は小野さんとは違い、本当に無党派だったのです。昼間は人が家にいない。船橋市民だという意識はあまりない。けれども、「既存の人ではダメ」と思って選挙に行く人たちの支持を受けて当選した。とにかく、野田さんという人の存在を知って、あんなに真面目にやっているなら間違いないだろうと、好印象をもたれたかたがずっと、政権交代にかかわらず応援しているのだと思います。私が理事長を務めた社会保険診療報酬支払基金も船橋市内に宿舎があります。そこに住んでいた職員はある程度野田さんの最初の頃を知っていて、「野田さんも若い頃はよく駅前で街頭演説して、単に街頭演説するだけじゃなくて駅前の掃除してました」と覚えているのです。

やはり、松下幸之助さんが言われたように、振り返ってもらうような術を野田さんなりにあみ出したんですね。演説して、Ａ４とかＢ５くらいのビラを配っても、捨てちゃう人もいる。最初、野田さんは「やっぱりあれがつらくて。タバコの吸いがらと一緒にあるのがつらいから、掃除して帰ろうか」という感じで掃除を始めたらしいです。人というのは、見てないようでよく見ていると思いました。ですから、野田さんの選挙の印象というのは、「いやー、大変だ」でした。

逢沢一郎氏の初出馬

――その他、印象に残るかたはいますか。

河内山　逢沢さんは三代目ですから、選挙のための組織はありますが、それでもお父さんもおじいさんも選挙に強いほうではありませんでした。ですから、逢沢さんの選挙は、「二世だ、三世だ」と簡単ではなく、逢沢さんは逢沢さんで、自分でつくり上げたっていうところがおありだと思います。非常に知名度はあるのです。ですから、逢沢さんのところの選挙応援に行きましていろいろなかたとお話ししても、「逢沢さんに何々をやってくれるように言っておいてよ」と頼まれるわけです。ある意味ではブランドとして存在しているので、注文をずいぶんつけられるなという感じです。お父さんの時代からお願いしているがいまだにできてないことは、事務所の人に「今日回った中の、何々町何丁目の何々さんからこういうことを言われましたよ」と全部メモに書いて渡しました。そうしたら、当時事務所にいた小山さんという秘書が「全部聞いてたら選挙にならないよ」という話をしていました。明らかに違う感じですよね。

あとは、逢沢さんの場合はアイサワ工業株式会社というおじいさんが起こされた会社が、選挙マシーンとして動かれるということをずっとされていました。ですが、逢沢さんは、それだけで選挙をやるというのは松下幸之助さんに申し訳ないと思ったようです。とにかく、自分は自分のスタイルで選挙をやりたいという話をされましたが、会社のかたがたは、「何だよ」と逆の印象をおもちだったようです。もちろん応援はされますが。

企業団体を頼りにする際、そういうかたがたも組織の一人としてやっている場合だけでなく、本当に一人ひとりが本気になってやられる場合があるのだなと感じました。選挙は最終的には組織、団体に応援してもらうのですが、選ばれる立場からすると、そのようにマスで有権者をとらえると大きな間違いをしますから、一人ひとりが正当に評価して応援してもらわなければいけないなと感じました。

後輩の選挙では、佐賀の原口一博君のところに行きました。原口君は元々自民党系から民主党へ選挙区の事情で変わったので、その辺はいまだに最終整理ができていませんが、これは政党政治だから仕方ありません。彼も大臣をやりましたからうまくいっているほうですが、見た目とは違って毎回毎回選挙で苦労しています。この辺の方向転換は、政治をやっている人間からすると時々経験せざるをえないことですけどね。

私も市長時代に、国会議員さんで誰を応援するということで、支持者の人が戸惑ったり反発したり、批判することがありました。結局、選挙というのは当選したら当選したでそういう苦労もあるんだなと思いました。

一〇〇キロメートル行軍

――一〇〇キロメートル行軍についてお話しください。

河内山　一〇〇キロメートル行軍は日本体育大学の平野仁さんという体育の先生がある日突然、「皆さん、とにかく将来選挙に出ようという人間は、一に体力、二に体力、三、四がなくて五に体力だとおかりだと思うので、二四時間以内に一〇〇キロメートル歩くというのをやろうと思うので覚悟してください」と言って始まりました。我々としては「えーっ」という感じでしたね。

サポート、応援する人たちも初めてのことだから何をどう応援していいかわからない。何がどうつらいのかもわからない。ですので、いきなり一〇〇キロメートルは大変だから、まず昼間に静岡県の三島の三島大社から山を越えまして、箱根の旧街道の箱根神社まで三〇キロメートルを歩くという催し物をやりました。バックアップ体制もなく、距離も三〇キロメートルです。三島から歩き始めて、最初は無駄話しをしながら「何のことはない」と思いました。しかし、一〇〇キロメートル歩くのも大変ですが、三〇キロメートル歩くにしても、箱根の山を越えなければいけない。この高低差がつらいのです。三島からですので、神奈川側からほどではありませんが、それでも山を越えますから、ずいぶんつらかった。

三〇キロメートルはできた、この三倍だから一〇〇キロメートルも何とかなるだろうと思ったのが大間違いでした。夜の一二時なんて早く寝つけるものじゃないですから、ウトウトするくらいで飛び起きて、正午から歩き始める。江の島から鎌倉、鎌倉から逗子を抜けていって、明るくなってくると今度は三浦半島のなだらかな丘を歩くのです。昼間、行けども、行けども同じ大根畑の中を歩くのは、本当に嫌になるくらいに疲れました。

日が暮れてまだ残りたぶん二〇キロメートルくらいあったんだろうと思います。最後、三浦半島をぐるっと回ってくる。そんなにお店の光があるわけではありませんが、今度は車の通りが激しくなる。国道一三四号線を歩いてくると、食事に行く車の人が「どうしたの、乗せて行こうか」、「さっきから同じような人いっぱいいるんだけど何やってるの?」と一〇台に一台くらいは声をかけてきました。

初期は警察に届けていないでしょうから、神奈川県警や交通機動隊の人が後ろのほうで「先ほどから同じような若者が何人も歩いていますが、何か情報ありますか」と無線交信しているのです。そのうち追いついてこられて、「あなたたち何やっているんですか」と質問されたので事情を説明すると、「わかりました。まことにご苦労なことですが、交通事故にあったらそれでおしまいです。とにかく明るいところ、それから、信号を守って歩いてくださいよ」と言ってくれました。それで、歩き切りました。感動ものですよね。

それで、翌日東京へ電車に乗って出かける用事があり、駅の階段を上がるのはなんとかできたんですが、下りるのがきつくて。電車に乗りましても、もうとにかく立っているのが精一杯。それから、足腰も痛いので、電車が揺れるたびに、うめき声が出るのです「うー、うー」と。そうすると、さすがに前に座っているかたから「相当悪いようですから、どうぞ」と席を譲ってもらった経験があります。それから、一〇〇キロメートル歩ききった自信というのはいろいろなところで生きましたね。

円覚寺研修

――他に、一年次の研修で印象に残っていることはありますか。

河内山　三泊四日で鎌倉の円覚寺に座禅に行きました。担当された大下一真さんが非常に厳しい人でした。座禅ですから当然、気がゆるむと警策で叩かれるのですね。そんなに本気で叩かなくてももう十分じゃないでしょうかっていうくらい飛び上がって。本当に「愛のムチ」をいただきました。全員、ミミズ腫れです。それと同時に、座禅を組むのは足が痛くて、精神の集中がどうとかわからないのですが、これが不思議なもので。一泊し、二泊し、三日目くらいになると、なんとなく座禅をしているという気持ちがなくなってくる。「座禅をするときは座禅になりきる、歩くときは歩くことになりきる、食べるときは食べることになりきるということは、こういうことか」と感じたことが非常に印象的でした。

そのときも円覚寺から政経塾まで行きは電車に乗ったのですが、帰りは当時の研修担当の鳥居さんが、「帰りは歩くぞ」と。他の会社の座禅研修でしたら帰りは電車とバスを乗り継いで帰るのが普通ですが、政経塾の研修がいかにあるべきかということを一生懸命に鳥居さんなりに考えられていたのでしょうね。一〇〇キロメートル行軍、朝のランニングなどご自身も一緒にされるわけですし、自分たちより幾分か年上ですから、我々以上に体力的にはつらかったと思います。今から考えると、ありがたいことだったんだなと思います。後輩の面倒を見る研修担当を経験して、あらためて感じました。

政経塾の一日とカリキュラム

――当時の政経塾の一日のスケジュールを教えてください。

河内山　終始一貫、朝は変わらず六時起床、六時からラジオ体操。それから分担して掃除をやる。あの頃は一期生と二期生だけで三〇人くらいいましたから、本格的に掃除ができました。特に葉っぱをいっぱい集める掃き掃除が好きでした。逆に研修棟や寮の建物の中の掃除機かけというのはあまり好きじゃなかった。やったことの成果が見えないのですね。ですが、葉っぱの掃除は確実に見えます。春先の若い芽が出て古いクスノキの葉っぱが落ちるときはものすごく葉っぱが落ちるので、大変は大変ですが、あのときは一番ファイトを燃やしてやっていました。

はっきりとした時間は覚えていませんが、掃除をして、もう一回ラジオ体操して準備体操して、それで辻堂海岸まで走る。走る距離は今もほぼ同じだと思います。海岸まで出て、海岸をしばらく江の島側に行って、辻堂団地の入り口のところから政経塾の裏側を通って帰ってくるという、全長二・五キロメートルほどでしょうか。その後、朝ご飯を食べ、八時半から黎明の鐘を聞き、塾で塾訓、五誓の唱和をし、毎日毎日入れ替わりで所感を述べ、九時から午前中の研修が始まります。

当時はカリキュラムがあるようでない時代です。計画的に「今月は何々の研修を集中的にやりましょう」というのはありませんでした。その代わり、政経塾の理事、評議員などに名を連ねている全ての先生から、お話をいただきました。今なおお元気なかたでいうと、牛尾治朗先生。松下グループ関係。関西財界のかたが松下幸之助さんと非常にご縁が深いので、ワコールの塚本幸一会長や京セラの稲盛和夫社長。あとは大学の先生でいうと、京都大学の高坂正堯教授、学習院大学の香山健一教授。本当にご立派な先生ばかりです。それから、後々塾長もされました宮田義二さん。政治家ですと先方さんのご希望で来ることが多かったですね。どちらかというと、経済人が多かったですね。今なおお関わっておられる世代よりもちょっと上ですね。第一世代のかたが大半でした。

あとは英語の授業もありました、英会話です。英会話はＡクラス、Ｂクラス、Ｃクラスと分かれていまして、私はギリギリＢクラスでした。何でも英語でしゃべって難しいことも説明できる人がＡ。Ｂは、日常会話くらいはちゃんとできるが、今しゃべっているようなことを全部英語でしゃべるとなったら、なかなかできない。Ｃは、箸にも棒にもかからないという感じでした。毎週、昼からやるのは体育と書道。剣道、茶道でしたね。

茶道研修

河内山　我々の頃は、京都で裏千家のお家元で集中研修することはなかったですね。鎌倉におられるお家元の直接のお弟子さんの永井宗圭先生、ならびに永井先生の奥様が来られました。永井先生の奥様はなかなか厳しい人で。二期生は特にそうですが、ゆっくりゆっくりお稽古しますので、「松下幸之助さんに言いつけますよ」とよく叱られていました。

時々永井先生のお弟子さんで若い女性の先生がたが入れ代わり立ち代わりで来られると、誰とは言いませんが、そういうかたと楽しく無駄話を中心にやっている人もいました。しかし、本当は立派な先生なので、もっと勉強すべきでしたね。

今の家元の先代の千宗室さんがお越しになって、お話を伺ったことがありました。態度の美しさ、所作の美しさには感銘を受けました。「水一杯飲まれるのでも、こんなに美しいのか」と、びっくりしました。

あと、我々が自主的に勉強しましょうということでは、研修担当の鳥居さんから、あるいは当時の塾頭から時折宿題が出ました。松下幸之助さんの「人間を考える」のようなものを読んで、自分なりに何を感じて何をどうすべきかということについて発表しなさいということがありました。それから、「あなたの志はいったい何か」。これを繰り返し、繰り返し書かされました。「あなたはなぜ、松下政経塾にいるんだ、何のためにいるのか、将来は何をやろうとしているのか。あるいは、松下幸之助の何について学ぼうとしているのか」ということですね。私塾ですからカリキュラムはありませんでした。

松下幸之助塾長との対話

河内山　メインイベントは、何といっても松下幸之助さんが、二か月に一度か二度くらいのペースでお越しになってくださることです。私たちからすると、全てのことはその日のためにあるくらいに思っていました。ただ、まことに残念なのですが、当時から言葉ははっきりされていませんでした。それと同時に、早口でかなりきつい和歌山弁で話されますから、時々まったくわからないことがありました。そういうときには、六笠正弘さんという秘書の人が通訳をしてくださったのですが、それに対して松下幸之助さんがちょっと違うんだと言われ、混乱することもありました。

我々が繰り返し言われたのは、「とにかく今の日本の政治の生産性が低い」、「生産性が低いということは、大問題だ」。それから、「日本人には将来にわたってどういう国になったらいいか、政治家にも国民にも国家百年の大計というのがない。それがないと、結局何やっても中途半端だ」、「うまくいってるのか、うまくいってないのかもよくわからないというのは、国家百年の大計がないからだ」といったことです。これは会社経営にあてはめれば、経営の基本理念がはっきりしてないからということですね。それを繰り返し言われた。

塾長と塾生との対談（前列左から、２期生の長浜博行、２期生の下山純代、２期生の近藤康夫、著者、塾長）

それから、「人間というのはいったい何なのか」、「人間を問う。人間というものについては勉強してほしい。人間というものについてとにかく勉強することが、政経塾の全てだと思ってくれ」と、これを言われるのですね。二二、二三の若者にとってみますと、特に最後の「人間というものを勉強してくれ」というのは、まことに禅問答です。それと政治をやる、もっと言うと、政治家になるということが、当時はまことにもったいない話なのですが、松下幸之助さんのいわゆる哲学というものの論理展開がまったくわからなかった。「風が吹けば桶屋が儲かる」のような三段論法的なものがいったい何なのかということがわからないと、わかったということにならないと思い込んでいたからなのでしょうね。今はわかりますが。

マネジメントの重要性

河内山　後々政経塾でスタッフとして仕事をするときや、市長になって仕事をするようになって、初めてわかったことがたくさんあります。自分が何かやるというのは、人間というものをわからなくてもいくらでもできる。しかし、人に何かしてもらう、マネジメントして人に自分以上にやってもらう、自分に代わってやってもらう、あるいは、自分と同じ気持ちになってやってもらうときに、人間というものがわかってないとうまくいかない。このことが、身に染みてわかってくるわけです。

そこであらためて、松下さんが人事について何をしゃべっておられたのかを知りたい。ですが、様々なことをしゃべっておられる。本当はご存命中に「どう考えればいいんですか」と聞ければ一番よかった。最初は書棚の肥やしみたいになっていたのですが、松下幸之助さんの著作集は本当にいい本だというのが、後ほどわかってくるのです。

禅寺の坊さん？

――政経塾に入られた後、実家に帰られたとき、ご家族や社会人になった同級生から何かよい意味で変わったなどと言われましたか。

河内山　大学時代の友達が言ったことが、非常に印象深かった。「河内山君は政治家になろうと思って政経塾に入ったのに、何か禅寺の坊さんみたいになったな」と、褒め言葉として言ってくれたのですよ。それを言った彼とはいまだに付き合いがあるのです。政治家になるとか、政治を志して政経塾に行くと私が言っていたので、彼は、いつか出会ったら、「その手の人間になったな」とこきおろしてやろうと思っていたそうです。ですが、久しぶりに会ったら禅寺の坊さんみたいになった。言うことが普通じゃなくなった。いまだかつて政治を志す人間から、「羊飼いが羊を知らないと羊は飼えないように、人間というものを知らないと政治はできない。人間社会というのは、人間と人間が飼い合っているんだから、人間をよく知らないとうまい政治はできないっていうのを今勉強しろと言われているんだ」という話を聞くとは思わなかったと彼は言っていました。「政経塾は禅寺みたいなところなんだな」と彼が思ったそうで、それは非常に印象的でした。

家族の憂慮

河内山　両親含め家族は、「政経塾を出たら就職の世話を松下幸之助さんがしてくれるんかね」と、本音ベースでよく言っていました。祖父も父も母も言いませんでしたが、祖母だけは心配だったのでしょうね。「とにかく今は、ありがたいことにお給料もらって勉強してるけど、五年したら、もし仕事に就けんかったら松下幸之助さんがお金出してくれたり、松下電器に勤めさせてもらえるんかね」と祖母が言うから、「いや、それはないと思う」と私は返しました。すると、「あー、そうかね。でも、本当に行くところがなかったら、松下さんに頼めば何とかなるだろう」と言ってくるので私は、「今のところそういう話はないと思う」と、三回くらい言いました。

私の祖母は、政治家がどういう苦労をするか、周りの人がどういう状況に置かれるかを知らないわけじゃないですから、大変さ加減がわかっているがゆえに、「もしものときには」というのが気になったのでしょうね。一九八七（昭和六二）年、私が市長選挙に出る六年前くらいに亡くなりますから、心配をしながら亡くなったと思います。

5歳頃の著者と祖父母（左から河内山奈都、河内山敬治）

私の行く末について、他の家族は言いませんでしたが、心配はしていたのでしょう。父親は、「選挙に出るって言うけど、何の選挙に出るか」と聞いてきました。当時は正直言って市長になれるとは思わないですから、「できれば県議会の選挙に出たい」と答えました。ですが県議会の選挙は、お世話になっている山本眞太郎さんがいて、「山本さんがおる以上は県議会に出るわけにいかんだろう」と言う。「そうだね、譲ってもらえることにならんかな」と言ったら、「元気だからまだまだそんな感じじゃない」と、父親とはそんな話をしましたね。会うたびに言っていました。何の選挙に出るのか。やはり、それによって準備の仕方がある。そんなところでしょうかね。

雄弁会の友人との付き合い

――政経塾入塾後、雄弁会とはどう関わりましたか。

河内山　雄弁会ＯＢの人とは、気の合った人と年に何回かお会いして「どんな勉強してるの」など話すことはありました。神奈川県知事になっている黒岩さん、学者になっておられる堀さん、山田さんともよく出会っていました。同学年や少し下ですと国会議員になった荒井広幸君。民主党の国会議員の大島敦君とも、時々会いました。当時の大島君は日本鋼管の社員で政治とは無縁の生活をしていましたが、会うたびに「政経塾で勉強していることで面白いことあったら教えてよ、自分も政治に興味あるから」

と、ずっと言い続けていました。会ってはいましたが、何か一緒になって勉強会みたいなことをやるまではなかったです。

三期生との出会い

――二年目に移ります。三期生として、例えば松沢成文さん、古山和宏元塾頭、樽床伸二さんなどが入塾しました。

河内山　三期生は二期生と違って、勉強好きでした。植木博士君は経済学が好き、小沢一彦君は外交政策や安全保障。小沢君も甲斐信好君も大学の先生になっていますね。笹木竜三君は、年は私より上ですが早稲田の大学院を出ている。今言ったような人がいわゆる学問が好きな人。桜井雅彦君、本間正人君も学問が好きでした。

選挙に出そうだなと思えたのは、やっぱり樽床君で、古山君も実はそうです。あとは松沢君も選挙に出たい人。田近秀敏君も選挙にすごく出たい人でした。二期生と馬が合うとのは、この辺です。「二期生は、動物園だから檻に入れておかなきゃダメだ」と言われたように、ちょっと個性豊かですから。理屈っぽいことは嫌だって言っていたのもあります。

そうは言っても、皆、同じ釜の飯を食べる仲間ですから、すぐ仲よくなります。私も、どの人ともそんな仲たがいするようなことはいまだにないですから。

先ほどのオートノミー研究会じゃありませんが、「地方自治、地方行政をどうするか」という議論に三期生で時々加わっていたのは、梶原良一君。樽床君は時々加わりそうになりました。あと、笹木君ですかね。鈴木淳司君も時々加わりました。

結局、我々の場合は、一期生だろうと二期生だろうと、そう大きく雰囲気が変化したわけではないです。意外とカリキュラムがなかったですからね。先ほど言ったように、二期生は檻の中に入れておかないといけないくらい外向きになっていました。そのため、塾のスタッフ、塾頭以下が抱え込んだり、押さえつけたりしてもいいことにならないから、「そこまで言うなら、自分たちで好きなようにやらせてみたらどうか」というので、外向きのことをやらせる話になりました。ですから、嶋聡君は、西武の堤義明さんのところに弟子入りして勉強に行き、横田光弘君も安全保障問題研究会に。

――末次一郎さんのところですね。

河内山　そうですね、末次さんのところに行きました。当時の課題は日ソ問題でしたので、日ソ問題の勉強に行き、打越君も「九州で後援会をつくってもらうんだ」と九州にしょっちゅう帰っていました。小西恵一郎さんは薬剤師さんで、日本薬剤師会に出入りして日本薬剤師連盟のお手伝いをした。海老根靖典君もある代議士の事務所に行きました。

ふるさとの現状

河内山　私もしょっちゅう山口県に帰りました。先ほど触れましたが、例えば商店街問題。当時は大規模小売店舗法、いわゆる大店法に基づいて規制をする、しない、という時代です。私は規制をちゃんとしたほうがよかったといまだに思っていますが、当時、規制が野放し状態になる方向にあって地方の商工業者は大きな打撃を受けた。あるいは、農業。農政は自分もまったく知らないので、一生懸命に農政をやっている人や、山口大学経済学部の何人かの先生がなさっている研究会に誘われて参加していました。当時、山口大学の安部一成さんという地域づくりの分野では山口県をはじめ中国地方であちこちから声がかかるユニークな先生がいて、その先生のところへ足しげく通いました。たびたび山口へ帰って、何か新しい展開はできないだろうかということも含めて勉強しました。

政経塾に帰ったときには研修の報告書を書きました。当時は、まだ研修の制度も何もないので、「外に出かけていくときに、研修資金以外に交通費の面倒をみることも考えないといけない」という雰囲気もありました。ですが、最初のうちは何もないから、「自腹で、自分のできる範囲でやりなさい」というのが二期生の頃の現状でした。そして途中から、「交通費くらいは出してあげるよ」という制度ができてきて、皆、活発に出かけるようになります。そんなことが、二年次、三年次の頃の主な活動です。

地方での行革

――中央ではいわゆる中曽根行革が進展している時期でしたが、例えば、国会議員として中央の政治改革や行政改革に携わりたいと思ったことはありますか。

河内山　時々、考えることは、ないわけではなかったのですが。嶋聡君が瀬島龍三さんのところに出入りするようになりました。瀬島さんは当時ある意味では、国家の大改革の総参謀ですね。ですから、彼に会うと、大言壮語するのですよ。当然そうですよね。それこそ当時、非常に難しい、中曽根内閣でかかげた三公社五現業の改革を行う時期でした。そういう話になって嶋君が言えば言うほど、「自分は、ちょっと」と思いました。もちろん、それはやらなければならない改革ですが、それによって、日本の隅々までが変わっていくわけではないですよね。

規制緩和的に、ＪＡもそうですが、国営・国有的なものを改革すればするほど、それを補う逆方向のベクトルというものを地方でつくらないと、田舎はダメになるばかりです。その用意もできてない改革は、いきなり職場をなくし、経済の流れをシュリンクすることを意味するわけです。そうすると、ますます、地域経営をしっかりやらなければならない。嶋君も岐阜県の田舎育ちですから「岐阜県の海津郡でそんなことをやったら困るんじゃないの」と聞くと、「そういうことを全面的に気にしていたら、改革にならん」という話になる。それで、やり合っていましたら、当時の政経塾では嶋君みたいに考える人のほうが、やや多めではありましたね。ただ、松中祐二君という防衛大学校出身で、現在は天草で値段の高い立派なクルマエビの養殖をやっている彼なんかは、「そんなことをやったら、田舎は人なんか一人も住めなくなる。だから、地方はちゃんとやらなきゃいけないよね」と言ってくれました。もちろん、鹿児島出身の打越君も私と同意見でした。

振り返れば、今の日本の国論を二分するような議論をもう三〇年も前に実は政経塾でやっていたんですね。ですから、改革というものをやるときには作法が必要。繰り返しになりますが、最終的にこの国の実体がどこにあるのかというと、隅々にあると思えば思うほど、そこのところで、自主独立の精神をもって、「百万人といえども、我、行かん」くらいの気概をもって、地方の立て直しをするとか、地方を経営していくための仕組み、仕掛けというものを設けないといけない。それから、ある意味では日本全体の非効率部分のガラガラポン、改革をワンセットでやらなければ、国がもたないじゃないかと当時、思いました。

中曽根行革は基本的にはやらなければいけないテーマでしたが、自分が国会議員になってそのお先棒を担ぐよりは、私は地方に根を張ってやるほうがいいと考えました。

地域の活性化

――二年目の思い出について、お話しください。

河内山　当時の政経塾のカリキュラムは、「やりながら考える」。何といっても自修自得、万事研修です。自らが課題を見つけ、自分を磨く、自分を鍛える場所も見つけてくることが自明の理みたいなところがありました。なおかつ、どこそこでインターンを行う、どこか決まったところでお世話になるということを想定していなかった気がします。

それらは、自分で見つけてこなければならない。私はどちらかというと地方自治の現場、あるいは地方行政の現場で勉強して自分の身を立てていきたいという気持ちでした。私なりに考えたのは、ふるさと、あるいはふるさとに近いところで地域の課題を真正面に受け止めて、その中で実践の場を見つけていきたいということです。縁あって、地元にも知り合いが増えてきましたが、自分のやりたいことをやるには、地方の政治を知らないといけない。私のふるさと柳井市の隣に熊毛郡という政治のメッカみたいなところがあります。岸先生、佐藤先生を生み、もっと長いスパンで言いますと共産党の宮本顕治さんしかり。

それから、戦前に外務大臣を務めた松岡洋右。合併をして今は光市になりましたが、非常に政治的な意味でたくさんの人を輩出した地域です。そこに、亀永恒二さんというかたがおいでになりました。山口県水産部次長を最後に退職されて、当時の政治的な流れで言えば吹田代議士の系列で、県議会議員に初チャレンジをされた。代議士の後援会が応援してくれて、ご本人も行政マンではありましたが、選挙に関しては素人でした。そこで「政治を勉強し選挙を勉強する意味で、お手伝いをすることで現場を垣間見るのはいいことではないか」と政経塾からアドバイスいただいたこともあり、選挙戦のお手伝いをすることになったのです。

入ってみると、実は思いもよらぬほど体制ができていなかった。初めての挑戦でしたから、誰それが応援している、誰それがバックにいると言いながらも、事務所に詰めて四六時中スタッフとして応援する、あるいは支える人は、最初はいない。思いのほか体制ができてなくて、私もお手伝いに行ったつもりが、だんだん選挙の実務的な責任者的にならざるをえなくなりました。選挙管理委員会が出している地方選挙の手引や、政治資金規正法の手引を自ら読みながら、やっていいことと悪いこと、どう物事を処理していくかを、自習自得させていただきました。

苦労も多かったのですが、初めてのチャレンジで無事ご当選されました。そういうこともあり、亀永さんが県会議員になられた後も、「今度は県議会議員として、少しは地方の政治の勉強のきっかけとか、人ぐらい紹介してあげることできるから」と、しばらくお世話になりました。与党として出られていますから、当時の副知事さん、部長さんクラス、あるいは同僚の県議会議員さんなど様々なかたをご紹介いただいた。

地方で仕事していこうと思うと、なんと言っても行政が強いですね、地方に行けば行くほど。行政の関わる分野は非常に幅広いですから、県議会議員というのは意外と行政マン出身が多く、行政のことをよくご存じなのです。私としては、地方政治家としてスタートを切るのに、非常に有益な様々な人を知ることができました。

それから、政治過程の真ん中におられるかたとお付き合いをすることになりますと、「外で見るのと中で見るのは大違い」なところがあります。熊毛郡内に上関という町がありまして、当時から原子力発電所をどうするか、立地をどうするかという非常に重い、なおかつ地域にとっても難しいテーマが横たわっていました。賛成・推進をされているかた、本気で抵抗されているかたの両方を知ることになりました。いい経験をさせていただいたというのが、二年目以降の私の研修の背骨になる部分。それを、亀永さんから始まる様々な人脈の中で手に入れることができたと思っています。

そのうえに立って、政経塾において私が考えていた政治の生産性の問題、地方財政の公会計の複式簿記化、あるいは地域の活性化などの政策テーマについて、実務者からお話を聞くことができました。同時に、亀永さんは当時自民党でしたが、後々吹田さんが自民党を離党された関係で、最終的には自民党ではなくなられました。ですが、元々自民党でしたから、私も自民党の若手とずいぶんお付き合いができました。市長をやるしばらく前ですが、私、自民党の山口県連の青年部長をやることになります。バッジをつけているいないは別として、私と同世代あるいは少し上ぐらいの非常に活動的なかたがたと知り合いになれた。二〇一五（平成二七）年時点で、今なお山口県政の中核的な立場におられる県議会議長の柳居俊学さんも、当時はまだ若く、大島郡東和町（現在は周防大島町）の町長さんでした。そういうかたがたとお知り合いになったり、今は岩国市ですが、合併前の玖珂郡錦町の町長をやられ、県議会の副議長を経験して今後議長候補とも目される畑原基成さんとも知り合いになるなど、特に保守政界のかたがたと深いお付き合いができるようになりましたね。

それであとは茅ヶ崎の政経塾と山口を行ったり来たりしながら、地域の活性化をテーマにいろいろと動き回っていましたね。当時は大分県の一村一品運動が話題で、非常に有名になったので、平松守彦知事のところに勉強に行ったこともあります。また白鷗大学の名誉教授になられた福岡政行先生は、ややジャーナリスティックにものをご覧になりますが、現場を知るという意味ではあのかたのお声掛け、あるいはご紹介で新潟の山古志村にも参りました。

私のテーマである地方政治、地域活性化、地方行革などというのを、幅広く様々なかたの恵まれた人的な関係の中で勉強させていただいたというのが、二年目以降の政経塾での研修だったなと思っています。

世代間格差

――山口などで自民党の若いかたと付き合われたときに、年配のかたがたと世代間の差を感じたことはありますか。

河内山　小野さんの選挙の話でも触れましたが、年配のかたが敵対的だとか、若い者に対して否定的な視線を投げかけているとか感じたことはありませんでした。

政治に関心のあるというか、政治の当事者であるかたほど若い世代に期待しているのではないでしょうか。やはり、自分の時代で全て終わるわけじゃないとなると、自分より若い世代に期待をし、若い世代に自分のメッセージを送って、あとはよろしくとバトンを渡せる相手を探しておられると感じました。山口県議会議長を務めたこともある藤生仕郎さんという大変な実力者がおられました。藤生さんは私と会うたびに、「自分も息子がいるけれども、自分の息子やあんたたちの時代っていうが、とにかく山口県っていうのを盛り立てていく中心になってもらわなきゃいけない」と、非常におおらかに様々なことを教えてもらいました。なおかつ期待を寄せられたなと感じました。藤生さん自身もそうなのですが、若くして政治の世界に身を投じられたかたは、若いときの自分の苦労もあるのですが、みんなからよくしてもらったということがあるのですね。

先ほどお話しした吹田さんも二五歳で村長です。被選挙権を得ると同時にその権利を行使した人がいっぱいいます。今の郷里の、私の家から歩いて一〇分ぐらいのところの山本眞太郎さんも県議会議員になられますが、三〇歳手前で村長です。山本さんのご子息は残念ながら亡くなられましたが、山口県知事を務めた山本繁太郎さんです。

若くして政治に携わったかたが自分の身の周りにたくさんいたのは、ありがたいことでした。結局その当時の目線、その当時の自分の経験をもとに政治を論じることができる。あるいは、政治の世界のややこしいものを論じることができる人というのは、非常に好意的なんです。

地域資源の活用

―― 山古志村の他に、印象に残っている自治体はありますか。

河内山　これは政経塾の塾生というよりも、卒業した後も含めての話でいうと、出雲市長をやられました岩國哲人さんのところに行きまして、いろいろ勉強しました。市長になったあと、全国市長会や中国地方の市長会の会議で岩國さんと同席する期間が何年かあり、非常によく覚えていただいて、「自分もここまでできたけど、できないことといっぱいあるから、河内山さん頑張ってやんなさいよ」と激励された。まさに「株式会社出雲市」ですね。何と言うのですかね、新しい気風を地方政治に取り入れられたというところでいうと、やっぱり、出雲ですよね。

それから、高知県でユズという地域資源を活用して頑張っている、馬路村。あるいは、先ほどの一村一品の大分県の山間部であったり、海に面した漁村であったり、そういうところは、私にとっては教材でした。同じようにはもちろんできませんが、やればできるということは学べましたし、賢くやらなきゃいけないと思いましたね。

地方自治に関しての一つの哲学で、私はあるときから「国と地方のパイプ」も大事ですが、そういう、

「うちのほうが国の力を借りるためのパイプがある」という力比べの時代から、完全に「知恵比べの時代に変わりつつあるな」と感じました。言ってみれば先進的な地域活性化をやっているところの共通点は、もちろんケンカする必要はないのですが、「国と地方のパイプ」、「中央と地方のパイプ」とは言わずに、「自分たちはこれで生きていく」という知恵を絞っているところです。

ですから、わざわざ遠くへ行く必要もなく、都会でもそういうところは、あるわけです。様々なところに行きましたが、北陸新幹線の開通した金沢もそうです。地域資源でいうと、圧倒的に恵まれていますが、じゃあその金沢と同じように何十万石以上の城下町で栄えたところが、全部同じようになっているかといったら、そうではないですね。金沢は金沢の知恵があった。優れた地域経営をやっているリーダーがおられるところは、どこに行っても立派だと、強く感じました。

研修成果審査会

——政経塾の研修成果審査会は二年次ぐらいから始まるのですか。

河内山　当時は、審査会の仕組みもありません。時折、自分の研修はどういう状況にあるのかということを、そんなに事細かではありませんが松下塾長にもご報告しました。そして、時間をかけて当時の久門塾頭はじめ、かなり厳しい雰囲気の中で塾のスタッフに説明し、叱咤激励、あるいは叱責を受けました。どれくらいの頻度かというと、普通の大学と同じように、少なくとも前期後期各1回ぐらいでありました。今みたいな整った形での審査会は当時ありません。自修自得です（笑）。

——スタッフや審査員のみならず、同期にも自分の活動を報告するという今の方式ではなく、塾頭以下スタッフと個別に面接する形式ですか。

河内山　そうですね。当時、席を同じくして聞いていますから、あの人が何をやっているかというのももちろん承知していました。ですが、今みたいに制度として整った形ではなかった。
そういうことを繰り返すことによって、外部のかたを招いての審査会的なことにしようとなったのは、私が政経塾にスタッフとして帰ってきた八期生、九期生あたりからです。

四期生、五期生の思い出

――卒塾までにさらに四期生、五期生が入塾します。印象に残るかたはいますか。

河内山　政治の世界には進みませんでしたが、木村孝君は変わり種でした。今のインターネット、当時はパソコン通信に詳しかった。彼は、今の言葉でいう「ＩＴが地域を変える」、通信というものが爆発的に速くなって便利になるはずだから、そういったものを活用できなければこれからはダメだという信念をもって勉強していました。後々、ニフティサーブに入社します。私はそういうことには疎いのですが、木村君の熱意にほだされて、当時なけなしのお金をはたいて、富士通のポータブルのパソコンを買ってパソコン通信を始めました。「メールというのはこんなことができるのか」と驚きました。まだ毎秒一二〇〇ビットぐらいの通信速度ですから、文字が動くのが見えるぐらいです。そんなスピードでも「電話回線を通じてこんなに情報のやりとりができるのか」と、その大切さに早い段階で気づかせてもらいました。木村君には、感謝しなければいけないなと思います。

四期生は、やっぱり原口君。当時から非常にはっきりものを言うから、目立っていました。ですから四期生は、原口君や小田全宏君みたいに、非常に対外的アピールができる人と、あとは非常に沈着冷静に物事をこなしていく香山祥一君、佐藤成紀君、樋口博康君みたいなタイプ。あるいは毛利勝彦君みたいな両面できるタイプといいました。

五期生は、当時まだ珍しい、女性の高市早苗さんが目立っていました。五期生は高市さんが非常に印象的です。塾のホームページにある卒塾生一覧でいうと、土肥健夫君は今も事業開発推進機構という地域づくりの会社をやっています。地域をどうやって元気にしていくかということを当時、一生懸命勉強していました。ちょっとユニークなタイプで、ついていくのが大変だったみたいなところもありましたが、様々なことを教えてくれました。そういう感じでしょうか。

みんな進む方向はそれぞれ違っていて、政治向きでなさそうな人もいっぱいいますが、非常に優秀、有能な人がいっぱいいたなという感じはいたします。

情報通信技術の変化

――一九八〇年代に入ってきますとファクスが使われるようになり、個人文書に残っていることがあります。お手伝いされた県議会議員選挙でも、ファクスを活用していましたか。
河内山　そうですよね、ファクスですよね。まだワープロはそんなに普及していませんから。やはり通信手段や物事を記録する手段は、コピーはもちろんありましたから当時はコピーとファクスですね。これらが普及し始めた時代です。そういう意味ではそれで比較するのも面白いですね。当時はやっぱりコピーとファクスが主流だった。
――まだポケットベルは早かったですか。
河内山　ポケットベルもありましたね。ですから、人に用事があって何か連絡をとろうと思いましたら、メールもなければ携帯もありませんから、結局ポケットベルで折り返し電話がかかってくるのを待つのが、当時の通信手段ですよね（笑）。

一期生の卒塾

――四年目の終わりに、一期生が卒塾します。初めて一期生を送り出すにあたっての政経塾内の雰囲気や、一期生の印象はいかがでしたか。

河内山　政経塾がスタートして五年経ったわけですが、卒塾して使いもの、つまり、一人ひとりが自立していけるのかどうか。その自立の道を歩めない人に対して何をなすべきなのかという意味では、我々に非常に大きな課題を突きつけた。初めて経験することですので。世の中の人はみんなそれが当然ですが、政経塾という特別な五年間を過ごした人の身の振り方に対しては、誰もまだ答えを出していないのです。

ただ、一期生も二期生もそうですが、景気の良い悪いは別として、お給料をもらえる職につくことは何とかできました。人に頼んだりあるいは様々なドアを叩けばあるだろうけれども、「ひとたび政経塾に来た、あるいは出ると、普通の就職はなかなかできんよな」と。かと言ってかすみを食って生きるわけにもいかない。小野さんや他の事例もあり政経塾を出る頃には、「いち早く選挙に出ようじゃないか」「やればできるんじゃないか」という気持ちを、我々はもっていました。

しかし、「そういう道を選ばない人はどうするんだ」という課題もある。現実的には、松下塾長も塾のスタッフも「何かサポートする必要があれば」という温かい気持ちも、最後の砦としてはもっていらっしゃったのではないかと思います。何人か松下電器あるいは松下電器関係に就職された人もいますし、ＰＨＰ研究所に行かれた人もいます。みんな、かすみを食って生きているわけにはいかないので、苦労はありましたけど、一生懸命自分の道を切り開こうとしていましたね。

それが、一期生の卒塾、あるいは自分たちが当事者になるときの一番の関心事でした。言い方は悪いのですが、めぐり合わせのいい人とそうでない人というのは、どうしてもあります。非常に有能で真面目に取り組んだものの、当初の志とは違った形で禄を食むようになった人もいる。志と違うと思っているけれども、ある時期にまためぐり合わせで、政治の道を歩むようになった人もいる。

具体的な例でいうと、二期生の長浜博行君は、一時期本当にもう政治には関係ない世界に行くのかなという感じでした。お父さんも立派な中堅企業を経営なさっているので、そういう経済人になるのかなと思いました。細川護熙さんの立ち上げた日本新党の選挙を手伝い、そして自らも国会に出ることになった。

逆に同期生の河井君は、大学生のときも在塾中も、NGOも含めて世界に貢献する日本のありさまを、一生懸命勉強し実践をしてきた人ですが、「バッジをつける」ことに結びつかなかった。野田さんの秘書となって、今も野田事務所で野田さんを支える立場に立った。そういう人もいます。様々ですね。自分は運よくこういう立場で、政治の世界も経験させていただきましたけれども、同じ時期に政経塾で同じ釜の飯を食った仲間でも、運、不運やめぐり合わせは本当にあるんだとつくづく感じます。

「卒塾フォーラム」

――政経塾の最終年度のお話を聞かせてください。

河内山　最終年度の一番の場面でいいますと、「卒塾フォーラム」ですね。今は卒塾する際に、フォーラムという形で塾生なりの修了儀式を行っています。我々のときも決められていたわけではありませんが、松下幸之助さんは、「自分のやってることを世に問わなきゃならない。それは新聞という形もあるが、メディアの人に自分の実行してきたことについて、きちんと報告しなきゃならない。なおかつ、自分はかく思うという提言をしなきゃならない」ということをずっと言っておられた。その延長線上で、卒業する人、特に選挙に打って出ようという人は、必ず自分の修了、卒塾の証を見せるべきだということで、やや自然発生的な成り行きですが、何かやったらどうかとなった。できればブロック紙なり地方紙の協賛を得て、しかるべきＰＲもやって、ということを、塾のスタッフも求めておられました。

私は卒業する最後の時点で、当時は理事で後に塾長になられる宮田義二さんに柳井に来ていただきました。地域をよくするためには人づくり。宮田理事には、「自分は労働組合運動をやっていたが、人生の最終盤では臨時教育審議会の委員として、教育について学校だけではなくて、今の時代にふさわしい教育とは何か、人づくりとは何かということについて一生懸命考えている、あるいは提言している立場で、地域にあっては今後どうあるべきか」という内容で、講演していただきました。私の知り合いやＰＴＡ、学校関係者、あるいは商工会議所など地域を元気にしていこうと思っている人たちに二二〇人ぐらいお集まりいただきました。自分としては今後、地域活動を行うキックオフにしたいということで行いました。宮田さんは新日鉄のご出身で山口県光市には新日鉄の基幹工場もありますので、そこの組合のかたがたにも声をかけていただきました。そんなことで結構な人数に集まっていただき催しものをやったというのが、私の締めくくりです。

その前段階としましては、結果は出せなかったのですが、どうやったら公会計が、普通の民間経営者から見ても健全なのか不健全なのかがわかるようになるかを自分なりに研究していました。もっと言うと、有権者・納税者の立場からしても、自分たちの住む自治体の財政というのがどういう状況になっているか、今の言葉で「見える化」、「可視化」するにはどうしたらよいか、こういうことについて勉強してきたのですが、とうとう、それは結論を出せなかった。それは、自分が後々市長になってからも、私の宿題の一つとなりました。

地域の活性化についてレポートをまとめました。その所々の地域資源を徹底的に掘り起こして商品化しても、行政が補助金で応援をするから成り立つのではなく、松下幸之助さんが言われる地域経営をやるべきだと考えました。自立的、経済原理からしても成り立つような仕組み、仕掛けを最終的にはこしらえないとダメなのですが、まだまだあの頃は、行政主導と「誘致の思想」です。それでは地域はよくならないから、民意主導、地元主導で、なおかつ「誘致でなくて地域資源を掘り起こしていく形で活性化をすべきだ」ということについて、レポートできたんじゃないかな。これが私の政経塾の五年間いろいろとやってきたことの総まとめです。

あとは政経塾の五年間の地域活動を通じて、特に政治関係者や同志、あるいは同年輩の同じような思いをもっている人とたくさん知り合いになれた。これは最大の資源・資産です。

―― 卒塾フォーラムに来られた地元のかたやお手伝いされた同期や後輩は、どのような感想をおもちになりましたか。

河内山　まず同期あるいは後輩の人たち、今でこそ応援するのが当たり前になりましたが、当時は自主自立です。

今の政経塾はシステマティックで親切になったのでしょう。当時はそういうシステムがありませんから、まさに会場の設営やＰＲから、当日の運営まで全部自分でやりました。もちろん、地元の人の協力を得るという意味では、そのほうが意味があるのです。政経塾からは、宮田理事にきていただいた。

それが全てです。地元の新聞社もきてくれたのですが、「河内山という人がいて、それなりにいろいろ知っている人もいるけれども、いずれ市議会議員か県会議員に出るんだろう」という印象は多くの人がもってくれたようでした。それはもう確実ですね。

その中で数少ない、いまだにお付き合いのある柳井の青年会議所の理事長をやった米津宏志さんは当時から、「河内山という人は議員じゃなくて、市長に出そう」と思っておられました。私の最初の選挙でも選挙戦略・戦術から始まって、様々なことで本当に中心になって応援いただきました。そういうふうに私のことを見てくださったのは、ただ一人です。あとは議員に出るんだろうと思ってくれた。

――米津さんは、なぜ「市長に」と思ったのでしょうか。

河内山　米津さんは本当に若いのですけれども、松下幸之助さんのものすごいファンなのです。松下幸之助さんは議員を養成するために政経塾をつくられたわけではない。まさに経営者をつくるためでした。

それで、自分も地域で仕事をし、地域で政治や行政の関係者と付き合って思うのは、政治や行政に経営の感覚や考え方がまったくないということです。米津さんは、それが大問題だと思っていたので、「河内山という人がどこまで松下さんの哲学や思想について詳しく知ってるかどうかわからないが、曲がりなりにも国の政治は国家経営、地方の政治は地域経営であると考えている以上は、経営ということの感覚を、あるいは関心をもっていることは間違いない。塾長としては、そういう感覚を地域に広めていくことが地域をよくしていくきっかけになると考えているんだ」から、「松下さんを心から尊敬しているので、あなたに期待する」と思ってくれました。本当に私だけでなく政経塾の卒塾生が、全国各地で期待された。他の人に言うのは失礼かもしれませんけれども、幸之助さんに下駄をはかせてもらっている面があるのだろうなと感じました。

一九八七年の転機

――卒塾後、すぐに政経塾の職員になったのでしょうか。

河内山　卒塾後は地元で政治活動を始めました。同時に、父親がやっている王将酒造株式会社の専務取締役になりました。それこそ、青年会議所の会員にもなりました。それから、自民党の山口県連の青年部長になって地域活動をしました。卒塾した一九八六（昭和六一）年から一九八七（昭和六二）年にかけて、今申し上げましたような立場で地域に根ざして、地域の経済界や若い二代目、三代目のかたがたとも付き合い、それから自民党の県連の事務局長や事務方の人にも応援してもらえるような形で活動をスタートしたのです。

一方、曲がりなりにも父親の手伝いをするため遊んではいられませんから、会社の仕事も一生懸命やりました。ですから、お得意さんのところもよく周りましたし、酒の造り方を全然知らないというわけにいきませんから、蔵の中の人とも付き合って勉強もしました。ですが、本業とは思ってないから、本物には、なかなかならないですね。

幸いにして給料もいただけましたから、青年会議所の活動も、自民党の青年部の活動もできました。自民党の青年部には、後々、地方議員や市長村長、県議会議員になる人もいましたね。林芳正さんのおじさんにあたる林泰四郎さん。山口合同ガスという会社の社長を務めました。自民党の青年組織というのは面白くて、三五歳までが青年部で三六歳から上は青年局です。私は青年部長で、林泰四郎さんが青年局長。一緒に研修会をやったり、ずいぶん仲よくしてもらいました。林さんはご自身もそういう家系なので、国内のみならず国外にも様々な知り合いがおられ、「政党関係者ならば」ということで、台湾の国民党からご案内を受けることもありました。それで、全国の青年部長や青年局長に声をかけて、国民党の青年組織と交流しようと出かけて行くこともありました。

それから、政治的には微妙ですが、政経塾の体育の講師を務められた平野仁先生が日中青少年交流協会の仕事をされており、その絡みで、中曽根さんが当時総理大臣ですが、胡耀邦総書記の「日中友好二一世紀委員会」の設置の呼びかけに基づいて、日本の若者を三〇〇〇人派遣するということがありました。それも平野先生から「台湾だけ見てたらダメだよ、大陸も見なきゃ」と声をかけていただいて、中国へ一緒に行かせてもらいました。当時一緒に行ったのが野田さんと私、近藤君、横田君、それから三期生の田近君です。私は野田さんと一〇日間同じ部屋でご一緒しました。そんなこともありました。

卒塾してそういう活動をやってまいりましたが、一九八七（昭和六二）年の春、統一地方選挙です。後々、私にとってのよいほうの転機になります。なかなか政争の激しいところで、私が最初の選挙をお手伝いした亀永恒二さんも落選。それから、柳井市の選挙区で山本眞太郎さんという県会議員も落選。後々の話につながるのですが、山本さんが落選して、自民党からすると、保守分裂で非公認で出てきた長谷川忠男さんが県会議員になる。その長谷川さんは若くして県議会議員になるのですが、最終的にはこのかたと私が市長選挙で争うことになります。当時としては、私の応援、後ろ盾になってくれる両議員さんが落選をされてしまいました。亀永さんは後々復活されますが、山本さんはそれを機に政治の世界から退かれます。そういう意味では一九八七年四月の統一地方選挙、県議会議員選挙は、私の運命を変える選挙になりました。

お二方が負けたからといって、青年会議所の活動もあれば、家業もあり、自民党の県連との関係もあります。勝った長谷川さんからすると、「負けた人を応援した河内山が県連の役職に就くのはルール上はまったく問題ないが、政治的には大問題だ」と感じますよね。自民党の県連の事務局などは、「そんなものは関係ないです」と一生懸命私のほうについていろいろとやってくれたのですが、ややこしい話になってもよろしくないので、県連の青年部長は引くことになりました。引いたときに「残念だね」と集まってくれた一八名とは、いまだに仲よしです。様々な意味で運命、転機がこの年にくるわけです。

それで同じ年の秋口、九月だったと思うのですが、今はシンクタンクで仕事している、非常に仲よくしている六期生の鷹田宏俊君が結婚することになりました。彼の地元は福島の会津です。結婚式に招待され福島に行きました。そのときに後々塾頭になられる上甲晃さんが、鷹田君のほうの来賓で来ておられました。前の晩にホテルに入って、食事でも一緒にと上甲さんに誘われて、様々なお話をしました。「地元活動は非常に大事だが、政経塾でせっかくいろいろと勉強したこととは関係なく泥にまみれてやるのはいいことばっかりじゃない。たまには政経塾の空気でも吸ったらどうだ」、「別にずっとこなくてもいいけども、例えば月のうち一週間でもきて、後輩の面倒を見て、政経塾も変わり目だからやったらどうかと思うんだけど」と上甲さんに言われました。それで、「はい、わかりました。では、柳井のほうの活動をやめにして政経塾に行きますよ」と、せっかくのお声がけなので政経塾にお訪ねしましたら、八期生が一年生なのですね。

八期生との出会い

河内山　まことにこの八期生は、みんなキラキラ輝くところがあります。勝又恒一郎君、徳永久志君は浪人して苦労していますが、一方で玄葉光一郎君しかり前原君しかり、なかなかの期です。なおかつ、上甲さんから、「八期生の研修ぶりを見にこいよ」とお誘いをいただいて行きましたら、八期生はたまたま上甲さんのご縁もあって、カー用品チェーンのイエローハット創業者の鍵山秀三郎さん、掃除に学ぶ会、日本を美しくする会の鍵山先生ですね。それから鍵山さんのご紹介で伝記作家の小島直記先生が研修を担当されていた。

その頃は松下幸之助さんご自身が政経塾に来て若者を指導することができなくなってきた。そこで、「単に〇〇大学の先生だけじゃなく、精神的支柱としてちょっと骨太の人、なおかつ苦労人に鍛えてもらうのが非常に大事じゃないか」という思いが上甲さんにはあったようです。小島先生の話というのが非常に強烈でした。塾生のみならず、小島先生を敬愛する鍵山さんのような経営者、あるいはジャーナリストも小島先生のことを話してくださった。『中央公論』の編集長を務められた近藤大博さんもそのお一人です。非常に濃密、濃厚な関係。非常に重厚なかたがたに八期生は面倒を見てもらっている。そういう人たちが政経塾にとって大事だということを、彼らの姿を見て思いました。

私は彼らを指導するほどの力はないけれども、小島先生が言い、あるいは鍵山さんが言われるところの人間学については、自分のほうが少しは重要性をわかっている。だから上甲さんに何かお役に立つことがあれば、できる範囲で、政経塾の出身者でもあり、期は違っても同じ目線で世の中を見ることができるのではないかということで、お手伝いをしました。

学者との関わり

河内山　政経塾に小島先生が来られる機会が増えてくると同時に、上甲さんからの指示で、学問的にも超一流の人の中から将来有望だろうという学者グループに、一定期間の講義をお願いするプログラムをつくることになった。経済学では東大の教授をやられた伊藤元重先生。政治学では熊本県知事になった蒲島郁夫先生。外交史も含めて五百旗頭真先生。ジャーナリストでは近藤大博さん。そうたびたびはお越しにならなかったですが、政治学で京極純一先生、猪口孝先生にも来ていただいた。その一連のプログラムづくりを、私が責任者となってやらせてもらいました。これが、大きな知的刺激でした。

政経塾の塾生の途中段階から始まって、先ほどの一九八七（昭和六二）年時点の私の立ち位置からしますと、絶えて久しく接することがなかったアカデミズムです。しかし実践をやろうとし、あるいは実践を始めたというところでいくと、自分なりの力不足を感じることがあるわけです。「あなた勉強してるんだから」と言われても、そんなに胸をはって言えるほどのこともない。それで、自分が勉強するのではなく、彼らのためにそういうプログラムをつくるところから始まる。ですから、「教科書は何を使いますか」、「何をみんなで読んだらいいですか」というところから始まりました。必ず事前に京極先生、猪口先生、蒲島先生、伊藤先生のもとに行く。そうしますと、一番勉強するのは私なのです。なぜ、その本を読まないといけないのか。例えば伊藤先生から「少なくともミクロ経済学とマクロ経済学の本一冊ずつは、一から一〇〇まで全部塾生に読んでもらわなきゃいけない」と言われる。「教科書には何がいいですか」と伺いますと、「これとこれです」と指定される。あるいは蒲島先生からも『デビッド＝イーストンの行動政治学の研究も何冊か日本語訳が出てるんだから、それぐらいは読まないとダメだ』と。それで私も読むわけです。そうすると、そういうものに対して、「自分がやらんとすることはこのことをやらないといけない」ということで興味・関心が起こりました。市井の人だけでなく、高尚なことを研究されている学者のかたにもやっぱり納得してもらうのが政治の世界では必要だと、非常に勉強になりました。

松下政経塾の職員として

河内山　だんだん政経塾で過ごす時間が増えてきまして、いよいよ一九八八（昭和六三）年に九期生が入ってくるという直前に、「八期生ほど簡単じゃないよ」、「九期生は、わざとじゃないけどいろんなのとったから。やや二期生的かもしれない。毒をもって毒を制すじゃないけども、この九期生に接することができるのは、二期生であるあなたしかできない」と上甲さんから強い期待をこめて請われました。私は、褒められているのか、けなされているのか、わからないのですが、そういうふうに言われました。「わかりました。山口県のほうの活動を中断できるようにうまく説得して、それができるのであれば九期生が入ってくるところから研修の担当をやらしてください」となりました。それで、彼らと四月以降格闘が始まるわけです。

本当に苦労しました。ですが、後々すごく役に立ったのです。強情な市村浩一郎君がいたり、今はそんなことないですけど、当時は世の中を少し斜めから見るような秋葉賢也君がいたり、女子大生そのものみたいな井戸正枝さんがいたり、「尊敬すべきは法政大学の内田健三先生だけです」という木内均君がいたり、みんな国会議員になっていますけどね。それからちょっと厳しいことを言うとすぐ涙を流す斎藤弥生さんがいたり、桑畠健也君みたいにハチャメチャな人もいる。ある意味では難しい人たちと真正面から、こちらも痩せるぐらいの格闘を始めるわけです。

それで、自分に欠けているところがよく見えてきました。松下さんはじめ多くの経営者が言っているように、「うまくいかないのは自分のせいだ」と思うところから全てが始まることです。「うまくいかないのは、あいつが悪い」と言っている間は全然うまくいかない、絶対成功しない。「うまくいかない原因は、あなたの中にあるんだ」と思って改善を考えていくと、絶対うまくいくようになるからと上甲さんによく言われました。かなり苦労もしました。彼らが現役で入ってくる年齢は、私よりも七つぐらい下です。年齢差があるかもしれませんが、朝のランニングから始まって、剣道から体育から書道から茶道から、可能な限り時間の許す限り一緒になってやろうと思って取り組みました。これが後々のマネジメントというものにつながった。あるいは、人に何かをやってもらう立場ですから、市長になりましても、社会保険診療報酬支払基金の理事長もそうですが、自分がやるわけではない。そういうことから考えますと、「九期生に鍛えてもらった、九期生に教えてもらったことが山ほどある」と感じております。それが一九八八（昭和六三）年です。

松下政経塾の転機

河内山　八期生・九期生・一〇期生ぐらいは政経塾にとってみると、難しい危機の時代であったことも間違いありません。その後、入塾者数をしぼったのも、政経塾としての悩みが表われたことです。最も典型的なことで申し上げますと、このときに政経塾の英語名称はザ・マツシタ・スクール・オブ・ガバメント・アンド・マネジメントから、ザ・マツシタ・インスティテュートに直したのです。「学校」とすると、全て一から一〇〇まで人を育てるしつけのところからやることになる。それは、松下さんの思いにかなうとは思えない。結局、志もある程度しっかりしており、なおかつ何が起こるかわからないが自分は仕事も投げ打ってでもやっていこうという、就職しているか少し社会経験がある人をとり始めたのです。もちろん新卒の人もいます。ですから、この時期は非常に変わり目だったのです。

ここまでは、良くも悪くも大学を出てちょっと面白そうな人で、松下さんの思いに共感を覚えてやってくれる人を少し時間かけて育てていきましょうという方針でした。ですが、この時期からストレートに政治そのものを目指す人も含めるようになった。ですから一九八七（昭和六二）年から一九九一（平成四）年。ここまででしょうね。私が職員として何とか知っているのは、一三期生までです。一三期生の途中で政経塾を辞めまして、柳井に帰って選挙準備を始めます。一二期生の金子一也君、野間健君まではよく知っていますが、以後は直接の付き合いが少なくなった感じです。

そういう時代に、政経塾で仕事をさせていただきました。一九八九（平成元）年に松下幸之助さんが亡くなられます。いよいよ、もう、とにかくどうするんだという時代でした。難しい時代で、「ここはちょっとハンドルを切るか、ギアをチェンジするか」という大事な時期だったと思います。

「八六年体制」

――一九八六（昭和六一）年に山口に戻った年の衆参同日選挙で、自民党が大勝します。自民党の弱かった左ウイング、青年、主婦などに支持層が伸びたと言われていますが、当時の衆参同日選挙に裏方として関わる中で、主婦や若い層が中曽根行革を支持していたと感じましたか。

河内山　圧倒的にブームというのでしょうか。何が正しいと確信をもったわけではないのでしょうが。中曽根さんの見栄え、しゃべられる内容一つひとつが、今までと大きく異なった。言われていることの一から一〇まで賛成ではないが、少なくとも一と五は賛成。一方でアンチテーゼみたいなのがあまり出てこないということになると、「四と五は、私は賛成じゃないけど、一と六は賛成」みたいな人はこぞって投票所に足を運んだということでしょうね。やっぱり投票率が上がったということが一番大きかったと思います。衆参同日選挙で関心が高まり報道も非常に密度が高くなって、みんなが投票所へ足を運んだ。これが、中曽根さんの大成功を生んだのでしょうね。これはもう年齢、性別に関係なしに一定程度増えたのではないでしょうか。

国鉄改革

――衆参同日選挙で自民党が大勝し、いわゆる国鉄改革が実現します。特に、保守陣営は電電公社の民営化はともかく国鉄民営化には懐疑的だったと思います。公社民営化に関してどのように考えましたか。

河内山　国鉄などの公社などの組織の改革については、地方自治体の行革や市町村合併のときも同じことを感じました。まず一つ、ガバナンスを改革して無駄を省く、時代遅れになったものの病根を突きとめて改善の方策をとることは、どんな時代、組織であれ、名前や姿形、それこそ経営の主体を変えてでもやるべきだと思っています。一方、中曽根行革があそこまで踏み込まざるをえない、分割民営化をしなければならない理由というのは、結局、労働組合対策。当時の経営者が組合と対話していたのか、組合を説得して物事を進めていたのか。言ってみれば、「経営者の資格を失っていた」のです。本来やるべきテーマは、当時の経営者をして、労働組合と対話して、彼らが従業員として自分たちの組織を改善すること。これが、最も重要だったと思います。

さて、国鉄の経営を改革しよう、当時の労使関係を何とかしよう、経営の改革と労使関係の改善を同時にやろうということで、分割民営化を進めたわけですが、人間が行う改革ですので、分割や民営化は、決めたらその方向で終わりです。ですが、労使関係や地域と国鉄の関係からしますと、法律が通った、会社の形態が変わったからといって、すぐさま改善されるわけではありません。したがって、国鉄の当時の経営者が改革をして、地方の人たちも可能な限り困らないよう鉄道網を維持するという、公的な組織としての国鉄を維持・発展させるという経営理念が非常に薄い改革だったと思います。本来、国鉄をなくす、鉄道網をなくすということは、決して国鉄改革の着地点ではないわけです。鉄道網を残しつつどうやって悪い部分をよくしていくか、従業員にやる気を出してもらうか。それを経営者にやらせなければいけなかった。経営者の力を信じずに、経営をさせないようにして、新たなものにつくりかえたわけです。非常に失敗でした。市長時代に思ったのですが、公共交通網というのは非常に大事です。公共交通網がなくなってしまうと、地域の自力がガクっと落ちる。そうすると、地方が衰退していくわけです。「足をなくしてしまう」ということは、まさに人間にとって「失脚」することと同じ。これは、大ごとだということが、後にわかります。

結果として、ＪＲ東海が非常に優秀な会社になりました、ＪＲ東日本もずいぶんいい会社になりました。新幹線は黒字です。新幹線網は様々なところに広がったという「光」の部分はあると思います。よいところどりの地域は成り立つのです。一方、「陰」というのでしょうか、悪くなった部分もあります。最後の最後まで引きずっているのが、ＪＲ北海道。改革をした部分のプラスはそう大きくない。労使関係に与えた悪影響や路線をシュリンクしたことを考えなくてはいけません。そういう意味での国鉄、ＪＲの存在感を薄くしたというマイナスのほうが勝っている部分は、ＪＲ各社でバラバラです。花形の路線があり、なおかつトータルで経営の収支が改善し、労使関係のよくない部分を覆い隠せるぐらいによくなったのは、ＪＲ東海・ＪＲ東日本。ＪＲ西日本は両方あります。ＪＲ四国・ＪＲ九州・ＪＲ北海道は、改革をしたメリットだけは出てない。ＪＲ北海道に至っては、もう、本人たちのやる気も含めて、鉄道の最も大事な安全の基盤でもある線路のメンテナンスすらできなくなっている。ですから、それは成功したとは言えない。

あらゆる組織で同じかもしれませんが、改革についての一から一〇まで慎重に責任者として物事を見ていくという意味でいうと、いい部分と悪い部分は素直に冷静に見ていくことが大事だと思います。これが民間企業の改革や市役所をはじめとする地方公共団体の行財政改革、今、社会保険診療報酬支払基金の理事長をやっていますが、こういう公的な法人の改革全てで言えることです。ですから、郵政民営化についてもまったく同じことを、今も思っています。後々の市町村合併も、まったく同じです。当時、全国市長会の副会長として、「合併はよくない」と言い続けました。経営者にやらせたほうがよい。

―― 地元では、どのように受けとめたのでしょうか。

河内山　ＪＲ西日本は功罪相半ばしていると思います。利用者にとっては、確実に不便になった。労使関係の労の人は、不便になっただけでなく、確実に自分たちの利害特質でいうと悪くなったと思います。地方へ行けば行くほど、国鉄改革によって利用者には不便になった。関係する人は、結局仕事はシュリンクしたと思っています。ＪＲ西日本管内でも私が見ている限りでいうと、無人駅がものすごく増えました。利用者からすると、切符は買えない、駅前広場は草がボウボウ、管理不行き届きだから錆びついたような駅舎になっていく。よいことは一つもない。ですから公共の交通機関の改革は、経営の世界としてはやらざるをえないのかもしれませんが、そこは政府が知恵を出して成り立つ仕組みを考えないといけない。ドイツにせよスイスにせよ、両国とも、国鉄がこんなにたくさんの列車を動かして大丈夫なのか、不採算だろうけどもこんなに路線をそのまま維持して大丈夫なのか、駅も面倒見て大丈夫なのかというほどです。日独で比較をすると、日本のほうは路線をずいぶん減らしましたね。日本人の感覚からするとそれが当然だと思ってしまうのですが、実は当然ではないですね。

インフラの維持のために、国も利用者も応分の負担をしていれば、人口減少、あるいは今でいう人口ゼロ社会にならない基盤になっていく。ですから、中曽根さんの時代は、あのいかんともしがたい労使関係を断ち切ろうと思ったらあの方策しかなかったのかもしれませんが、その後はやっぱり他の面倒の見方があったのではないかと思います。清算事業団方式で国鉄時代の借金返済にはお金を突っ込んでいますが、本当は廃止した法人の成れの果ての清算事業団にお金を突っ込むのではなくて、仕事というか現業そのもの、鉄道そのものに対してお金を突っ込む必要があったのではないか。今でもそう思っています。

売上税問題

――中曽根内閣のとき、売上税の話が出ました。一九八六（昭和六一）年の衆参同日選挙の大勝後、秋ぐらいから売上税の話で支持率が急低下しましたが、一九八七（昭和六二）年の統一地方選のとき、売上税問題はかなり自民党に打撃を与えたと感じましたか。

河内山　そうですね。現職の人が落ちたのは、保守分裂の影響かもしれませんが、現に議席をもっている人に対するアンチテーゼというのは、確実にいわゆる一票の行使の仕方とすれば、面白くないから今の新しく出ている人がどういう立場であれ、現状を否定するような一票の行使の仕方をされました。それが大きな根底にあるのではないでしょうか。

「安竹宮」

――一九八七（昭和六二）年の秋、中曽根総理は後継者として竹下登さんを指名しますが、国民的人気としては安倍晋太郎さんのほうが高かったのではないでしょうか。地元では中曽根さんが安倍さんを後継者に指名することに期待があったと思います。何か印象に残っていることはありますか。

河内山　あの指名のあった日、私は山口ではなく、政経塾のラウンジで塾生たちと一緒にテレビで見ていました。徳永久志君は早稲田出身なのですよ。私も早稲田ですから徳永君がえらく私に、「竹下さんでよかったですね」と、彼は喜んでいるのです。今おっしゃったように、これは微妙な話で、山口県民的にいうと、やっぱり安倍さん。おっとりされているけれども、総理総裁の器だとみんな思っているわけですから。ご性格からすると、「仲のいい竹ちゃんにそんなに角つき合わして」という気持ちが幾分かでも働いたんだろうな、譲られたのだろうなと思っていました。後々わかってくるのですが、もうすでに病を得ておられた。そのへんの気迫というのが、もう当時としては安倍先生にはなかったのだろうなと思います。当時の思いとしては、「安倍さんは人がいいから譲られたんだろうな」という感じでした。その裏返しが、安倍洋子さん。安倍晋三さんのお母さんからすると、ちゃんとやれるときにやらないとダメだということが骨身にしみておられるかたですから。

リクルート事件と一般消費税

――リクルート事件と消費税導入について、どのように思いましたか。

河内山　消費税は政策の話でしたが、リクルート事件は政治のあり方に関わるものとなりました。自民党のそのものに大きく影響を与えましたね。結局リクルートで復活できなかった人もおいでですよね。例えば、悲劇的だけど立派だった藤波孝雄さん。こういう人は、「リクルート事件、なかりせば」と。藤波さんだけが背負うことはなかっただろうにという文脈で語る人は、意外と多いわけですよね。

ですからそういう意味でいうと、自民党の非常に立派なところにいた人たちがパージされ、なおかつ、消費税と相まって、おたかさん（土井たか子社会党委員長）の「山が動いた」選挙につながっていく。言ってみれば、普通では考えられないほどの地殻変動が起きた。そういう事件に関わったことが悪いには違いないのですが、日本の政治に与えた影響というものはまことに大きいものがあったなという記憶はあります。

今なお「政治とカネ」という話がたくさん出るのはまことに情けない限りです。政治家は可能な限り様々な人と付き合うから、リスクはゼロではない。世論で「やれるだけのことは、やれる」という社会をつくらないといけないなと感じております。それは、後々の細川総理と自民党の河野総裁の合意のもとに選挙制度を改革し、その一方で、政治資金についても決着をつけましょうよという話につながっていく。それが不十分なまま今日までできているのは、まことに残念です。そういう大きな流れも含めて、インパクトのあった事件だったなと思っています。

――消費税については、当時は賛成でしたか。

河内山　私としては、反対の旗はあげられるだろうと思いました。反対の旗はあげられるけれども、いつ、誰が、そういう消費税、あるいは税制の改革の言い出しっぺになるのか。それは竹下総理もそうです。結局、「○○族だから、いう」とかですね。これ、二〇一二年秋の野田さんの決断と似通っているのです。そのときどきに、ある人が「絶対に、それは嫌だ」という思想的なものとか、違う経済政策をもっていれば別です。ですが、普通にもっていれば、誰かが言わないといけないことなのです。竹下総理には様々な毀誉褒貶はありますが、ご立派だと思います。ですから、賛成か反対かと言えば、あのときにやっぱり言い出したことで、今日の税制の改正があるんだということになりますよね。

昭和から平成へ

――昭和天皇が崩御されて平成になりました。「昭和」が終わったときの感慨は、どのようなものだったでしょうか。

河内山　そうですね。一九八九（昭和六四）年一月七日に崩御されて、弔問というか、記帳にまいりました。本当に時代が変わったと感じました。戦前戦後、元首と象徴という違う立場を経験された天皇は今までにないわけですから、その一生からは日本人が歴史を学ぶ材料はいくらでもあると思います。

「ふるさと創生」

――竹下内閣のときに「ふるさと創生」が出てきましたが、どういうことを感じましたか。

河内山　これは、今も続いている問題です。「地方に任せる」とも言わない。「ふるさと創生」の政策の悪さというのは、「完全に地方に任せる」というわけでもない、それから、「持続可能性のある仕組み・仕掛けとして行う」わけでもない。いろいろと考えて立てられた政策ではないということに、地方の人こそ、早く気づかなければいけない。これは、単に「お金を配る」ということでした。「その一億円だけは、何とか考えなさいよ」というのは、一億円という限定つきの財源、「一回こっきり」の仕事です。国の政治もそうですが、地方の政治で「一回こっきり」を繰り返してやるようになりますと、それは最近の表現でいうと「政治の堕落」です。知恵のないやり方をやっていては、いくらお金があっても足らない。あの一億円で何が残ったかといったら、本当に、何も残ってないというのが、多くの市町村の実感だと思います。あれは大失敗の政策だと思います。「地方を何とかしなくちゃならない」というのは、誰もが思うことなのですが、「どうやってやるか」というのは、別問題なのです。
あのとき感じたのは、こういうことです。ちゃんと「ダメだ」という論点はちゃんとまとめるべき。当時、日記に書いたことは、「任せるわけでもない、続けるわけでもない。ただ、一回こっきり、お金を配るという愚策だ」。逆に言いますと、「任せて、持続可能な方策をとっていく」というのが、地方にとっての政策だと考えます。

生涯の伴侶を迎えて

――ご結婚は、いつ頃されたのですか。

河内山　一九八九（昭和六四、平成元）年というのは、様々な意味で私にとって変化の年なのです。日本にとってもです。一月に天皇陛下が崩御され、四月には松下幸之助さんが亡くなり、それから、八月に結婚しました。よい人と結婚できたなと感じております。選挙もやり、人生、普通でない道を歩むとなると、親兄弟ももちろんそうなのですが、最も身近で実体を見ているのは、妻の美喜代です。ですから、もう二五年以上経ちます。これは、どんなに言葉を尽くしても感謝以外の何物でもないですよ。よくぞ、一番のよき理解者としてパートナーとして支えてくれたなと。
家内は、神奈川県の藤沢の生まれで、政経塾で仕事をしておりました。ずっと、広報や募集などの業務をしていました。まあ、私が政経塾の職員として仕事をするようにならなければ、絶対にこういう形で出会うこともないし、結婚することもなかった。一九八七（昭和六二）年に地元の政治情勢が変わって、政経塾にきて仕事するようになって、結婚をしてという意味でいうと、自分にとって大きな転機を与えてくれたと思うのですよ。結婚を許す立場からすると、先方のご両親、まだ、義母は存命ですが、

河内山美喜代夫人と著者

一番心配だったと思います。政経塾で仕事をしているから結婚するんだというが、いつ選挙に出るもんやらわからない。本人に聞くわけにもいかない。それで、結婚してしばらくしたら、選挙に出ることになりました。こういうことですから。家内のほうの家族、親戚にも感謝することばかりです。

第3章　市長時代——第一期

柳井市長選への立候補

——一九八八（昭和六三）年に設立された全国青年市長会が、『青年よ故郷《ふるさと》に帰って市長になろう』（読売新聞社、一九九四年）を刊行しました。その中には、奥様の言葉に勇気づけられて、一九九二（平成四）年七月に柳井市長選への出馬を決意したと書かれています。この決断に至る経緯をお話しください。

河内山　政経塾で仕事をしている間も、私の現場はやっぱり山口県柳井市だと思っていました。お盆休みなど、様々な人と話をできる機会が一番多い時期に柳井に帰り多くの人と話をしました。「いずれ選挙に出るという考えが確実なら、一九九三（平成五）年に柳井市長選挙がある。今のところ、現職である白地照彦さんが出馬してたぶん六選する。目立った対抗馬もない。柳井市民とすると、白地さんが初めて市長になられてからずっと無投票が続いている。投票さえできないというのは実におかしい状況だ」と。応援する側、出馬を求める側からすると、「いずれ選挙に出るんだったら、ま、練習だと思って出ろ」、「出る価値がある」と、冗談めいて言ってくれる人もいる。それから、一生懸命に私のことを考えてくださっているかたは、「決して、目のない話ではない」と言う。「相手は御高齢で多選。こちらは、攻めるだけでいい」と。追いかけられる選挙で、年齢も重ねておられる大御所ですから「言ってみれば、土俵中央でガップリ組むような気はないだろう。こちらは土俵狭しと走り回るだけでも、やりようはある」と言ってくれる人もいました。これは簡単には結論は出せませんが、「何となくできる。当選できるんじゃないか」、あるいは、「やれば何とかなるんではないか」という気持ちになってきました。身軽で失うものが少ないので出馬を決意した。これが当時の状況です。

周囲の反応

――そのとき、奥様はどのような反応でしたか。

河内山　よくわからないこともあるのですよね。まだ結婚して四年くらいで、人生どう生きていくのかもわからない。彼女のほうも、ある意味では、身軽で失うものがあまりない。そういうことであれば、「頑張れ、頑張れ」という激励もありませんし、「絶対、反対だ」とも言わない。ただ、貯金もあまりない。「何とかなる」と僕が言うのですが、何がどうやら、よくわからない。どういう運命が待っているかわからない中で、何となく賛成してくれる（笑）。こういう反応でした。ですが、最終的には選挙を、運動や後援会活動を、私以上に熱心にやってくれました。

――一九九二（平成四）八月に政経塾を退職します。スタッフや塾生、先輩がたから、激励の言葉はありましたか。

河内山　皆、突然のことでびっくりしていました。私自身としてはいろいろと思い悩んでいたが、政経塾の面白いところがあります。政経塾の研修担当でいるときには、塾生はやや斜に構えて「政経塾を卒業してまだ幾分の時間も経っていないのに、偉そうなことを言うなよ」といった態度ですが、ひとたび選挙に出るとなったら、急に皆、「いよいよ、やるんですか」と「同志」になるのです。

ですから選挙中も、すでに京都府議会議員に出ていた前原君、もちろん、野田さん、松沢君など、様々な人が次から次に応援に来てくれた。後輩の面倒を見ていた八期生や九期生などは、応援はできないけれどもたくさんエールを送ってくれていたという感じはあります。

塾のスタッフは、「大丈夫なのか」、「もう少し後輩の面倒を見て、安定した生活をしたほうがいいんじゃないの」みたいな感じはありました。

メディアとの関係

——一九九二年九月初旬に行われた出馬表明の記者会見では、記者クラブのある市役所が閉庁日だったそうです。その記者会見の思い出について、お話しください。

河内山　閉庁日なので会場がない。ホテルの会議室などを予約しようと思っても遅かった。結局、我が家でやったのです。簡単な履歴書とワープロ打ちで決意を五枚にまとめ、「もし使っていただけるなら、この顔写真で」と顔写真を添え、記者会見をやりました。

ですが、各社とも「もらった写真を使うわけにはいかないから」と写真を撮って帰られました。言い方は悪いですが、年配の記者は半信半疑な感じでした。『毎日新聞』の記者からは記者会見の後に、「記者が全員いるときには失礼で聞かなかったけど。いったん、記者会見をやると新聞にも記事が載って、もう引っ込みがつかなくなる。本当にいいの」と、本気度合いを確かめられました。

その記者会見のときから、『中国新聞』の池田さんという記者や『読売新聞』の村社さんという記者と話をするようになる。もちろん、公平・中立な立場ですから、記事で依怙贔屓するようなことはしません。その後、現職の市長が出馬を取り止めて、県会議員の長谷川忠男さんが手をあげて出てくる。そうすると、記者の皆さんもまことに好意的でした。「勝てるとは思わないけれど、存分に頑張ってほしいよね」という気持ちを言外に匂わされる。あるいは、「人づてに評判がいいって聞いて、あいさつにきました」と取材に来る。記者の過半数が好意的にとってくださった。恵まれていると思いました。

選挙の報道は、きちんと書いていただかないと最初のきっかけとしてはよくない。最初から泡沫扱いにされたり、非常に低いレベルで評価されたりするのと、選挙戦が盛り上がっていく感じで取り上げてもらうのでは、大違いです。ですから、相手と実力的に七対三とすれば、記者の評価で下駄をはかせてもらった。六対四か、五五対四五みたいな感じで取り上げてくれたのは、私にとっては非常に追い風だったと思います。

――そういった記者は、若手が多かったのですか。

河内山　『毎日新聞』の島田さんという記者が、当時六〇歳近く。若いかたですと『中国新聞』や『読売新聞』の記者で、三〇代後半くらい。そんな感じでしょうか。

――世代観というより、純粋に河内山さんを見て、「この人は、市長にふさわしい」と好意的に報道してくれた。

河内山　そうなんですかね。選挙というのは「有名は無名に勝る」という面もありますが、「無名は有名に勝る」こともあるのです。選挙というのは相手がいて、「どういう争いになる、どういう構図になる」ということが非常に重要です。私自身の選挙もそうですし、他人の選挙を見ても、結局、「どちらに大義名分があるか」、「どちらに正義があるか」、あるいは、「どちらがより悪くないか」がポイントです。有権者の価値基準からすると、「正義であり、大義であり、よりマイナスが少ないポジショニング」ができることが、選挙の趨勢を決めるのです。特に、一対一の選挙では大事だと思います。これは孫子の時代からいう、「天の時、地の利、人の和」だと思います。そういうものを人為的にどうにかするのは簡単ではないのですが、何となく構図はありました。私は得したなと思っています。

「政は正なり」、「言うな　聞くまい　人の悪口」

――選挙スタッフは、最初四名だったと聞きました。どのような縁で集まったのですか。

河内山　この四名で一番中心になったかたは、私が「オギャー」と生まれたときからすぐご近所の商店のおにいちゃんであり、その後、主人になる人。二人目は、小っちゃい頃からの大の仲よしの、生命保険や損害保険の代理店の事務所をやっている人。三人目は、青年会議所の理事長を務めた米津さん。それから、町の洋品店をやっておられる早稲田の先輩の更家《さらや》良二さん。この四人です。地縁のあるかたが二人、ＪＣつながり、早稲田つながりがそれぞれ一人。

――どのような選挙戦を計画しましたか。

河内山　早稲田出身の更家さんが私の選挙の総参謀長です。とにかく、松下幸之助さんも言っているように、皆が話題にしてくれて日頃の日常会話の中で話題にしてくれるような後援者をつくっていく。そういう後援会活動をしていかなければならない。そこで何を話題にしようかというと、「河内山さんのほうが正しい」という選挙をやろうとなりました。

それで、「あんたも習字を習ったんだろうから、ちょっと大きな半紙を買ってきて『政は正なり』って言葉を書け」と更家さんが言われた。「まつりごとは、正しい」の、「政は正なり」です。「その字だと、あまり正しそうに見えない」と、何度も書き直しをさせられました。

「政は正なり」を広める。とにかく、「こちらが正しい」ということを広めることになりました。しかし、「こちらが正しい」ということを広めようとすると、ついつい相手の悪口を言いたくなるが、こちらからは絶対に悪口を言わない。そう決めました。そこで米津さんが印刷屋さんに頼んで、「言うな聞くまい　人の悪口」と大きな横断幕をつくって私の後援会の事務所や選挙事務所に掲げるんです。地方の選挙は、どうしても良くも悪くも、相手の悪口を言うのが最大の選挙運動みたいなことになるのです。

そうすると真っ当な人たち、とりわけ女性が嫌がる。ですので、こちらは正しいんだ、「政は正なり」と打ち出しました。手法としては、一つは、「言うな　聞くまい　人の悪口」。これを徹底させる。それから、とにかく話題にしてもらうために、組織に頼らずに、一人、また一人と、ボランティアをコツコツ増やしていく。ボランティアが何百人という単位になれば絶対勝ち、ボランティアが何十人という単位に留まれば負ける。そのことを総参謀長の更家さんが、私にも言い、家内にも言い、家族にも言い、とにかく様々な人に言ってまわった。そして新しいボランティアの人が一日一回は事務所に出入りすることを目標にして、用事がなくてもきてもらう。それを実現するために、可能な限り、私と家内で手分けして頑張る。選挙が近づくまでは、街頭演説をしたって、何したって、話題にも何にもならない。そんなに多くの人が乗り降りするような駅があるわけでもないので、止めました。

あれこれやるのは一人ではなかなか難しいのですが、徹底してやりました。最初はまったく効果が出ませんでした。九月にスタートして一〇月、一一月は日々心細くなって、元気が出ないのです。ですが、面白いもので、やるべきことをやっていると、一二月から一月くらいには様々な人が訪ねてくるようになり、お声がかかるようになるのです。様々な人のところで話をし、「会社の朝礼にきて話してくれ」、「忘年会、新年会があるから。冒頭に話だけさせてあげる」など、そういう感じになりました。私もそうですし、陣営が皆、元気になりました。もう、一月の半ば以降は、「負けることは絶対にない」という雰囲気になっていきました。

「手弁当、手油、手電話」

——各地区で開催したミニ集会を通して人の輪が広がり、最終的に数百人のボランティアが集まったそうですね。そのときのスローガンが、手弁当、手油と聞きました。

河内山　そうです。そして、手電話です。

——手電話、自宅の電話を使っての応援というスローガンを掲げられたわけですが、これは、誰の発案ですか。

河内山　総参謀長の更家さんです。「政は正なり」もそうですが、「私たちの目指す姿はこれなんだ」というのがわかるよう一生懸命に、端的な言葉をつくるのですよ。そういうのが、現代版の旗印なのでしょうね。やっぱり、そういう旗印を掲げるというのは、大事なのでしょうね。

——この選挙では、女性の投票率が男性の投票率を五％近く上回ったと聞きました。その理由は、やはり、クリーンな選挙をしたからでしょうか。

河内山　私の選挙の直前に、当時自民党の副総裁であった金丸信さんが東京佐川急便から闇献金を受け取ったことが明らかになり、その後、金丸さんの金庫から金塊が出てきた大事件がありました。

えげつない、何ていうんですかね、金権というのか、「政治にお金がかかる」なら、まだ言い訳ができる。ですが、政治を通じて蓄財をすることへの危機感が非常に高まったと記憶しています。また、私の対抗馬の長谷川さんというのは、何かにつけて……。しかし、こちらは「言うな　聞くまい　人の悪口」ですから、一切、言いません。ですが、市民感覚的には「実力者だけれども、そういう面は、どうなんだろうね……」みたいなところは、あったようです。そういう意味で、相手陣営と比べて、クリーンであり、なおかつ、「そんなことは、絶対、あっちゃいけない」ということに対してのアンチテーゼみたいなものも、底辺には非常にありました。

最年少市長の誕生

――一九九三（平成五）年二月七日に山口県柳井市長に初当選します。当時、全国最年少市長の誕生となったわけですが、次点の候補との票差が一七九票という稀にみる激戦でした。最終的な勝因、当選された当時のお気持ちを聞かせてください。

河内山　勝因は、いくつもあります。根底にある政治風土の面で言いますと、山口二区、とりわけ、柳井近辺は旧岸派と旧佐藤派というどうしても相容れない二大系列がある。私のときは、日頃から投票に必ず行く人たちから見た選挙構図は、佐藤派代表の長谷川さんと、吹田派プラス高村派という連合軍の河内山の戦い。ですから、基礎票的にはかなり拮抗した戦いになりました。日頃組織化されていない人たちや、自民党や保守以外の票はどうかというと、幸いにして宮田塾長のご関係やご縁もあって、特に旧同盟系の労働組合からは応援をいただきました。そして公明党、創価学会は自主投票ですが、どちらかというと私のほうに好意的でした。さらに最終的には、無党派の人たち、日頃あまり投票に行かない人たちは、ほぼ私のほうという構図になりました。

これはちょっと自信過剰な言い方ですが、私は、選挙戦の途中からずっと、「軽く勝てそうだ」と思っていた。しかし、そんな生易しいものではないというのが、一つわかった。圧倒的に勝てると思ったがギリギリの戦いになった意味で、選挙とは、そんなに甘いものではない。これが、選挙後に選挙戦を振り返っての感想です。

繰り返しになりますが、様々な意味でギリギリでしたが、いくつかのプラスとなる要因が重なって、結果的にはやっと勝てた。地方の首長選挙には珍しく、ＮＨＫが出口調査をやってくれました。当時の投票終了は午後八時ではなくて、午後七時でした。午後四時半過ぎぐらいに、当時、国会議員になっておられた逢沢一郎さんから「仲のよいＮＨＫの山口放送局の関係者から電話をもらったけど、悪くないみたいだから。とにかく、まだ終わってないんだから、ちゃんと投票に行ってもらうように働きかけをすればよい結果が出てくるかもしれない。最後まで頑張れよ」と電話をもらいました。「相当いいはずなんだけど、悪くない程度」なのです。

これは笑い話といえば笑い話です。近隣の町長さんたちは、どちらが勝っても勝ったほうの事務所にお祝いに駆けつける態勢で、じっと某所で待機されていたらしいです。開票場に行って、皆、正式の発表がある前に票の山を双眼鏡で見るのが、ありますよね。そうすると。私の「朗」の字は「ほがらか」の朗の字ですが、普通の「郎」の字を書いている票もあるのです。もちろん、これは選挙管理委員会のマニュアルでいうと有効票です。この字の書き間違えは、いったん、疑問票の山に積まれるのです。

ですから、有効票の束でいいますと、若干、長谷川さんのほうが高い。私の「朗」の字が違うものは全部疑問票に積まれていますからね。そして、最後の最後に疑問票の扱いを決めるというとき、全ての票は開いているが疑問票は見えません。そのため出ている票を見ると、圧倒的ではないが長谷川さんのほうが勝っているように見える。ですから開票場に駆けつけた人は、「長谷川さんが勝ちで、河内山が負けだ」と思って、続々と長谷川さんの事務所に駆けつけられた。新聞記者の人も、『中国新聞』の池田さん以外はうちの事務所からいなくなって、不穏な雰囲気になってしまい、何となく肩を落とすような状況だったらしいのです。

向こうは「勝った、終わった」という雰囲気だったらしいのですが、最後の開票の発表で私のほうが一七九票差で勝った。どちらにでも行ける態勢の町長さんたちは、人の動きの右往左往を全部、見ているのです。両選挙事務所はそんな遠くなくて、車で三、四分。直線距離なら五〇〇メートルないくらいの距離ですから、どちらに行くか、人の流れが全部見えている。そうすると、途中ある時期まで長谷川さんの事務所のほうに流れるのですが、あるときから潮が引くように私のほうにくる。立場のある人は、どちらでも勝ったほうにお祝いにくる。非常に象徴的ですね。

当選して「何とかなった」と思うのですが、人間、万歳して初めて我に返るようなところがありました。万歳した途端に、「これは、大変なことだ」と身震いがするのです。正式には二月七日に当選して、市長に就任する二月二二日まで一五日間あるのですが、「これは大変な重い荷物を背負うことになった。選挙中に言ってきたこと、あるいは、いろいろと書いてきたことが、今度はそのことを問われることになるな」と感じ、嫌じゃないのですが、非常に厳粛な気持ち、何か大変な緊張感があったというのが、当選した日です。

翌朝未明までお祝いの人が駆けつけてきて、なかなか眠れませんでした。朝の三時か四時には床につけましたが、翌朝は取材もありますので普通の時間に起きる。それで駅頭でお礼のあいさつをしないといけないので七時前くらいには出かける。選挙の翌日はフラフラになりながらで、自分の体であって自分の体でないくらいの感覚で過ごしましたね。

——当選後、「公のことはともかく、私的なことを市長に頼むのはやめよう」と言った支援者がいたそうです。これを聞いて、どう感じましたか。

河内山　これは、「政は正なり」、「言うな　聞くまい　人の悪口」に匹敵するような、市長予定者に対する最大の応援のメッセージです。少なくとも選挙を応援してくれた人は、「頼んじゃいけないんだ」ということを様々な席で言ってくださった。そういうことは、意外と浸透するのです、後援会の中に。これは、市政を行うにあたって、非常に重かった荷物を半分以上は軽くしてくれました。

逆に、こちらも何か機嫌をとらなければいけないというくびきから解放してもらったという意味で、温かい力強い応援、応援歌だなと思いました。今でも、感謝しています。その人は、そういうことや様々なことを書いて、コピーして、様々な人に渡してくれたのです。一週間後くらいから各地区で選挙の反省会をやってくださるときに、必ず、彼が出てきて、「今日はおめでたい席だから、皆で、もう一つ約束しよう。公の仕事をやる市長を選んだ。だから我々は応援したからといって、私的なことを絶対に頼まない。これは、お互いの合言葉にしよう」と。いろいろと口コミにして伝えてくれるのです。大変にありがたいなと、涙が出そうでしたね。

宮地定雄市議会議長との出会い

——初当選の際、宮地定雄市議会議長や元県議の山本眞太郎氏も駆けつけたようです。宮地さんとの関係について教えてください。

河内山　宮地さんは本当に切っても切れないかた。一九二七（昭和二）年生まれで、私の父と同い年です。すぐご近所で小さい頃からもちろんよく存じ上げています。実は因果なものでして、私が市長選挙に出るときに対立候補になった長谷川忠男さんを県議会に担ぎ出した張本人でもあるのです。これまたご近所の元県会議議員の山本さんは、この長谷川さんに敗れる。非常に因縁のあるかたです。

そういう因縁がありながらも、宮地さんご自身にも息子さんがいらっしゃいます。私より一つ年下で、市役所へ勤めている。そうすると、宮地さんの葛藤はただならぬものがあった。政治的には非常に縁の深い長谷川さんを応援すべきか、それとも隣近所で小さい頃から知っている私、ならびに、私と同世代で付き合いをする自分の子どものことを考えるべきか。いろいろ、もろもろ考えられたのでしょう。

ですが、決めたら早いですね。いち早く、選挙の四か月も前に旗幟鮮明にされて、「この戦いは、勝とうが負けようが、河内山を応援するしかない」と内外に声明されました。そのため、相手側陣営からすれば裏切り者扱いされた。それほどの厳しい判断をしなければならない。普通の人間社会ではなかなかありえないようなことを議長の宮地さんにしていただいた。

――宮地さんは、河内山さんに市の再活性を託された。

河内山　宮地さんは小さな会社ではありますけれども会社を興して、その後に市議会議員になった経歴があって、大の松下幸之助さんファンです。松下さんは、田舎の中小企業の経営者や苦労されて仕事している人にとって大きな輝きなのです。それで、そこで勉強した人間というのは一目置いていいんだという話を様々な人に流布喧伝していただきました。まさに宮地さんの期待もそこです。

これは、後々申し上げる「行政に対する経営感覚」です。これを取り入れていくという期待が、保守政治家でかなりドブ板を歩かれるような選挙政治をやってきた人たちにもあった。政治行政の改革というのは大事だ、やらなきゃいかんという気持ちだったのでしょうね、そう思います。

「柳井のクリントン」

――一期目について伺います。『山口新聞』を見ますと、「柳井のクリントン」という愛称を授けられたそうです。このときの思い出をお話しください。

河内山　私が当選したときには、市長選挙で年齢的に若い候補者が当選することは非常に少数の例外でした。ですから、『山口新聞』のみならず多くの新聞や週刊誌からも取材を受けました。

新聞では「改革的な人間がトップに立つ」ということから連想的にそういう呼び名が出てきたと思いますが、言われて嬉しいとか、光栄だという感覚はあまりなく、どちらかというと気恥ずかしい。いつの時代もそうですが、大きなものや強いものに自分を擬して、そう名乗るのは、短期間は通用するわけですが、長続きするとは思わない。ちょっと気恥ずかしい。ピンとこないという気持ちがしました。

――第二次世界大戦後生まれのクリントンがアメリカで大統領になった。それと比べると日本の政治家や指導者は年がいっているという形で一般の国民の中でも話題にされたと思います。地元でどう受け取られましたか。

河内山　若者たちが中心になって若者の代表として、強い支持を得て、年齢問題や世代問題の結果として当選をさせてもらったというのは、主たる理由ではなかったと思っています。どちらかというと、地方行政そのものに対する停滞感、手詰まり感からでしょう。それから、もうすでに徐々に人口減少傾向が地方都市でありましたので、今までの手法とは違うまちづくり。新規に何か改革をしてほしい。そういう気持ちのほうが強かったと思います。私の市政の中身に期待をいただいたという気持ちを当時ももっておりました。

行政のもつ三大課題

——地方の行政には「行政事務に時間のかかること、手続きが煩雑であること、分かりづらい行政の意思決定」の三大課題があるととらえています。このお考えについて教えてください。

河内山　これは一市民としても、地方行政に興味をもって中身を勉強する立場としても、この三つの課題は、まことに多くの人が感じていると当時も思っていましたし、今なお、感じております。

一つは、行政に対する無謬性を求める日本人の感覚もあります。どうしても石橋を叩いて、叩いて、渡ると思えば渡らない場合もある。石橋を叩いて、叩いている間に社会情勢が変化してしまうぐらい時間がかかる。地方行政の事務あるいは決定に時間がかかる。

一つは、手続き。基礎自治体でいうと、日本の地方行政は二層制で、なおかつ、中央地方関係もある。結局、自己決定範囲は非常に狭く、なおかつ決定の前に相談をしなければいけない。基礎自治体は総合行政で一本ですが、都道府県の各部課は全部カウンターパートになる。それから、国も、それぞれの省庁、そして出先機関がみんな関係者になります。それを一つひとつ手続きを踏んでいきますと、まことに煩雑かつ時間がかかる。それらには一納税者、一有権者には見えない部分がたくさんあります。非常に説明も難しいものですし、中身はわからない。

一つは、決定したことについての説明。基礎自治体は最終的には有権者に説明する責任や責務がある。そういう改革をやることは、公務員だけではできない。これは、市民を代表し、あるいは有権者を代表して市役所という組織のトップに立つ人間の重要な務め。そこはインターフェースだという気持ちは非常にあります。まさに直接民主制の、あるいは直接選ばれる長の仕事だと思っておりました。

地域「再」活性化

——選挙戦中、商都の「再」活性化のため、行政・商店主・消費者の三位一体となったグランドデザイン検討会を発足させるという公約を掲げられました。活性化でなく「再」活性化と位置づけた理由をお話しください。

河内山　それぞれの地域で生活する人たちは、自分たちのまちの歴史に誇りやプライドをもっています。私が市長になった時点でも、柳井市のいわゆる小売りの吸引率は、行政人口分の消費者人口でいいますと、二倍近いものがありました。一・七八だったと思います。それはたくさん周りのまちからお買い物にきていただいているという数字ですので、みんな誇りをもっている。

ただその商都、商業都市の質というのは、大型店舗の一強で小さなお店の多弱という状況になっています。「もう一回、にぎやかになってよかったね」ということだけでは、柳井市の場合は足らない。それが「再」という字にこめた意味合いです。

大型ショッピングセンターが増え始めました。では、もう少し地域の人たちが残って、あるいは地域の商店主がまだ主役の部分を担うことができるような、活性化策はないだろうか。消費者のほうが最終的には選ぶからお店側の都合だけではできません。お店のほうが「自分はいい経営やっているからお客さんがきて当然だ」みたいな横暴なことを言ったって、商業は成り立たないわけです。

そういうことで、ここのグランドデザインから始めました。一つは観光商業。それから、より高齢者や交通弱者にも配慮した福祉商業。言ってみれば、大型店が苦手な地域に根差したものです。小回りの利く人たちが主役になって、なおかつ、単に収入を得るだけではなく、まちに誇りをもってもらえるようなビジョン。あるいは、自分の仕事に誇りをもっていただけるような商業の再活性化を図るビジョンが描けないだろうか。それらをスタートさせるべきだという理由を考えたというのが、実状です。

―― 日米貿易不均衡の是正を目的に開催された日米構造協議の中で大店法（大規模小売店舗法。中小小売業者の保護が目的）はアメリカの強い要請で改正されました。これによって地域商業は何もしないとダメになると考えましたか。

河内山　最初はですね、地元の頑張りで何とかなるんではないかという気持ちがありました。しかし、大規模店舗ができ、なおかつその資本力にあまりにも差がある。巨人と中小零細の商業者が対等に渡り合えるかといったら、これは無理だと徐々にわかってきました。先ほどの話でいくと、プライドもあれば、今のまま頑張りたい気持ちもあるが、背に腹は変えられない。そういう商業者が一人抜け二人撤退していく。力尽きるのを見ていく。大店法によるあまりにも単純な規制緩和、規制撤廃というものは、日本の商業界に影響を与えました。

それから、地域社会のコアの部分を壊してしまった。商業者というのは、小回りの利く人もいる。一方、二四時間三六五日、本業だけに携わっているわけではなくて、コミュニティーの様々な社会的な機能、例えば防災や防犯、あるいは今でいう高齢者の支援、そういう機能をもっているわけです。お祭り一つとっても、大型小売店舗は寄付金には協力するのですが、従業員の人がお祭りの主体として出てくることは、無理ですね。そういうことからすると、なかなかお金だけでは地域社会は守れない面がある。これは心意気だったりします。本業以外の機能を甘く見たというか、軽く見てしまった結果、大店法が今日の地方地域社会の衰退を生んでいるような気もします。

―― 今までは行政も生産者の発想であって、保守政治家は消費者の視点が弱かったと思います。ここで消費者を三位一体の中に組み込んだ意図を教えてください。

河内山　これは商店街の活性化だけでなく、農業でもそうです。それから高齢者福祉もそうです。消費者は、ある意味「お金を出せば」、あるいは医療福祉であれば「保険料の一部負担金を払えば、後のことは」と、供給側のことには関心をもたない。「あとはやってくれて当然だ」という気持ちになるのです。ちょっと失礼な物言いをしますと、それは行政としては単なるコンシューマーであり、単なるクレーマーです。これでは、地域全体を経営、運営していくには、物足りない。お金を出しているのだからそれで終わりではない。供給側というのは単に物を供給するだけではなく、社会的な機能を果たしている、あるいは、自分たちの地域の歴史を支えているという気持ちに寄り添えるはず。単に品揃え、値段、買い物しやすさだけではなくて、それ以外の価値を見出すことができるのです。

事実、消費者の代表や従来型の婦人会の代表とまでいかなくても、ちょっと辛口の消費者にも検討会に入ってもらいました。そういう人たちは、いつの間にか行政の若手職員や商店街の人たちと一緒になり、社会的活動を行うグループをつくっていくのです。本当に不思議な展開です。今でも柳井市に「豊笑家倶楽部」という、要は地域の祭りを応援、あるいは商店街がやっている仕事にお客さん側も一緒になって参加する団体があります。行政も一緒になって、地域が非常ににぎやかだった頃の芝居小屋みたいなものの現代版を一緒にやります。あるいは、人にまちを歩いてもらわなければいけないので「柳井お宝マップ」を一緒につくります。そういう社会的な活動を行うようになった人が、消費者の側からも出てきました。単に商店街の活性化というビジョンをつくるだけではなくて、実行者が出てきたということが非常によかったなと思っています。

「まちづかい」と観光

――観光の分野でどのような発展がありましたか。

河内山　これは後ほどのご質問にも関係します。瀬戸内海側の昔からあるまちは、大半が第二次世界大戦の一九四四（昭和一九）年の後半から一九四五（昭和二〇）年にかけて空襲を受けました。山口県でいうと西側から下関、宇部、徳山、光、岩国。海軍工廠や海軍燃料廠、造船所がありましたが、軒並み、古いまちは空襲で壊滅的な被害を受けました。広島県内も広島市の原爆を含めまして、呉、福山。瀬戸内海側の昔からある港町や都市で空襲を受けなかったのは、柳井、尾道、赤穂ぐらい。そこに、まち並み、昔からの流儀や風習が残りました。

柳井市の市民は、商店街や古いまちに対して「大きな道路がつくれない。大規模な都市計画や都市改造ができない」と、少なくとも私が市長になる前後ぐらいまでは、阻害要因だと思っていた。ですが、時代が変わりつつありました。柳井市の古いまち並みは、文化庁の伝統的建造物群保存地区という地域指定を受けて、保存され始めたのです。私の発想は、「そういうものの価値を最大限に生かして、地元商業と結びつけて、地元の農家が生産される食材などとも結びつけて、地域発の発想で再活性化する」ということです。そこで、まちづくりと言わず、「常にまちを使っていきましょう」、つまり「まちづかい」と言うのです。まちづくりと言った途端に、私に対する期待は「古い物の解体と新しい物の建設」に、どうしてもなる。都市計画道路でも、車は動きやすいが、人間にはよくない道路になってしまう。さすがにメインになる道路はつくらないといけないので、そこに商店街のかたがたや市民代表に参加してもらう。ですがテーマとしては「もう一回、レトロなまちをつくっていく」。そして、まち並みの整備とあいまって、「よそには例がないものをつくろう」としました。

倉敷のかたがたが私どもの所を視察されて、「倉敷は古い物のイメージは残したが、そのものの保存は全部できなかった。それに比べて、柳井市はそのまま残した。これは貴重ですね」と、ずいぶん評価してくれました。いまさら「壊す」という発想は誰からも生まれてこないですね。この保存の方策を考えるというのは大変な面もありますが、当時引いた路線というのは、変化なくやっているのではないかなと思います。

――関東で川越、関西で長浜など、古いまち並みを残して近場から来られて、日帰りで楽しめるまちがあります。イメージされていたのはそういうことでしょうか。

河内山　そうですね。主たるターゲットは、一番近くの大都市である広島です。商業もそうですが、まちの活性化は、全て一つのストーリーの中に入れ込みたい。そうすると、まち並みの整備、それに商店街がどう関わるか。加えて、外からの道の整備、それからＪＲ。

各所に様々な注文を申し上げたのですが、最も反応が悪かったのは、ＪＲ西日本でした。ＪＲ西日本の大阪の本社を何度も訪ねました。一度はテスト的にダイヤの利便性の向上もずいぶんやってくれたのです。ですが、ＪＲは公共性のある組織である一方、利益追求もしなければならない。ダイヤ改正してテスト的にやってくれますが、二年間ぐらいで確実に旅客数の拡大が図れないと止めてしまう。もう少し長期的に考えてくれればという気持ちは、今なおあります。

ＪＲ西日本もさすがに老朽化した車両ではダメ、あまりにもバリアフリーからほど遠い駅の構造ではダメだと、改善をし始めました。私が市長をやっている間は、そこまでのエンジンはかからなかったです。

ちょっと余談です。しばらく前は考えられないことですが、東京でＪＲの電車からホームに降りましたら、違和感があるほどの段差がなくなっていました。いつの間にか、駅のホームをかさ上げしていたのです。ですが、柳井ではＪＲ西日本は、私が市長を終わるぐらいになってやっと改善しました。五年前ぐらいまで、高齢者は「よっこらしょっ」という感じでした。それぐらい、お客様商売でないところがありました。繰り返しになりますが、国鉄改革というのは、もう少し公共性というものを残しつつやればよかったという反省です。それから旅行代理店のほうもそうですね。副作用というものを抑える努力、工夫が必要だったと思います。

情報教育と情報公開

――河内山さんは早くからパソコン通信を始められていたと思います。インターネットでまちづくりという発想は、市長になられたときにすでにおもちでしたか。

河内山　市長が市長の個人アドレスを公開して、市民から意見を求めることなどやらない時期から、それを行いました。公聴機能を高めるためです。

情報リテラシーを高めていくのに一番大事なのは、教育現場です。データ通信のスピードがそんなに速くない時期からＮＴＴ西日本や当時の中国電気通信監理局（郵政省の出先機関）の人たちにも協力してもらい、いち早く各小中学校にインターネットを導入し、コンピューターも二人一台体制にしたのです。普通の学校はまだ一〇人で一台という体制でしたが、いち早く予算化しました。そういうことは早めに対応してきたつもりです。とにかく、一人でも多く、そういうことを活用しないと地域がダメになるということへの理解者を増やすことを、一生懸命やっていたのです。ですから大変でした、「それで飯食えるのか」と議会でも言われました。議事録にも残っていますよ。

――市長就任後に広報誌を工夫されたことは、今のお話の延長と考えてよろしいですか。

河内山　はい。基本的な感覚からしますと、今もそうですが、多くの自治体の公報は一ページ目にイベントの写真と最近の主な動きみたいなのが二つか三つ書いてある。二ページ目以降は情報の羅列。よほど時間がある人でないと、読んでくれないのです。

私が直接市民と対話しますと、情けなくなるほど、悲しくなるほど「何も知られてない」というのがよくわかる。結局、行政はどこに向かって一生懸命情報を発信しているのか、市長になってよくわかりました。それは「議会で叱られないため」。ですから、議員さん向けには微に入り、細に入り、様々なことを詳しく説明している。議員さんと一市民の関心事は少しずれていますので、行政の情報発信や内容については一市民からするとミスリードの情報発信がいっぱいあるというのがわかりました。

ちょっと後の話になりますが、多くの自治体で情報公開条例を整備し始めたときに、私は「見せたくはないけれども見たいという人がいるなら仕方なく見せてあげますよ。その代わり手続きはこうですよ。それで書類の写しがほしけりゃコピー代を高めに」といった感覚でやっていると感じました。これは、「情報公開条例と言いながら、致し方なし公開条例」です。

PCを利用する中学生を見守る著者

そんなことでは市民の協力を得るのは難しい。正しく知ってもらえば協力者はいくらでも出るというのが私の信念ですから、条例をつくるときも、「柳井市の保有する情報の公開及び説明責任に関する条例」という名前にしたのです。何のためにやっているかと言ったら、「より積極的に知ってもらうという姿勢に行政を転換すべきだ」と。これが原点です。

それで、広報や情報発信は最も大事な部署だということで、当時は企画部門に広報課があったのですが、組織改編をしました。今は多くの自治体が同じ発想で組織改編をやっていますが、秘書広報課にしたのです。もうとにかく、市長の仕事あるいは市長に近いところの仕事というのは、広報そのもの。それで、広報、広聴を身近なところでやりますと、どれぐらい理解されていて、どれぐらいわかってもらってないかが、よくわかるのです。私も市長を四期やりましたが、市長というのはだんだん正しい情報を得るのが難しくなるのです。最初のうちは皆言ってくれるのですが、いつの間にか裸の王様になりかねない。それもあって、なるべくややこしいことを言う窓口を市長室の近くにした。遠ざけてしまうとダメです。

元の話に戻りますが、正しい情報を発信すること、それがどう受け止められているか、あるいはどう反応されているか。これはコインの表裏ですから、情報の発信をする以上は、実は受け止めをきちんとやること。その両面を一生懸命やった。

初登庁――「経営感覚ある行政」

――話を戻します。初当選後、二月二一日の初登庁の際、「経営感覚ある行政」の必要性を問われています。職員の受け取り方はどうでしたか。

河内山　初登庁のときの訓示や初めてのあいさつでは、経営感覚について言及しました。それから、「行政は公平、公正、公開でなければならない」ということも言いました。職員の受け止めは、公平、公正、公開のうち、公開はまだ半分クエスチョンマークです。公平にやらなきゃいけない、公正にやらなきゃいけない。今度の市長はそういうことを大事にする。ここまでは非常に素直に受けとめてくれました。例えば総務部長が新人職員に公務員の心構えの話をするときには、「公平、公正にやらなきゃいけない。しかも皆さんの税金を使っているんだから公開するのは当然だ」と話し、そういうところまでは、職員が納得しました。

ただ、もう一つの経営感覚。これには、当時の年配の部長から「我々は公務員として若い頃から、儲かる儲からない関係なしにやるのが市役所の仕事。儲かることはやるけれども、儲からないことはやらないみたいなことは絶対口に出してはいけないと教育を受けてきました。経営感覚を取り入れるというのは、市役所も、損得勘定を大事にしろということですか」と質問されました。経営感覚をもった行政をやらなければいけないということは、学者やジャーナリストで言っている人はいますが、地方公務員が直接、「今度は経営感覚だ」と言われたのは初めてですから、戸惑いがあったと思う。

1993（平成５年）年２月22日に初登庁する著者。

まずは、「経営感覚の第一歩はコスト意識。

コスト意識というものを今以上にもっていく」と伝えました。具体的には、「行政は何をなすべきか」から「最優先すべきは何か」が見えてくると、事業の目的も変わるということです。「完成できないが予算は消化しましたみたいなことは、絶対やっちゃいけない」、これがわかる人は半分です。そう簡単なことばかりではありませんという反論もありますが、例えば農林水産業は衰退産業です。非常に重病の患者にかなり強力な注射をして、言ってみれば心臓が止まりそうな状態なのに止まらないようにする。それでお金がかかっても仕方がないところもありますが、そうではなくて、「他に最適な方法がないかどうか考えるのが大事」だと説明したが、これもなかなか理解してもらえないところがあった。

ただ、一つだけ理解してくれたのは、コスト意識。特に時間コスト。一つの仕事をやるのに一年間かけてやるのと、半年でやるのと、一か月でやるのは全然違う。柳井市はとにかく立ち上がり早く、「年度内に、一年間のうちに」と目標を立てる。ですが「一年間のうちに」の意味は、「四月から八月は下調べします。一〇月ぐらいから何となく着手します。で、一一月か一二月に最終決定して、一月に実施して三月までやります」が実態です。これではプラン・ドゥにならない。したがって時間のコスト意識をもつため、「四月から六月で大方のことやって、七月ぐらいから現実に立ち上がる。それで、一〇月ぐらいでやり方が悪ければ見直して、さらに再調整する」ぐらいの気持ちでやろうじゃないかと呼びかけました。

議会で質問を受けても「検討中です」と言うのが関の山。検討中というのはよくない言葉、一番悪いのは「前向きに検討する」です。そこで、人をだますような言い方はなるべく禁句にしようじゃないかと言いました。こういうことは、職員が素直に聞いてくれました。「経営というのは何か」というのは、お金儲けでもない。とにかく、事業目的を達成するのに民間の手法を取り入れて行政の品質を高めていく。あるいはそのコストを下げていくこと。それに生きがいを感じる公務員になろうじゃないかとだいぶ言いました。

――「経営感覚ある行政」は、柳井市民にどう受け止められましたか。

河内山　商工会議所や青年会議所などの経営者の皆さんは、過度に期待されましたね。いいことは自分たちも協力するから、大いにどんどんやってくれと。「市長、リーダーシップに期待している」と言われたのです。ただ、行政というのが一年で大変化を遂げられるか。あるいは一期四年で大変化を遂げられるか。遂げられる部分もあれば変わらない部分もあります。経営者の人たちはまさに経営感覚をもっていますから、「歩みが遅い」、「変化に乏しい」と。期待と同時に辛口の評価もいただきました。

それから、一部政党はじめ「行政というものは、とにかく困っている人のためにはコスト意識のようなことを言わずに、やれることはやれ」という主張をおもちのかたには、「弱い者を切り捨てるのではないか」、「無駄遣いをやめるといって強引に事業縮小、費用がかさむ部分の予算の切込みをするんじゃないか」といった警戒感がありました。中間的なかたは、「何かわからないけれども、旧態依然というものを直してくれるんだったら、基本的には賛成」。そんな感じでしょうか。

議会運営

――三月一〇日に初議会に臨みます。当時の様子についてお話しください。

河内山　地方議会の傍聴席はめったにいっぱいになるものではないのですが、初議会の期間中、傍聴席がほぼ満員、満席。別室のモニターで見る人までいっぱいいてくれた。これだけ関心をもって、私の一言一言に注目してくれる人がたくさん来られたというのは、非常に嬉しかったですね。

白地照彦元市長と著者

初議会に来た人の三人ほどと、その後ご縁が深くなるのです。一般の人なのですが、その三人が次の市議会議員選挙に出てくれた。非常に大きな応援団だと思います。なぜその三人が出たか。これは、議場に来てもらったからわかるのです。市長を一生懸命応援して、市長を当選させたものの、議場を見渡すとこの市長を支えてくれる人がいないとわかる。二元代表制、今の地方自治の仕組みを目の当たりにしたわけですね。

一方、初議会に臨む大変な緊張もありました。選挙中に申し上げてきたこと、もっと言うと政経塾にいた頃からの地方行政に関する自分なりのビジョンというものをどう実現させるか。先ほどの経営感覚もそうです、公平、公正、公開もそうです。言ってみれば、自分はそのために行政をやろうと思った。それから、まちの活性化も決してどこかの物まねをするわけではなくて、自分たちのオリジナリティーを生かしながら地域の資源を掘り起こしてやっていく。「誘致の発想から自立の発想」へ変えていく。

どこの議会もそうですが、議会と敵対関係になりますと、予算を否決され、重要な人事案件を否決されます。今なお全国の自治体でそういう苦労をしている人はいますが、これでは行政になりませんし、まずもって行政職員が市長よりも元々縁が深い議員さんのほうを向いてしまうわけです。市長の言うことよりも議員の顔色をうかがうようになりますと、いい行政はできません。

私は根回しみたいなことは必要ないかと思いましたが、やるべき根回しはやらなければいけない。行政職員だって、私の言ってくれることを相手に伝えてくれない人もいる。それは能力の問題もあれば、意図や意思の問題もあるのですが。そこで、直接、議員さんに申し上げるほうがいいと思い、保守系の人のみならず共産党の人も含めまして直接対話しました。話せばわかるという名案ですね。そうすると、この議員さんは何を課題としているのか、何が不満なのかがわかってくる。市長って力がありますからね、その不満を解消する術はいくらでもあります。そうすると、協力をしてくれる。「このことだけはポイントですから」ということについては、協力してもらえる。特に重要な事項である助役人事、あるいは、教育委員会の教育委員などの人事案件。それから、新しく始めようとする新規の予算項目。これらについて宮地議長の協力もあり、結果的には賛同してくれる人が常に過半数を上回った。否決されることはなかった。非常によかったなと思っています。

初議会のとき、初登庁のときもそうですが、やってみないとわからない。私は「ひな形」というものをもたずに自分流で全て行いました。例えば、議案の冒頭の所信表明も、それから就任のあいさつ文も秘書に書いてもらったり、あるいは、事前に総務部長が庁内を取りまとめて文案を調整したりするのではなく、自分自身で書きました。相当な変化だと思っています。

——支援者からは、どのような反応がありましたか。

河内山　ショックだったことが一つだけあります。何かといいますと、一番中心的に応援してくださった非常に個性豊かなかたがたが、「市長は早くも議会をはじめ今までの旧体制の人に取り込まれたのではないか」という感想をもたれた。これはショックでしたね。

市長の仕事というのは、まずは議会で予算をはじめとする議案を可決してもらわないといけない。そうなると、対話しますよね。ですが、潔癖な人ほど、今まで敵対関係の議員さんと市長が話をすることさえも「取り込まれた」と感じる。そういう人は意外と声が大きいですから、いろいろな人にそのことを伝えるわけです。そうすると、それを聞いた人から、「もう悪口言われているけど、本当なのか」となるのです。一番、一生懸命、熱心に応援してくれた人ですからね。直接もあれば間接的にも問い合わせがくる。それが一番ショックだった。

言い方は悪いのですが、選挙をやる人間みんなが経験することです。私が説明する責任があるのですが、贔屓の引き倒しみたいなこともあるのです。そこのところで説明しきれなかったかたに対しては、いまだに申し訳ないと思っている。説明しなければいけない事項と人がいっぱいいますが、組織のトップというのは組織に乗っかって仕事をしますから、伝言はいくらでもできる。ですが、支援者や後援者向けに説明ができるのは、私ないしは私の家族ぐらいしかいません。なかなか手が回らないのです。それが、支援者との関係で最初に困ったことです。大半は、すぐさまできないから半年、一年じっくり構えて協力してくれます。先ほどもお話に出ましたが、「私的なことを市長に言わずに、大きく構えて育てていきましょうよ」みたいな人が主流でしたので、感謝しています。

交流人口の時代のまちづくり

――一九九三（平成五）年四月一日に柳井市に「まちづくり推進室」を創設しました。これはグランドデザイン検討会と、密接に関係しているのでしょうか。

河内山　はい、この組織改変の目的には、グランドデザインを検討するという、より施策の転換の意味がありました。白地照彦前市長から引き継いで、懸案になっていた事業があったのです。相当の国費も県費も、そして単独市費も入れてやるような大型プロジェクトです。これはアクセルを踏むわけにいかない。そこで、まちづくり推進室で、上手な店じまいをしていただく。

行政において、新しい市長が就任して新たにスタートを切るための予算は、本当に微々たるものしかない。東京都知事ぐらいになったらいっぱいあるかもしれませんが、普通の市町村のレベルでは本当にない。そうすると、商店街の再活性化も含めまして、自分が公約に、あるいはビジョンに掲げているものを行おうとすると、今行っているものを換骨奪胎する、あるいは、いったん止めて、もう一回出直す、といったことをやらざるをえないです。

ですから市役所の職員にチンギス＝ハンの言葉を引用して、「一事を増やすは一事を減らすにしかず、一利を興すは一害を除くにしかず」。とにかく、「あることを止めることは、あることを始めるのと同じくらい大事。悪いことを除くことは、新しくよいことを始めるというのに等しいぐらい大事」だと、ずっと言い続けた。職員は本当に真面目ですから、やり始めたことやつくり始めたことを自己否定するような動きは絶対しません。やめる、減らすの決断は、トップだけしかできません。

したがって、このまちづくり推進室には皮肉を言う人もいました。市役所の中で「市長が設置したまちづくり推進室は、自分たちが行っていたまちづくりの廃止室じゃないか」と。ですが、現実には相当な無理をしてやらされ感の強い事業をやりかけているのを止める。市と県とが一緒になって、工業団地をつくっているがこれも中に権利関係で訴訟になっている土地があり、それから水の確保が難しい。マイナス面がいっぱいあるので、これも止める。たとえ、大型のプロジェクトであってもです。

ですから、私の一期目の最初の時期は「やめること」を一生懸命やりました。議会でも叱られ、私には直接言わないのですが、県の担当者からもいろいろと悪口めいたことも言われました。ただ、いずれも議員の大半は、正直に私が問題点を言えば、本会議では厳しいことを言われますが、徐々に歌舞伎みたいになっていきました。「あれは言うだけですから」みたいなことを議員さんが言ってくれるようになった。それから、県と一緒にやっていた事業は、正直に平井龍知事に全部申し上げました。そうすると平井知事は、「よくぞ正直に言ってくれた。自分はそんな説明できないから」と言って、当時の商工労働部長を知事室に呼んで、「君はそんな大事なことを何で正確に報告しなかったのか」と叱責しました。商工労働部長はいいかたなのですが、人間というのはあんなに怒鳴られると体が浮き上がるもんだなと思うような飛び跳ねるぐらいきつく叱責を受けた。平井知事は理解してくれました。

ちょっと話があちこちにいきましたが、市政をスタートするというのは、バトルみたいなところがあると実感しましたね。そのことをやらないと本当のまちづくりに進んでいかなかったのです。

——一九九三年ですとバブルは終わり、少子高齢化も顕著になってきた頃かと思います。財政、社会構造の変化があり、無理な開発政策を進めるとあとで市民にもっと重い負荷をかけるという判断だったのでしょうか。

河内山　身の丈に合った長期計画に変えないと大変なことになるということを、議会からは叱られ、新聞からも後ろ向きだと批判されながらもやり始めたのは、かなり早いほうだったと思います。総合計画をつくるときに一番基本になるのは人口推計です。時々、増田寛也先生とも話をすることがありますが、私、市長時代に人口減少を前提にした総合計画という、前代未聞の計画をつくった。それは当時の日本ではタブーですね。「そんな弱気のことじゃダメだ、あの計画は夢がない」と言われますが、私は「これは夢じゃない。人口推計は国立社会保障・人口問題研究所が国費を使って推計している。それを知っているのに、自分たちの努力でこうなるという夢物語はやってはいけない」という姿勢です。ただ、夢という意味では、どうやって人口減少の中で地域を活性化させ、あるいは活力を失わせずにいくかといったら、私は早い段階から「定住人口の時代じゃない、交流人口の時代だ」と言い続けていました。今の日本が画策しているインバウンドもそうですね、このときのはいわば国内版インバウンドです。それで活性化のために観光商業をやっています。それが当時の私の置かれていた状況でした。

役所の中では間違い探し、まちに出たら宝探し

――「まちのＣＩ、シティー・アイデンティティー」についてお話しいただけますか。

河内山　日本の地方行政は（場合によっては国政もそうですが）、施策のスタートは課題、欠点、短所になってしまうのです。日本のメディアも含めて、いかにある部分が弱いか、ある部分がダメか、ある部分が欠点であるかということを前提に施策を考える。これは予算を取るための手法としては間違いではない。「このままでは日本の〇〇産業が衰退する。したがって〇〇産業の活性化のための研究機関を創らなければいけない。そのためには予算、人材開発が必要、外郭組織が必要、役所には部署が必要」というように、新しいことを始めようとする際、いかに自分たちが置かれている状況が厳しいかを前提にするのです。笑い話で、例えば市長が東京に行って予算の陳情をやります。それは結局「私のところはいかにダメか」を言うわけです。そうすると予算がつくのです。人間というのは、そんなことを繰り返し言っていますと、いつの間にか自分の頭の中に「自分たちはダメだ」ということを刷り込んでしまうのです。これが、地方をダメにしている原因でもあるのです。先ほどの話のように「私たちのまちは誇りある地域なんだ」と心では思っているのですが、古いまち並みを例に言いますと「私たちの地域には歴史はあるが、まち並みが古臭くて都市計画事業もできない」など、ダメなこと、悪いことを一生懸命

に言うのです。これはCIの逆です。

私は予算取りのときには否定的なことも言いますが、市民を元気にして市民がその気になってまちを元気にしようと思ったら、「私たちのまちにはいっぱいいい物があるんだということを前提にビジョンを考えてもらわないと地域はよくならない」と逆転の発想をするのです。具体的には、「私たちは空襲に遭わなかったお蔭で立派なまち並みが残りました。歴史も伝統も残りました。そういう土地柄ですから、妙な乱開発や変な開発もされずに昔からのまち割りがそのまま残り、学術的にも観光的にも貴重な存在になりました。また日照時間が非常に長いので、農業では花卉《かき》園芸を興すのにコストをかけずに済む。そういうプラス要素があります」と、全てのことが弱みでなくて強みに、強みは何かということを皆で一生懸命に考える。

ありもしないものを無理やり自慢するのではなくて、現実を直視して素直な心で見る。まさに松下幸之助さんの言われるとおり、素直に「誰かが言っているからじゃなくて、自分の目で自分の耳で。自分の感性でもう一回地域の資源を見つめ直してみるとよいものがいっぱいありますよ」というのが、CIです。市役所の職員に言ったのは、「役所の中では間違い探し」。役所の仕事では、もっといい方法があるんじゃないかと考えて、これでいいのだ、みたいなことは絶対言っちゃダメ。市民や議員さんから指摘されたら、もっといい手はないかと思う。自分たちの仕事の進め方は、間違い探しでなきゃいけない。一方で、「まちに出たら宝探し」。「役所の中では間違い探し、まちに出て宝探しをやる」、これが私が言うCI。いろいろ見て探してもらったら、次から次へと新しい発見がある。物の見方というのは、前から見るか後ろから見るか、上から見るか下から見るかで、本当に違うのです。

まち並みの話もしましたが、他にもいっぱいいいものが出てくるのです。若い人は、古いしきたりやコミュニティーの濃厚な人間関係を好きでない。日本中がそうですが、コミュニティーを解体して新しく公営住宅を建てる。あるいは、元々コミュニティーがあるにもかかわらず、それとは無関係に新市街地をつくる。これはもちろんスッキリしていいのですが、私は間違いだと思う。コミュニティーの力には、お金には代えがたいものがある。みんなが困ったことの解決のためには、税金を投入するよりはコミュニティーの力を借りたほうが安上がりで、まさしく早くできることがいっぱいある。例えば、小規模の生活道路として使われている市道の拡幅などの要望が出たら、私は「コミュニティーの力を使って、自ら道をつくってみてくださいよ」と、市民自ら道路をつくる仕事をやってもらった。

結局、宝は探すとあるのです。みんな邪魔者だと思っている、あるいはその真価が見えないだけです。私の眼だけでは発見できないし、私の耳だけでは情報が限られている。これを教えてくれる人が一番大事だと思うのです。市政に対して最初はマイナスのイメージで関心をもってくれる人が、逆にその人の心が逆転したら、大変な応援団になってくれるのです。ですから広報、広聴はなるべく市長に近いところでやらなければいけないと感じましたね。

――今は自治体が大学やシンクタンクと共同研究することも増えていると思います。そういうことは考えましたか。

河内山　様々なかたとコラボレーションすることは大事です。私どもの近くでいうと、広島工業大学の大学院生たちがまちづくり、私の言う「まちづかい」のプロジェクトに共同参画したい。どちらかというと、中心市街地よりは周辺部で何かいい価値はないだろうか、資源はないだろうかと、かなり深く関わってもらった。あるいは、山口大学に住民参画、もっと言うと社会的起業に関心をおもちのかたがたがいらっしゃいました。産学提携のような形で、柳井市を舞台に様々なプランを考えるお手伝いをしていただきました。

――先ほどのまちのＣＩに関し、今まで自分が知らなかったまちの歴史や魅力で、何か印象に残るものはありましたか。

河内山　人間でいうと、変わり者という人の中には、本当の変わり者と時代のほうが遅れているという人と両方いるというのは、よく感じました。

例えば農業分野なのですが、日本は水稲が中心なので、種籾をまいて稲の苗を育て、それを几帳面に縦横まっすぐ並べて植えるのが基本です。実はこれが、コスト増加の要因になっているのです。今も細々と行われている農法で、半耕起栽培というやり方があります。それを稲作に応用して、種籾を直接水田にまく半耕起直播栽培ですが、そんなこと誰も知らないし、それが何を意味するかわからないですよね。そのことを日本で一番初めに提唱した人が、私の地域にいるのです。西村宇一さんという人です。変わり者ですよ。

ですが今、日本の農業のコストをどう下げていくかという意味でいうと、まだ実験段階ですが、例えば中四国農政局でもコスト削減に相当効果があるということで、実証実験を始める段階にきました。当時はまったくもって、荒唐無稽です。私はまったく知りませんが、物のほうは、だいたい掘り起こされるのですが、人間は掘り起こされてない。特定の人だけに光を当てるというのは難しい面があるものの、そういう人を探していくのも、ＣＩの中で、早く成果が得られるという意味でいうと、大事な仕事だと思いましたね。

資産に関する条例

――一九九三（平成五）年六月の定例議会で提案された「政治倫理の確立のための柳井市長の資産等に関する条例」は、県内一四市の中で初めての試みだったそうです。この条例についてあらためてお話しください。

河内山　外から見えない準備期間が必要です。新しいことをやるためには、新しいことに確実に着手していることを、ある意味で「見える化」する必要があるのです。しかし、予算も伴わずに、なおかつ市長の決断だけでできることは、たくさんあるようで意外と限られているのです。

あの資産公開条例は、自分自身に資産がないというのも当時ありましたが、ある意味ではすぐさまできること。とにかくやるんだという気持ちの一番の中心にありました。市役所の職員が痛い目に遭うわけでもないので、みんな文句も言わず条例案をつくってくれます。他にもいろいろチャレンジして、予算も伴わない、あまり大きな組織改革や変革をしなくてもできることをいろいろと探すのですが、最初の数か月は正直申しまして、市長としては意外と表面には出ずに、非常に内向きなことで手間暇をかける時期なのです。

そこをクリアしないと、何となく格好つけて新しいことをやろうとして否決されたり、新しいことに取り組もうとして頓挫したり、結局、後々の本当にやらないといけないことに非常に影響を与えるのです。もちろんその類の失敗も、実はいろいろとやっています。私としては問題がない条例を議会に出しても誰も何も言わないだろうと思ったのですが、それでも、議会で抵抗する人はいるのです。理由はただ一つです。「誰もどこもやってないのに、何で急いでやるのか。急いでやる理由を言え」です。今申し上げたような本音は言えませんから、様々な理屈をつけないといけない。難しいのです、議会は。

若手職員との懇談会

――市長就任後、主任や主査といった階層の若手職員と昼食を共にしながら懇談を重ねられたとのことです。この懇談について教えてください。

河内山　日本のあらゆる組織はピラミッド型で、市長といえども全職員とまんべんなくコミュニケーションを取ることは、何かの機会を設けない限り絶対無理です。日常生活的に言うと、市長が一日中役所の中にいるとするならば、登庁して直接会って物を言うのは、秘書、広報課周りの人、それから総務部長や企画部長、そして市長に直接要件や案件のある人たちくらい。あとは、様々な決裁で説明に入る課長クラスですね。

これはどこの役所でも似たようなもので、当時の私と年恰好の近い、若い人たちとは業務上の接点がありません。話す場をセットしなければ、市長室には絶対来ません。ですから、あえて順番に、なるべく若手の人と、カレーライスも自己負担してもらって話をしていました。私としては、話しながら意識を高めていきたい。私自身が言っている経営感覚とはいったい何なのか。あるいは「まちづかい」とはいったい何なのか。直接説明すれば、普通に暮らし、仕事している人はみんな理解してくれるわけです。ですから、私からの情報発信でもあります。

一方、主任や主査クラスがトップに直接もの申したことはそれまで一度もない。そうすると、最初は恐る恐るです。自分の思っていること、注文したいこと、質問したいこと、あるいは、自分なりに「こうあったらいいんじゃないか」と提案したいことをなかなか言わない。ですが、繰り返しやっていくと、「一緒にカレー食べてみて、どうだった？」、「市長に言いたいことを言ったみたいだけど、怒られた？」

などいろいろと職員同士で情報交換をするから、だんだん、コミュニケーションが取れるようになる。最初にやった人からは、「もう一回やってくれ」と。

何度もやっていると、人間関係ができあがり、「カレーライス食べながらじゃなくて、いつでもいい。目安箱に入れてもいいし、何でもいいから」ということになりました。これは一六年後のことになるのですが、一六年後、市長を退任する頃に、三回も四回も、職員の人が労働組合も含めて「市長の話を聞く会」というのをやってくれて。そのたびごとに懇親会をやってくれる。これは、嬉しかったですよね。

まあ、僕も一六年も市長をやっていると全て機嫌よく話を聞いているわけではありませんから、「そんなことでは、ダメだ」と言ってしまうこともあるのですが、非常に愛着、親しみを感じ続けてくださったのは、ありがたかったです。辞めたあとも、よく、私を囲む会というものをセットしてくれて、よく声をかけてくれます。そういう意味では、こういうお付き合いを各層とやったのはよかったと思います。最初のうちは職員のほうからすると、「何となく洗脳されるんじゃないか」と恐れていたみたいです。

ふるさとＣＭコンテスト

――若手の職員のアイデアで、採用されたものはありますか。

河内山　ありますよ。一番早く結論が出たという意味では、テレビ用に自分たちの視点でＣＭをつくった。まさに、ＣＩですね。「アピールするものを、自分たちでつくりたい」と言ってきました。ですが、テレビ局にやってもらうとお金が必要です。そこで、私も一つ考えたのですよ。地方のテレビ局は、県庁にすごく弱い。それはどこの県もそうで、記者クラブが典型例です。ですので、とにかく県を通じて申し入れて、テレビ山口という地元テレビ局が、市町村がそれぞれ「ふるさとCM」をつくるコンテストをやってくれた。それで、「そのコンテストで入賞したCMは、県の広報予算でテレビ山口で流す」という事業を提案したのです。すると見事に、県のかたが「それはいいですね。面白いですね」と言って、テレビ山口に働きかけてくれました。

職員からすると、「自分たちで予算組みをしなくてもいい。いつの間にか、市長が県も説得してくれてやってくれた」ということになると、「言う価値があるな」と思うわけです。聞き置くだけという形でやると、絶対、言わなくなる。結局、成功事例を一つひとつ積み重ねる。私もそうですが、市役所の人もホームランや三塁打は必要ないのです。シングルヒットでいいから、少しずつ。シングルヒットが打てるようになると、もっと頑張ろう、あるいは、「できるんじゃないか」という気になるのです。言ってみれば、善循環です。そういう意味では、市役所の中でも、議会の中でも、対市民でも、悪循環サイクルにならないように、善循環サイクルをつくるにはどうすればいいのかということを一生懸命に考えるのがトップの仕事だとつくづく思いました。これは、非常によかった事例です。

新政策の難しさ

――「すぐやる課の新設」という話の他に「一階市長室」、「公用車の廃止」などの政策があったと聞いています。

河内山　これ実は、三つとも苦い思い出なのですよ。この話が出てきた経緯から申し上げましょう。選挙戦の途中から「ひょっとすると、三四歳新市長誕生かもしれない」という雰囲気になってきた。選挙運動で夕方まで走り回って、演説会が終わって、かなりくたびれて事務所に帰ってきたところで、『朝日新聞』の記者が、「当選されたことを前提の質問」をしてきたのです。こちらとしては、元気が出るから嬉しいのですよね。

『朝日新聞』の記者がなかなか老練でした。「経営感覚」、「地域資源」などいろいろと言っているが、今一つ見出しにならない、「これをやる」という話がないですかね、と振ってくるのです。私、極めてまともに、まず「時間。時間がかからないようにするための方策を考えないといけないですよね」と言ったら、「それは、千葉県の松戸市でやっている、すぐやる課みたいなものですか」と言うから、「ま、そういうものができれば」と。インタビューのうえでは成り立っているのです。それで、「すぐやる課」というのが見出しになりました。

それから、現市長さんは年配でもあるし大御所でもある。市民からすると市役所でお目にかかるというのは難しい。様々な式典や何かで遠くから姿をお見かけするだけなので、縁遠い。「私が市長になりましたら、直接、市民と直接対話ができるようにならないといけないと思っている。そういうことをやりたい」と言ったら、『朝日新聞』の記者が一枚上で、「でも、四階のあの奥まった市長室では、誰も来ないではないですか」と。「やられた」と後から思いました。わかりやすく言うんですよ。「あなた、まだ市長にならないからわからないけど、一階の玄関入って、会計課があって。その奥に大きな部屋があって、そこに収入役がいるんですよね。でも、そこに収入役がいる必要はないんだよね」と記者が言うから、「そうですか」と。すると記者の人が「じゃあ、あんなところで仕事をしたら、ずいぶんと市民と近くなりますよね」と返すので、「そうですね、一階だったら、もっといいですね」と答えたら、「一階市長室」。

三つ目は、私のほうで言ったのです。「若いから自転車でも通えるし、マイカーでも通勤できる。コスト削減にもなるし、いいかなと思うのですよね」と。でも、これは私の失敗でした。「公用車の廃止」が見出しになった途端、公用車の運転をしている職員のご家族が、「今度、市長が交代したら、自分のところの主人は仕事がなくなる」、「真面目にちゃんとやっているのに」ということを言われた。まことに、私としては早歌を歌うというか、「状況を知らずに言ってしまって、まことに申し訳なかったです」とお詫びをしました。公用車の廃止は、すぐに撤回しました。

一番目の話と二番目は、これはとにかく、「そういう精神でやるんだ」ということ。とにかく、親しみをもって直接対話をするということでは、市民二人以上からお呼びがかかったら伺う「市長ふれあい出前講座」という形で、どんどん出かけるようにしたのです。土曜日だろうと、日曜日だろうと、夜だろうと、都合さえ合えば行く。例えば、保育行政に関心があるなら、私が保育担当の課長と一緒に行く。結局、広報・広聴機能ということで、かなりやりました。私もそうですが、職員が外に出かけることに躊躇しなくなりました。それまでは、「どこか公民館に人を集めるんだ」ですが、今度は「出かけるんだ」という意識に変わったのは、よかったと思います。

すぐやる課のほうは、ともかく全部の担当者を呼び、市民から要請・要望があったことについて、「すぐやれないなら、やれない理由の説明をちゃんとやる」と、どちらかというと説明責任向上運動を一生懸命やりましょうということになりました。すぐやれることでやってもらったことは、たくさんあるのですよ。ゴミ収集の職員は毎日出かけていますから、簡単な道路の補修などは、車に簡単な機械・器具を積んでもらって、すぐさまやるようにする。今までにない一歩踏み込んだ仕事をやるようにしました。私の反省点は、「うかつに新聞記者が答えまで書いてくれるようなインタビューを受けたときには、答えちゃいけない」です。

新聞記事に取り上げられたことについては市議会でも、何回も何回も、「いつやるんですか」とだいぶ責められました。正直言って、これは全部、私の責任。「その気持ちでやることは間違いないのですが、そのものズバリはできなかった。撤回して、お詫び申し上げます」と。それで決着しました。これ、結構、長くいろいろと悪口や批判を言われる対象になりました。辞める直前にも言われた（笑）。一六年間、ずっと覚えている人もいるので。

——市長が出前で話をするため、例えば、学校には行きましたか。

河内山　そうですね。スタート時点では、市長に来てもらって「将来のまちづくりや、私たちの夢を聞いてほしい」という要望が小学校六年生からあって、行ったこともあります。それから、ＰＴＡのかたが、「自分たちの生の話を聞いてほしい」と、私が市長になって以降はいろいろな学校へ伺いました。最初は特定のところだけ行っていましたが、行政は公平性を大事にしますから、「特定のところだけでいいんですか」、「一か所出ると、全部出ないといけなくなりますよ」と言われましたね。「全部出る」、「そんな心配しなくても、大丈夫」と僕は言うのですが、みんな、最初から、「いっぱい注文が来たら、どうするんですか」と。私は「そんなに来ないと思う」と言ったのですが、一か所お引き受けすると、他の学校からも話が来ました。

ですが、小学校に行くのは楽しかった。授業の邪魔をしてはいけないから、時間帯は給食の時間です。一緒に給食を食べました。子どもたちも、一緒に食べるのは楽しいみたいです。それで、質問があるのですよね、「市長さんが小学生のときの給食とどっちが美味しいですか」とか。「今のほうが、美味しいですよ」と答えると、「えー」と。それで、「昔は、こんなのだった」と話をするのです。学校の先生が「今、子どもたちがなかなか、ぜいたくになりまして、いろいろと注文があるのですが、『昔はこうだった』と言ってもらって、よかったです」とよく言われました。

お中元・お歳暮・会食

――「政治不信、政治家不信」という雰囲気が、一九八〇年代から九〇年代にかけて蔓延してきました。そのような中で、小学生の女の子に「市長さんは儲かるの？」と聞かれたそうですね。当時、国政でも話題にのぼった「政治とカネ」との問題についての考えをお聞かせください。

河内山　いつの時代もそうですが。権力をもつと、一定の権限を与えられている人間というのは、その権限を行使してほしい立場の人からすると、仲間になってほしいわけです。権力をもつと、様々な人が集まってきます。そうすると身を護るという意味もありますが、当事者が自分の身を律することをやらないといけない。関係する事業者は様々なきっかけをつくりたいと、思っています。市長が許認可したらできる、市長が予算化したらできることは、世の中にビジネスとしてある。その人たちとの関係というのを、子どもたちが思っているのと同様に世間の人も思っている。今もまったく同じです。

私自身が「政治とカネ」で問題を起こさないために何をやったか。市長に何らかの利益を供与しようというのは二つあり、一つは宴席で御馳走する、もう一つはお中元やお歳暮をはじめとした贈り物をする。これは、社会的儀礼の範囲であればあまり問題にならない程度のものもあるのです。そこでですね、「この程度なら、問題にならない」、「これを超えると問題だ」と私が勝手に解釈して基準をつくっても、一度人間関係ができますと、だんだん、馴れ合いになってくる。これは、人間致し方ないことです。対議会関係もそうです。最初は非常に「親しき仲にも礼儀あり」。それから、「近寄りがたい」という関係で緊張感がある。ですが、一六年もやりますと、その垣根が低くなってくるのですよ。それと同じで、利害関係をおもちのかたも、市長との関係でそれが低くなってくると、泥沼にはまる。これは、権力者は皆気をつけなければいけないことです。

それで、私が線引きしたことは、「お中元、お歳暮は絶対にお受け取り致しません」です。それでも、最初に市長に就任したのが二月で、一番初めの時期のお中元の時期、六月から七月にかけて、七〇から八〇ぐらい宅急便で届きました。ですから、送り返すのもお金がかかるのですが、うちの家内は、毎日、毎日、手紙を添えて、「公言していますとおり、市長でいる間は、まことに不躾ですが、お中元、お歳暮も含めまして、ご贈答をいただくことはやめにしました」と、毎度、毎度、それも、コピーして返すのは失礼ですから、全部手書きでご返送しました。民主党の岡田克也元代表と同じですね。そうすると、冬には一〇件程度になり、翌年には数件になりました。いつの間にか、まったく来なくなりました。

それでも、何かの機会で新たにお付き合いが始まった人は、何か贈ってこられるのです。時代の流れを完全に反映していまして、一番初めに利害関係が深いのは建設業界ですね。建設業関係者は、「そうは言っても。自分だけは大丈夫だろう」と抜け駆けで贈ってこられるのですが、建設業の組合か何かの集まりで、「市長には贈っても、ダメだ」ということがわかったのでしょう、パッと来なくなりました。時代が変わりますと、今度は一番利害関係者が、公共事業関係から環境や廃棄物処理、リサイクル業者へと移っていくのです。そうすると、無関係だった人たちがある日突然、「会食致しましょう」、『お中元、お贈りします」と。これも、お断りをするのです。一回お断りすると、二回目、三回目はないです。

会食のほうはお断りすると世界を狭くしてしまうので、完全に会費制にしました。「会費制でなければ、市長は出ません」ということを秘書や広報課長が言ってくれる。それでも「会食しましょう」という人は会食してくれますし、「いや、それならいいですよ」と言う人からは声もかかりませんね。これもまた、結構、骨が折れました。「私ぐらい、ご馳走してもいいでしょ」と言う人、「そんな、水臭いこと」と言う人。そういう水臭いことを断るのが市長の、私のためだと思って会費制にしてくださいと説明させてもらいました。ですから、小学生が「儲かるの？」と言ったことというのは、政治不信があるなしにかかわらず、いつの時代も気をつけないといけないことです。

――例えば、視察に行ったときに、庭で採れた果物などが差し出されることはありましたか。

河内山　農家のかたや漁業組合のかたが「市長さん、これ、あげるよ」というのは、ありがたく頂戴しました。皆さん、親切なのです。「これ、美味しいからあげるよ」と。うちの家内、最初は魚を捌くことすらできなかったのですが、最後は上手になりましてね。アナゴでも何でも捌いていました。ただ、私は、外の会合・会食、懇親会など、外で食事する機会が多いから、あまり恩恵にはあずかれない（笑）。

一九九三年に当選した安倍晋三氏

――一九九三（平成五）年八月に細川非自民連立政権が誕生しました。そのような中、旧山口一区から安倍晋三氏が出馬し、初陣を飾りました。安倍晋三氏の選挙について、思い出などありますか。

河内山　もちろん。安倍さんが強くて、初陣を飾られるのは当然だったのですが、私も同じ年に選挙があって、同じ年にスタートを切ったということで、今なお、何となく仲間意識みたいなものを、安倍さんからも感じていただいております。

私が市長に当選した年に政権交代があった。自民党はその後すぐに政権に復帰しますが、国政で、変化や揺らぎが起こる可能性があるというのは、非常に刺激的でした。なおかつ、政権交代の可能性が出てきたということで、当時の非自民も大きな時代のうねりのようなものを感じられたきっかけが、一九九三年だったと思います。

松下政経塾の一九九三年

——ちょうどそのとき、日本新党などで政経塾の同期や後輩が当選しました。

河内山　はい。やはり政経塾の塾生や卒塾生が選挙に非常に出やすい環境になった。そういう時代がきたというのが、あの選挙でした。これも功罪ありまして。一回目の選挙はゲリラ戦でも、「不思議の勝ちあり」、勝つ可能性はある。ただ、それが二回、三回と定着していくかどうかは約束されたものではない。これを肝に銘じておいた人と、肝に銘じなかった人とで、その後のその人の運命に、非常に大きな影響を与えたと思います。

ですから、政経塾、あるいは、卒塾生個人にとりましても、「勝ちに不思議の勝ちあり。負けに不思議の負けなし」です。勝った理由はよくわからないかもしれないが、負ける可能性がどこかにあるということについては、客観的に冷静に分析して備えをする、対応するということをやらないと、世の中、選挙というものは甘くはない。その後、そのような事態が起こり始めます。繰り返しになりますが、「政経塾出身者が直接国政にチャレンジしても何とかなる」というのはこの選挙がきっかけです、いまだに続いています。ただ、直接挑戦して当選確率を高めていくことは、もう一段、政経塾としても考えていくべきだと思います。

一九九三年の「地方分権の推進に関する決議」

——少し後のことですが、一九九五（平成七）年五月に地方分権推進法が成立します。一九九六

（平成八）年三月には「中間報告」が公表され、同年一二月に地方分権推進委員会第一次勧告「分権型社会の創造」が発表されました。地方分権推進法の成立にあたり、地方分権が進んでいるという予感が地方であったか、また、中間報告と第一次勧告に対して、どのように感じましたか。

河内山　はい。一九九三（平成五）年というのは、政権交代が起こったのと同時に、国地方関係でも画期的な年でした。「地方分権の推進に関する決議」が衆参両院で行われた年で、衆議院に地方分権に関する特別委員会が設置されました。

私は市長になったばかりですが、国地方関係のことについていろいろと言っていましたので、一九九四（平成六）年に参議院の地方分権及び規制緩和に関する特別委員会に参考人として呼んでいただきました。一緒に呼ばれたのは、まことに立派なかたがたばかりです。島根県知事をお務めになられて獨協大学の先生をなされた恒松制治さんが地方分権についての所感を述べ、私も地方自治体の現状と地方分権についてお話しさせていただきました。地方自治体の首長からすると、遠慮があります。直接的に中央省庁に対して「分権しなければならない」と主張する人は少ない。よほど自信もあって、睨まれても平気な人しか言えない。私の聞く限り、多くの自治体のトップは、分権をしてとにかく地域の実情に合わせて行政ができるようにしないと、税金の無駄遣いだと主張しました。それから、特に農業政策みたいなものは、東北のように一つの田んぼが一ヘクタールもあるところから、西日本のように中山間地域で三〇アールしかないところまである。これらに同じような政策をしたところでうまくいかないのは当然という話をしました。

明治の時代から福沢諭吉先生が言われているように、慣れない人に権限を行使しろと言ったら最初は小さな傷やケガはつくかもしれませんが、いずれ、道具を使えるようになるならば、地方に分権したほうがいい。この一九九三年に決議がされたことから始まって、国会のセンセイも自分たちの権限が少なくなることを怖れるのではなくて、国のために本当に何が大事かを国会でご議論いただきたい。「国のかたち」をつくるところは国会以外にないのだから、よろしくお願いします、という話をしました。

それがスタートです。その後、私も傍で見ておりましたが、この手の議論は、地方行政をほんの少し変えるだけでも手間暇がかかる。国地方関係、県市町村関係を変えるには、エネルギーが必要です。権限を「守ろう」とするほうからすると「決めました」と政府中枢が決めない限り、個別具体的な権限は動かない。後々の小泉純一郎内閣の「三位一体の改革」もそうですが、変化を起こすというのはよほど政治がエネルギーを使わない限りできないというのは、この「第一次勧告」についても思いました。

山口県内の市町村関係に関しても、権限の移譲が国から地方以上に簡単にできるはずですが、それでも難しい。例えば、今はパスポートセンターに権限が移譲されましたが、当時はパスポートを取得するために、申し込みと受け取りと県庁に二回も行かないといけなかった。昔みたいにめったに海外旅行に行かない時代ならいいが、今は新婚旅行でもパスポートが必要になる時代です。おかしいではないですか。ですから、そういう権限を委譲してほしいと言ったのですが、最初に県知事から市町村長に移された権限は有害鳥獣の捕獲許可。「イノシシ、獲っていいよ」という許可（笑）。

あるいは、「カラスが迷惑だから、カラスを捕獲してもいいよ」という許可。大事な権限かもしれませんが、私が求めている権限ではないとコメントした覚えがあります。地方分権は始まりましたが、遅々として進まなかった。市長をやっている一六年間を考えても、分権改革というのはある時は熱心に議論されますが、それが終わると、潮が引くように消えてしまった。今は忘れ去られた改革です。本当は、あの「大阪都構想」以上に、よっぽど考えないといけないことですが。

市長出前講座での一幕

市長と市民の対話

――『広報 やない』を見ますと、市長と市民の対話が一九九四（平成六）年四月以降、一対一の対談方式から複数の人と話す座談会方式に変化しました。この意図を教えてください。

河内山　何か市政に関わって、公益的なことでお話をするということからしますと、どうしても一対一ですといろいろ難しいことも出てきます。非常に個人的な問題のご相談だったり、個人的問題の陳情になりがち。それはもちろん市長の権限で行えることですが、これは官官（つかさつかさ）が担当していることに対して、市長として実情や実態もよくわからないままに権限を行使するのもよくない。これが一つ目の理由です。

もう一つの理由は、一対一でお話しするときは基本的には秘書が随伴しますが、第三者、言ってみれば証明してくれる術がない中での対話というのは、公人としては非常に困った問題を惹起しかねないからです。市長とあることについて、例えば「こういう約束をしました」と対外公表されましたら、私のほうでは「少し違う」ということも含めまして、第三者に対抗できません。

そういう意味では、座談会で様々な人がお聞きになっているほうがいい。そのような理由で変更させていただいた。もちろん一対一の個人的なご希望を聞くというのも続けてはいましたが、市政に関わって、市長として市民と対話するという意味で、より公益的なこととか、幅広いことが大事だと思います。内容でいうと個人的問題ではなくなったというのが、一番の変化かなと思いました。

——何か市民からの評判や変化はありましたか。

河内山　特段の感想は出なかったと思います。一対一を拒否したわけではございませんので。反響はなかったような気がします。

助役人事、議会対策

——市政を進めていくうえで、助役の存在は大きいものと考えます。助役の錫本良二《すずもとりょうじ》氏とは市政についてどのようなお話をしましたか。

河内山　まず、錫本良二さんを助役に起用した経緯から申し上げたいと思います。錫本さんは大変立派な、財政畑が非常に長く、財政課長を務め、市役所の中でいうと出世コースにおられました。ただ、よくあることですが、能吏であり優秀な職員であっても、幹部人事になると主流から外れがちの人。錫本さんは典型的なそのタイプでした。正直そのものですし、表裏もない。権力のある人だろうとない人だろうと公平・平等に接する。非常に好ましいタイプです。

私が市長になった当時の役職は、民生部長。民生部というのは、例えば廃棄物の問題から、当時、柳井市の懸案だった市営の火葬場建設や、後ほど出てきますが、水不足の常襲地域ですので広域水道事業も実施中でした。どれも非常に重要な事業ですが、難しい仕事。それの担当部長として苦労をされていました。

私としては、どういう人が助役にふさわしいか考えました。これは、「市長に対して直言をしてくれる人でないと困る」、「正直に本当のことを、語ってくれる人でないと困る」、「ある程度、バックグラウンドとしては専門性や地方公務員としての資質が備わった人でないと困る」ということです。白地前市長時代には少し主流から離れておられましたが、人物を見て正直だということもわかりましたので、この人に助役になってほしいという気持ちを心の中でもっておりました。

ただ、私が市長に就任した一九九三（平成五）年二月から、助役人事を行えるタイミングとしては三月の議会か六月の議会がありましたが、三月も六月も実は助役人事を議案として出しませんでした。一つは、人物を見定めたいということがあった。もう一つは議会対応で、人事案件について反対する議員が出てきたら、就任してもらう助役に対して失礼だということもある。円満な人事が行える見定めをしたかった。

それで、九月の議会に助役選任の議案を出したわけです。そのタイミングで、白地前市長時代に進めておられた工業団地の建設計画が、柳井の市政を大きく揺るがすことになりました。非常に大きな問題や課題があると、私なりにわかってまいりました。一つには、景気が後退する時期でしたので、売れる見込みに対して非常に悲観的な見方をした。それから、建設予定地内に裁判で所有権を争う土地がある。もう一つは、県の土地開発公社と市の土地開発公社の共同の事業としてこの事業を行っていたのですが、必ずしも市の開発公社の意見が十分に県の幹部には伝わっていない中で事業を行っていることがわかってまいりました。将来的な財政見込み、土地の司法的な問題、県と市の関係、いずれも傷がある。

私はおおむね白地前市長時代の大きな重要案件については全部継承いたしましたが、この案件だけはまずい。大変大事な話ですので、当然部長以上の幹部会議で、私のほうからこの問題について見直し、ないしは凍結すべきだと思い意見聴取をしましたら、錫本さん以外は皆、反対でした。一番大きな理由は、中身よりも、「県と市の信頼関係を失ってしまう」、「県にそんな失礼なことを言ったら、他の事業にも影響しますよ」ということです。

ただ、この錫本さんだけは、「市長の言うとおりだ」と。これで私は、最終的に助役人事は錫本さんでいこうと確信しました。その後、市議会での様々な問題提起や、途中まで進んでいる事業ですので財政的な決着、リカバリーという善後策は取らなければいけなかったのですが、大きな傷になる前に事業を取りやめた。県とのお話は、先ほどの平井知事と商工部長の話のとおりです。

このような経緯で、錫本助役を選任しました。年齢的には当時五八歳だったと思いますから、私よりも二四歳年上。柳井市にとっても大卒で入った初期の頃のかたで、錫本さんの生き方や物言いを非常に注目している若い世代の職員も多かった。いい人に助役になっていただいたなと思いました。市長室でも、逆に私が助役室に行ったときも、何かありましたらすぐさま裃を脱ぎ立場を越えて、大事なことから些細なことまでよく意見交換しました。私がよくわからない事情のこともありますので、錫本さんがわかっていれば正直にお話しいただくし、わからなければその案件に詳しい職員をすぐ呼んでくれました。そういう職員との関係で言いましても類は類を呼ぶということがありました。正しい情報だけでなく、マイナスの情報であっても入ってくるような耳をもっておられた。私もそういう耳をもちたいと思っていました。ナンバー2として非常にいい仕事をしていただきましたね。

――改革派の首長が助役や副知事に自分の意に沿う人をもってこようとしたゆえに、人事が通らない。そこで最初につまずいて政治のロスが起きてしまい、改革派首長のイメージが急速に下がってしまうことがよくあると思います。そうした傾向に対して、人事は重要だからこそじっくりやるべきだと考えたのでしょうか。

河内山　もちろんそのとおりだと思います。同時に、市議会の中でどんな人がどういう理由で否定的な見解をおもちになるかはだいたいわかるような気がします。人事案件を出す立場として、そういう人にはマナーとして、ご本人の賛成反対にかかわらず、やれるだけの誠意を尽くし、そういう人にも理解を求めるのは当然かと思います。確か二人ぐらいには説明しましたので、円満にいきました。

それと、これは本当に失敗をする人が非常に多いと聞いておりましたし、自分でも難しいなと思っていたので、奇策をやるのは、自分でもあまりよくないとは思うのですが一計を案じました。議会の人事案件について関心をもち、なおかつ、ひょっとすると否定的な見解をおもちの議員さんが「助役はどんな人を選ぶの」と、ちょっかいをかけられるのです。そのときに、「部内、部外を含めて慎重に検討してお出しします」と言ったのです。私、そのときは意図的ではなかったのですが、そのかたが「いや、それは内部登用するべきだ」と、「部外」について非常に拒否感をおもちだということがわかった。「いくら知り合いがいるって言ったって、県庁や自治省から連れてくるんじゃ柳井は収まりません」とおっしゃるので、「そのことも含めて検討しようと思う」と言いました。その人は「十中八九、河内山はよそから連れてくる」と思い、拒否感がありましたから、市議会の他の主だった人に、「よそから連れてくるらしい」という話をふれてまわられた。私に近い議員さんも「よそからはまずいよ」と言ったほどです。それで、ある意味ではそれが主要論点になりかけたのです。九月に人事の議案を出すときに、直前に主だった人には「錫本さんを起用しようと思う」と言いましたら、「部外じゃなくて部内登用するなら問題ない」と皆、言ってくれました。

最初は巧まずしてでしたが、途中から巧みました。そういう人事は、失敗しないようにやらないといけない。何らかのかたちで特色ある人が市長になりますと失敗をしていますね。

市長と助役の組み合わせ

――市長と助役の関係について伺います。市長を何期務めるかによって、その組み合わせも変わってくるかと思います。ご自身がお感じになった市長と助役の組み合わせの妙について、もう少しお話しください。

河内山　助役なり副市長の仕事というのは、「トップでなければできないこと以外は、全て同格であるべきだ」、パートナー型ですね。後々、危機管理の話も出てきますが、市政上の重要な課題、危機管理、予算編成も含め、トップとナンバー2が役割分担してはいけない。まさに本当に腹合わせしなければならない。そこがうまく腹合わせできていないと部下も混乱する、議会対応も齟齬が生じます。ですから私は、一期目であろうと二期目、三期目であろうと、トップ側の思いは、パートナー型が一番望ましいと思っている。ただ、だんだん、年齢と関係なしに市長の任期が続いて長くなりますと、どうしてもナンバー2のほうに遠慮が増えてきますので、そこのところはまた上手なトップの立ち振る舞いがあると思うのです。だからパートナー型であり、ナンバー2の助役、副市長のほうから見ると、自分が大番頭だという認識はもってもらわないといけない。

――後に「助役」という名称が「副市長」に変わり、意識が変わったことはありましたか。

河内山　両方で同じ人間で経験してきましたので、さほどの意識は変わりませんが、おそらく、助役側、副市長側であると思います。ナンバー2の側からすれば助役のときのほうが、少し個人商店的な感覚が強い。副市長という名前が醸し出す雰囲気で、少し機能分散的になったかもしれませんね。難しい言い方ですが、助役といったら、家内みたいなところはあります。今は、そんな時代ではありませんが。それは私だけではなく、秘書課の職員の意識も同じでした。例えば宴会をやっても、それからご用納めの後に松山の道後温泉で一泊の懇親会でもしようかみたいなときに、助役さん時代のほうが皆、何となく仲よくやっていました。そういう感じはあります。機能的と言いましたが、何となく雰囲気が変わったのかもしれません。

大卒職員の増加

――錫本さんが大学を卒業して柳井市の職員になられたという話がありました。柳井市でも、大卒の職員の比重が高まってくる時代になったと思います。それをどのように見ていましたか。

河内山　私が市長になった頃は、募集要項でいうと一般行政職というかたちで募集しまして、高卒を否定しているわけではありませんが、基本的には大卒の人しか入ってこなくなった。その前は、全員が高卒の時代、錫本さんが入ってきたときは高卒に混じって一人だけ大卒みたいな時代。それから大卒の比率が増えて、半々になり、七割になると変化していきます。

大きな変化からしますと、大卒の人のほうが地方自治法に基づいて仕事をする、あるいは地方財政法という絶対守るべき一番大事なルールに対する基礎知識が身についていています。それから、土木技術職員でも、高卒で徒弟的に教えてもらうというよりも、基本的な設計図の見方だとか、あるいは発注するときの原価計算であるとかが始めからわかる。基本的なことは踏まえて仕事している人と、その場その場で様々なことを教えてもらって育っていく、そういう差はあります。現場を見ずして図面を見る、あるいは人間の機微に触れずに法律論で喋る。頭から入った地方自治、地方公務員という弊害もあるわけです。市民にとってどっちがより心地いい地方公務員、市役所職員かと言ったら、どちらとも言えないですね。ある部分、理屈が通らなければいけない。ある部分、知情意と言いますが、両方のバランスも必要ですね。

総合農政・社会保障の推進

——一九九四（平成六）年四月に市役所の機構改革が断行されますが、政策に目を向けると総合農政の推進、社会保障の拡充を図る点が強調されています。これについてお話をお聞しください。

河内山　GATT・ウルグアイラウンドの問題、それから、今の言葉でいう地域包括ケア的な医療など、様々な観点から高齢者対策をやらないとならない。すでに地方都市でかなり重要な課題になっていました。市役所の機構でいいますと、花形は商工労働行政。社会福祉関係は地味なところ。もちろん大事だということとは、わかっているのですが。そういうところにいい人材を配置すると同時に、組織もつくらなければならないという気持ちがありました。

総合農政のほうも、農業に関わる行政は今もそうですが、非常に地味でバリエーションがあるわけではなく、中央集権的な要素が非常に強い。なおかつ、市役所だけでは解決できない。JAあり、農地の関係では農業委員会あり。お伺いを立てなければならないところが多過ぎ、総合力はなかなかない。農林水産課の職員でいつの間にか農協の幹部の手足のごとく仕事をする人もいて、あまりよくない。そういう意味では格上げしましょうというので総合農政。それが、機構改革の大きな狙いでした。

——当時、中央では羽田孜さんが総合農政の旗振り役で、総合農政は都市型政治の観点からすると好意的に受けとられました。ですが、地方ではまだ米づくり中心の時代です。総合農政の名のもと、GATT・ウルグアイラウンドなどを経て米の自由化に向かっていく中、「自分たちが切り捨てられる」

と農家に抵抗されることはありましたか。

河内山　農業というのは、個々の熱心な農家ほど実は非常に真面目過ぎる。これは司馬遼太郎さんがよく言われたことですが、「米がいいとなれば、どんな地域でも米をつくることが基本なんだ」と。気候や土地の条件を考えずに、日本国中で米をつくることが農業の基礎。その思い込みが農業にあり、時代を超えて今でもあると思います。

総合農政というのは、「農業は、痩せても枯れても米をつくればいいんだ」という考え方と相容れないところがありました。私も農家や農協の人とも様々な機会に話をしました。最初は若くして市長になり、農家でないから無理解だと思われていました。心の壁がないわけではなかった。ですから、私も膝つき合わせていろいろ話をしました。他の産業、例えば、製造業もそうですが、隣でつくっているものを同じようにつくることは産業としてありえない。柳井市の農業はどうあるべきかといったら、隣町や、東北や新潟のような米どころと同じものをつくったってそれはダメ。「どうやったら自分のところでしかつくれないものを考える」のが、これからの農政。それは後々、花卉栽培の振興にもつながってくるのですが。そういうことが私の頭の中ではある。それを、どうやって具体的にすればいいか。理念としてはわかってもらえるのですが、明日にはどういう動きをする、来年にはどういう政策をとるというのは、このときにはまだ、皆に十分にわかってもらえていたとは思わないです。ただ、そういう問題提起はまずは市役所の職員に、次からＪＡの職員に、それから各農業団体あるいは農業委員会も含めて、主だった幹部には私はもう繰り返し、繰り返しお話をした覚えがあります。

温暖多日照の気候

──『広報 やない』に花が出てきたのがすごく印象的でした。花に目をつけたことについて、もう少し説明してください。

河内山　農業や土地利用型の仕事は、結局、どういうものをつくるのがふさわしいかを考える。どう考えても、気象条件と土地の広さや狭さ、平坦地なのか里山も含めて山がちなところなのか。これらが、農業のかたちを決めていく基礎的な条件です。

柳井市の場合、瀬戸内海沿岸の地域全体がそうなのですが、一つは、温暖多日照という気象条件です。もう一つは、土地利用でいいますと、大規模なほ場、例えば一〇ヘクタールが一枚の農地になることはありえない。広くて一町（九九アール）、普通は五〇アールぐらいなので、土地条件と気象条件を考えると、米には向かない。では、果樹はどうかというと、昔から瀬戸内海寄りのどこの地域でもミカンをつくっています。果樹はミカン、田畑はお米。このように、皆、頭の中が凝り固まっているのです。

気象条件などを考えると、花だと思っていたのです。温暖多日照は花卉栽培に非常に重要で、花はエネルギー多用産業なのです。ビニールハウス、あるいはガラスのハウスで、当時は重油のストーブやボイラーを炊いて暖かくして発芽、あるいは蕾のつくタイミングを変えていく。ですから、温暖なことはコスト削減要素です。多日照は、これはもちろん確実に大事な要素です。何の作物でもそうですが、「日照りに不作なし」で、農業を支える非常に大事な要素です。ですから、「これは花だ」と確信しました。それでよくよく見渡してみると、花のプロフェッショナルが柳井市内にもいるわけです。今も全国の花卉生産団体のトップに立っている星井榮仁《ほしいえいじ》さんが柳井出身で、星井さんはカーネーション農家です。私も親しくなって、花のことをいろいろと研究した。

そして、西日本で最大規模のバラ栽培の団地をつくりました。初期投資を行政も負担するのですが、当事者も負担されるので、経営的にいうと非常にご苦労もされてきましたし、今なお、されています。ですが、熱意と技術と両方でバラの産地になっています。大きな経済規模を花だけで実現するほどではないですが、一定の地位を占めるところまではいけたと思っています。これは、きりのない仕事です。花で成功したからといって次は何をやるのか。それは、またその折々に考えなければいけない。花との関わりでは、そういう経験をしました。

六次産業化の萌芽

――昨今は、六次産業ということが叫ばれています。柳井市では、花を生かした新しい産業は生まれましたか。

河内山　これ、本当に不思議なのです。農家は自分で何かを売ることは、あまり考えていない。各ＪＡをはじめとする系統組織を通じて集荷して、市場にもっていくのです。ですから、花を東京の大田花市場にもっていき、売るところまでの感覚はあまりない。これを農家に求めるのは無理です。花を単体で加工するというのは、他の食べ物と違ってあまりパターンがありません。

柳井市内に山口県では一番大きなお菓子のメーカー、果子乃季さんという会社があり、そこの坪野功《つぼのいさお》社長（当時）が非常に積極果敢で、かなり大きな工場をつくられた。坪野さんは後に観光協会の会長にもなられるのですが、観光商業を提唱された。自分のところの工場をお客さんに見学してもらうのと同時に、大規模な店舗部分を併設する。ですが、お菓子の工場だけでは人は来ない。それで後々、花の公園をつくるのです。農家とコラボレーションもしました。これは六次産業の典型ではないかもしれませんが、花と別の産業という組み合わせで売りだしたことは非常によかった。農業だけではなくて、横展開をした一つの事例だと思います。

水産資源の活用

――柳井市には柳井港があると伺っております。水産資源をどう活用しましたか。

河内山　柳井市の沿岸に好漁場はたくさんあります。流通の問題から魚はどこで水揚げするかで値段が決まるのです。柳井港の魚市場は地場流通のための市場なので、そんなに量は出ていかない。これを何とかしようと思って魚市場の増強計画を立てたのですが、小規模な魚関係、水産関係の卸売屋さんを統合するまではいかなかった。岩国、柳井、田布施、徳山にも市場はあり、非効率なことになってしまいました。

ただ、柳井市の離島で平郡島という島があるのですが、そこの沖合で非常にいいタコが捕れるのです。平郡島の人たちは、昔から海の上を移動するのがそう苦にならないのでしょうね、明石までもっていくのです。明石のタコになると値段が全然違うのです。

また、水産関係でいうと、中国電力の柳井火力発電所がありますので、海水温よりもプラス二度、プラス三度の少し温かい温排水を放流するのです。漁業でいいますと、魚が大きくなり、近寄ってくる要素です。この温排水を何か利活用できないかなと中国電力さんと共同して、高い魚の養殖をやってみました。オコゼってわかりますか。すごく高い魚です。ですが、オコゼって本当に怠け者の魚で。養殖をするプールでも自分の鼻先に餌が来ないと食べないんです。結局、食べてくれないので、養殖は見事に失敗しました。漁業関係の人とは仲よくしてきたのですが、十分な成果が上げられなかったなと。海もあり、山もありというのもそれは地域資源としては非常に大事なものをいただいているという気持ちで、私もいろいろとやろうとしたことは事実です。

「交通まちづくり」

―― 国鉄改革についての話や『広報　やない』での河内山さんの論考から、河内山さんは「交通まちづくり」に力を入れていると感じました。今でこそ、高齢化社会になってお年寄りが車に乗れなくなり、地方でも足として鉄道やバスなど公共交通機関の重要性が見直されています。二〇年先の議論を行っている感じがしました。「交通まちづくり」のビジョンについてお話しください。

河内山　人間は、「オギャー」と生まれて一年ぐらい経ちますと、やっと自分の足で歩けるようになり、自立が始まるわけです。人間が自立できているというのは人間の生存条件であり、健康の条件だと私は思います。もちろん、生まれながらにして障がいのあるかたは、その自立ができるように当然サポートしていくわけですが、健常者のかたの自立をどうサポートするかが非常に大事です。江戸時代ならともかくとして、公共交通機関と自家用車で移動できることが、今や人間の生存条件になっているからです。

なぜ交通移動手段が大事か。公共機関というか公共サービス、それから民間の市街地の都市基盤も、ふんだんに用意できるものではない。逆に言うと、交通移動手段がなくなってしまうと、自分の足では歩けても、自立を妨げることになります。例えば、全国に無医村や無医地区がたくさんある。お医者さんをあまねく配置できるかといったら、これは社会主義の国だってできない。ましてや日本みたいに民間主体で提供するとなると、患者さんがいっぱいいるところで初めて医療機関も成り立つので、結局、無医村や無医地区はこれからもどんどん増えていく。そうすると、「サービスが個人のお宅に近づく」のではなく、「個人を様々な公共的なサービスにアクセス可能にする」意味で、公共交通機関が極めて大事なのです。これが地方都市では、まず国鉄の分割民営化に伴って鉄道が不便になりました。それと結節している乗合自動車、バスも不便になりました。つまり、柳井市も含め地方都市の公共交通機関というのは壊滅的です。

そうすると残された手段は、自家用車で行くか、タクシーを使うこと。これは、両方とも難しくなってくる。高齢化したら運転免許返上しましょうという時代で、自分で動けなくなるのです。かといってタクシーの運賃は高い。そうすると、地方行政の中で難しいのですが、私が当時から言ってきた言葉でいうと、「バスよりも便利で、タクシーよりも安い。そういう公共交通機関を何とか知恵出してつくらなきゃいけない」わけです。今、都市部ではコミュニティーバスが走っている。地方は少し公共交通機関的ですが、自分の住んでいるところまでアクセスしてくれるデマンドタクシー。柳井市もその実験をやろうというところまでで、私の市長の任期が終わりまして、私の後の井原健太郎市長が今、デマンドタクシーを実験的に始めておられます（二〇一三（平成二五）年一〇月一日から「ひづみふれあい号」の運行が開始された）。

繰り返しになりますが、公共交通機関や移動手段を整えるというのは、地方行政で大事なポイントだと思います。それさえあれば、限界集落問題というのは半分は解決できる。不便なところに住んでいるが公共のサービスにアクセス可能という状況があれば、これは安心感につながるわけです。

――一九九〇年代ぐらいですと、まだ路線バスの便数が多かった。また、大家族のため運転できる人が家に多くいました。誰かが運転できないときは、バスを使う、あるいは家庭で交代して送り迎えをしていた時代でした。一九九〇年代に今のようなお話をされても、夢物語のように受け取られたのではないでしょうか。

河内山　一つには、問題意識をおもちのかたは多いのですが、それは民間の話ではないかと。公共ないしは行政というのが、どこまでそういうことに深く関与することができるのか。あるいは、それがいいことなのか。そういう観点をおもちのかたがいました。

それから、もう一つは地方分権とも規制緩和とも関係するのですが、日本の場合は、ある産業を規定する業法の考え方が非常に強い。今の話でいうと、全部、道路運送法です。道路運送法に則って考えると、ある程度の資本も含めて基盤をもっている人が国の決めたルールに従って自分の仕事、生業を行っていくことが前提条件になっています。その能力も基盤もあまりなさそうな人たちが、果たして人を乗せて安全に人を送り迎えできるのか。そういう業法の立場からすると、うかつにそんな人に新しい仕事をさせてはいけない。逆に、規制すべきだという考え方です。

今はずいぶん考え方は変わってきて、ボランティア団体がそういう人を乗せて交通移動支援できるという福祉タクシーができるようになりましたが、「なんでそんなことにチャレンジしようとするのか」と、当時の運輸省はポカンとしている。ですから先見の明はあったのかもしれませんが、皆がそこまで考え方が煮詰まっていなかったという感じはします。

渇水対策

――『山口新聞』や『広報 やない』を見ると、我々の脳裏になかった問題として、渇水対策がありました。一九九四（平成六）年の夏、市長として渇水対策に頭を悩まされたとのことですが、市長として、この問題にどう取り組まれたか、当時の市民生活や農業などに対する影響、教訓などを教えてください。

河内山　私が就任した一九九三（平成五）年は、タイから米を緊急輸入するようなまことに悪天候の年。逆に一九九四年は本当に雨が降らず、影響は様々なところで出てきましたが、最終的に給水制限をして、飲み水はギリギリ何とかなった。一方で、稲作を中心とする農業関係は、完全に田が干上がってしまうという直前までいってしまいました。実は、こういうことに備えて柳井市には石井ダムという県営のダムがありまして、そのダムから様々なところに水を送る途中段階までの灌漑排水事業は終わっていたのです。わかりやすく言うと、かなり大きなトンネルで、ある部分までは水が送れるようになっていたのですが、最終的なリテールサービス（隅々まで水を配るところまでの設備）は、まだでき上がっていなかった。石井ダムから幹線の灌漑排水のパイプができているところから一番渇水で御苦労されているところまで、残り五キロメートルくらいでした。

私には、農業関係者の悲鳴が聞こえてきました。「まことに申し訳ないんだけれども、最終的な部分ができていないから、みんなで水の番もしてもらわないといけない。市のほうで、直径二〇センチメートルくらいの仮設のパイプを道路のわきに敷設していきます。最終的に水が必要なところの山際に大きなため池がありますから、そこに水を入れましょう」と、緊急に手づくり灌漑排水パイプを引いたのです。農業関係者は不平不満を言われるどころか、本当に私に対して手を合わせて感謝してくれたのです。

治山治水といいますが、やはりそれは、時代を超えて大事なことだということがわかりました。

水がないと、本当に精魂込めてつくっていた田んぼが壊滅する。それを悲しむ人たちの顔を思い浮かべると、受益者は少ないし、地元負担も若干かかりますが、急いで灌漑排水事業の最終点まで進めていこうと、翌年以降、市でも予算を組み、国庫事業になりますから農林水産省や山口県にも協力してもらった。そういうことを、かなり急いでやりました。農業関係の補助事業というのは、国二分の一、県四分の一、最終的に市の部分が四分の一。その四分の一のうちさらに、農業関係者の受益者に八分の一、あるいは一六分の一出してもらう。一六分の一出してもらうと、市のほうで一六分の三負担するなど、大まかなルールがあります。地元負担ゼロではないのです。でもさすがに皆さんお困りになったので、それは皆、「負担をしましょう」と、農業関係者が理解をしてくださいましたので、早めにできました。

それから、人間の飲み水も急いでやらないといけない。山口県と広島県の県境に小瀬川という川がありまして、その上流に弥栄ダムがあります。そこのダムから、合併する前の柳井市を中心とする一市九町で、「柳井地域広域水道企業団」を結成して、水を九二キロメートル引いてくる。それから、各地域の末端まで水を引くという、かなり大規模な広域水道事業に着手していました。これも急いでやらないといけないということで、広域水道企業団で、毎年一〇〇億円単位を費やして数か年間事業を行い、一応、完成しました。ただ、水道料金は高くなりましたから、「県のほうも仕事に参加したつもりで応分の負担をしてくれ」とお願いしました。水道料金対策で補助金をいただき今日に至ります。県も財政不如意なので、「減らしてください」などといろいろ言っているみたいです。

地方財政措置制度と「ビールよりも高い水道料金」

――戦後の柳井市における水問題が一九六一（昭和三六）年に出された「全国総合開発計画」のときに解決していれば、もっと工業団地が誘致でき、それに伴って宅地開発なども進展して、人口も高度経済成長期に増えていたかと思います。この問題が持ち越された背景は、どのようなものだったのでしょうか。

河内山　様々な公共事業関係の仕事があるのですが、例えば道路事業というのは地元負担金が結構ある。かなり大規模に公共事業の地元負担分を起債して借金を負担します。この借金を元利償還するときには、国が交付税でかなり応援してくれるのです。「見た目の地元負担率」というよりも、地方行政や地方財政に当たっている側からすると、その地元負担を起債で賄ったときに、それをどうやって地方交付税で負担してくれるか。いわゆる地方財政措置を地方のトップである市長も、当然、財政課長も一生懸命に考えているのです。

そうすると、中長期的に考えると地方財政措置がちゃんとしている事業は意外と早くやるのです。先ほど農業用水の話をしましたが、農業用水は地方財政措置が意外に拡充しています。道路、下水道、漁港もそうです。これらは「意外と負担も大きいが、何とかなるわい」という仕事なのです。

それに比べ水道事業というのは、やや専門的な話になりますが、公共が専ら行っている地方公営企業です。他の地方公営企業は官民とも行うことのできる分野、例えば都営地下鉄、公立の病院。地方公営企業という同じ類型の中に水道が入るのです。例えば、神奈川県はあれだけ豊かなところなのに、市町村が全部バラバラに水道事業をやると相模湖が遠いから難しいということで、あの大横浜市も含めて実は県営水道なのですよね。結局、負担応力というのを高めてやっているわけです。それを山口県の場合、私は市長として、県営水道事業として行うべきだと知事にも申し上げているのですが、隣の市も光地域広域水道企業団がある。これはどうするんですかと県から言われます。そうすると、よその市町村に連鎖していきますので、県は絶対に「市町村の仕事だ」と。水道は市町村の公営企業だから財政的に非常に多額の負担をしてもらわないといけない。基本的には水道料金で賄うべきです。ですが、水道料金は、柳井市みたいなところで大規模事業をやりますと、当時、私が例えでよく言っていたのは、「ビールよ

2004（平成16）年の柳井市施行50周年記念式典の様子

りも高い水道料金になる」のです。そんなことで、負担ができるわけがないじゃないですかという話をしていた。結局、「なぜ、こんなに大切な事業であるにもかかわらず、早めにできなかったか」というと、基本は地方公営企業の財政負担に対する財政措置の薄さです。

「不惑」を迎えた柳井市

――一九九四（平成六）年に柳井市は市制施行四〇年を迎え、記念式典が開催されました。記念式典、政経塾九期生の山井和則さんを招待した記念講演、子ども市議会の開催などについてお話しください。

河内山　四〇年というのは、人間で言えば「不惑」です。まちも四〇年も経てば自分たちのまちはこれで生きていくという「不惑の精神」をもたなければいけない。抽象論ですが、とにかく地域づくりのテーマをトータルでいうと、地方行政がなすべき仕事は、「住んでいる人に真に住みやすいという気持ちをもってもらう。住みよさを追求する」。同時に、人間、衣食が足りているだけではダメなので、「誇りをもてるところに住んでいるんだ」と思ってもらうこと。この両面で今後は目標を立てて、住みよさを追求し誇りをもてる地域づくりを進めていきたいという基本的な精神です。それが四〇周年を迎えたときの私の所感でした。

スウェーデンの事例紹介

河内山　山井君に来てもらったのは、まだ彼が国会議員にはなっていなかったときです。介護保険も始まるずっと前ですが、山井君がスウェーデンで老後の幸せや安心感がどういうところにあるのか自ら体験してきました。高齢社会を迎えようとしている柳井市にとってみると、「どうやって老後の不安を取り除いていけばいいのか」を共に考えましょうということで講演してもらいました。集まってくださったかたは女性が多かったのですが、山井君がスライドを見せながらヨーロッパの事例を紹介して話をしたので、「こういうイメージで今後は老人の拠点施設をつくらないといけませんね」と、大いに盛り上がりました。

また、医師会の先生方にも来てもらいました。いくつかの中核的な後々の在宅介護支援センターの前段として、各地域に特別養護老人ホーム、あるいは老人保健施設があるだけではなくて、少し地域全体でケアの中心になるものが必要ですね、みたいなことは、早めに意識してくださったと思います。介護保険が始まったときにスムーズなスタートが切れたきっかけとして、大いに役に立つ講演だったと思います。

子ども市議会の開催

河内山　子どもの視点で将来を考えていくことは、いつの時代も大切。選挙権の年齢が一八歳に下がりました。子どもも地域の一員として思いを述べていく。それは親御さんからの聞きかじりかもしれないし、大きな夢物語かもしれませんが、いったい全体何を考えているんだろうというのは、やはり大事です。子どもも議場でまことに理路整然として上手な話をする。なおかつ我々市長以下、議場にいる市の担当者も本気で様々なことを話したというのは、非常によかったと思います。

様々な地域で子ども議会や高校生議会をやっています。「議会ごっこ」のそしりは受けるかもしれませんが、その場に立ったことは、子どもにとってみると非常に大きな思い出になります。私も後々、「あのときに子ども市議会に出ました」と、成人式で顔を合わせることがあるわけです。そういうのはよく覚えているんですね。

熊本県小国町・山形県西川町への注目

――『山口新聞』のインタビューでは、豊かな自然と地域資源を活かした住民本位のまちづくりを行っている熊本県および山形県の二つの自治体に注目しておられました。その理由をお聞かせください。

河内山　熊本県の小国町、それから山形県の西川町ですね。当時としては非常に小規模ですが、すでに有名な町でした。取材時に名前は出しませんでしたが、もう一つ注目する自治体がありまして。それは静岡県の掛川市です。榛村純一市長（故人）がユニークだったからです。

地方というのは、地方分権の話をしようが地域主権の話をしようが、どうしても、「あれがない、これがない」という否定のうえに自分たちを描く悪い習慣がありました。この三つの自治体は、「私たちには、こんなにいいものがある」ということを前提にまちづくりをやっているわけです。ですから私も市長として、地域資源というのは単に特産物があるだけではなく、先ほど温暖多日照の話をしましたが、気象条件など自然環境も含めて自分たちのいいところを探さないといけない。ですから、「まちの宝探しをきちんとやろう」と、こういう自治体をお手本の一つとしてあげていました。直接のきっかけは思い出せませんが、そういうことだと思います。

柳井市行政改革推進本部の設置

――一九九五（平成七）年三月二四日に市行政改革推進本部が一〇年ぶりに設置されました。この経緯や改革の方針についてお話しください。

河内山　市長に就任して約一年経ったわけですが、私には単に「小さな政府」をつくるのではなくて、「賢い政府」をつくるためでの行政改革をやりたいという元々の志、素志がありました。

一九九五年の柳井市は財政的には意外と恵まれていました。中国電力の火力発電所がまだ建設途中でした。毎年何らかの施設が稼働し始めますので、固定資産税が増収していきました。まだ余裕のあった時代です。

財政改革というのは、一番いいときに始めないといけない。悪くなってもうこれしか手がないというのでスタートしては愚策なのです。ですので財政改革を始めるなら当時が一番だと感じておりました。「あれも減らす、これも減らす」ということだけではなくて、減らすことと増やすことと両方を考えた。増やすのは、地域を魅力あるものにしようというところ。減らすのは、時代の要請を失ったような事業。関係者には十分な説明を行わないといけませんが、思い切って実行する。それを前提として行革をいよいよ始めました。

柳井金魚ちょうちん祭り

――『山口新聞』や『広報　やない』を見ますと、一九九六（平成八）年に柳井金魚ちょうちん祭り

金魚ちょうちんづくりに勤しむ著者

が開催され、商店街の再活性化が促されたとあります。このお祭りについて、お話しください。

河内山　柳井市を訪れる人から一番評判がいいのは、金魚ちょうちんです。可愛げがあります。それに加えて、元々の成り立ちから、柳井の歴史をよく象徴している面があるのです。江戸時代、柳井の港は北前船の寄港地でした。そうすると、津軽、あるいは松前藩まで行って帰ってくるときに、早い段階から弘前のねぶたのおもちゃがいっぱい入ってきたということですね。私も弘前のねぶた博物館まで見に行きました。金魚ちょうちんのモチーフになったものもありました。ですが、申し訳ないのですが、そこのねぶたの金魚はあまり可愛くないのです。より可愛らしくして、なおかつ、コンパクトにしたのが金魚ちょうちんで、江戸時代から始まっているのです。

　本当は柳井市にも八幡様のお祭りなど伝統的なお祭りもあるのですが、八月の一番暑い時期、旧盆の時期にお祭りをやろうと思ってもちょうどいい行事がない。では、金魚ちょうちんをやろう。きれいだから、中にちゃんと照明も入れていっぱい飾って、それから金魚のねぶたもつくって、新しく始めたお祭りです。そういうものが必要だなと思っている声に応えて始めたお祭りでもあります。時期も非常に恵まれているので、最高の人出は十数万人。人口の四倍ぐらいの人が来てくれた。

今はもう定着したお祭りになりましたが、始める段階では、商店街でも両論ありました。いいと言う人と、そんな一日や二日のためでなくもっと地道なことをするべきだと言う人もいる。花火まで入れると、二〇〇〇万円ぐらいかかるのです。ですが、地域に自慢できるもの、誇りがもてるような要素があるから、いいじゃないかと商店街の青年部の人たち、青年会議所や商工会議所青年部の人たちが一生懸命やってくれた。もう二〇回以上ずっと続けているから定着したなと思います。たくさんのお客さんが来てくれ、ＪＲも臨時列車を走らせてくれます。

金魚ちょうちん祭りの一幕

都市における商店街

──近年、商店街の衰退がニュースになっています。市長になられた当時、柳井市の商店街はどういう状況でしたか。

河内山　元々の実力はあるのですが、商店街に代わってショッピングモールがお客さんの受け皿になってきた。これは全国同じです。ショッピングモールはいいのですが、地域が元気になるためには小規模であっても「自分たちがこのまちの主役だ」と思ってくれる事業者が増えることが大事ではないでしょうか。

従来の仕事で売り上げがあるのに加えて、よそからお客さんが来てくれることによってプラスアルファが生じ、まちが元気になっていく。こういう好循環になりかけているのはあるのですが、全部が全部は成功しません。ですが、何もしなかったのに比べると、やったらやったなりの投資の価値はあると思っています。

最終的には行政がものを売るわけではないので、商いをする人が商いの精神をもって知恵を出さないとうまくいかない。知恵を出している人は成功しています。例えば、文房具屋さんであっても若い後継者。文房具は衰退産業です。どこで買っても同じですが、文房具と同時にここでしか買えないユニークな文房具や民芸品を売ることによって、よそから来てくれる人にとってみると面白いものが買える。そういう展開をしている人は、うまくやっています。旧来の考え方にとどまって、旦那商売をやっている人は難しいです。

――商店街の再活性化に熱心な人に何か特徴はありましたか。

河内山　基本的には複眼的な思考や視点をもっている人が中心になります。こんな手は打てないだろうか、あんなことできないだろうかと考える人です。老舗だが新しいこともやっているお店が一番よい。そのためのきっかけというのは、よそを見ている、あるいは非常に研究熱心なことと思います。やはり、「自分としてどうするか」という戦略をもっている人は、すごいです。

「三割自治」への見解

――『広報 やない』で、東京都武蔵村山市長の志々田浩太郎さん、福岡県八女市長の野田国義さんと共に「青年市長の挑戦」と題した座談会をされ、河内山さんは三割自治を、「財源が三割、仕事が七割」と表現しています。この考え方について教えてください。

河内山　この鼎談は、柳井商工会議所の青年部の人たちが全国の商工会議所青年部の大会を柳井市でやってくれて実現したものです。若い市長が生まれたので、自分たちも人を呼んできて、大いにそういう気概をアピールしようと、企画してくれたのです。

ごくごく普通の人は、地方は国全体の三割の仕事ぐらいしかやっていないと考えがちです。地域の中で一番自信をもって活動していかなければならない商工団体の人たちを前にしたわけですから、あえて檄を飛ばすつもりで話をしました。「三割というのはダメなように聞こえるかもしれないが、国がやっている仕事は、国全体の七割ぐらいカバーしている。国がやっているのは外交や安全保障、度量衡、中央銀行を監督する金融政策などだ」と。地方は国の下請けみたいに思っているかもしれないが、「地方こそが主役で、自分たちが仕事の七割を担っているんだ」ぐらいのつもりで今後は地方が頑張らないといけない。国が言ってくるのを待ちましょう、三割ぐらいしか関与していないみたいなことを、ゆめゆめ考えないようにという意味合いです。

ですから、数字的に正しいという話ではないことは前提として申し上げています。要は、「地方こそが本当は主戦場なんですよ」ということをわかってほしい。そのために基礎自治体がやろうと思ってもできないことは県が応援し、県が応援してもまだ足らない部分は国が応援する。まさに地方分権、地域主権というものの原理原則を考えると、三割自治みたいな弱気な話をしていたらダメだという意味で申し上げた。それはそれでわかってくれた人はいると思います。

「地方政府」の役割

――解釈の問題ですが、地方自治法を読めば、地方自治体にはいろいろなことができる裁量があります。行政学者の村松岐夫先生は、ローカル・ガバメントを「地方政府」と訳しました。地方自治体が行政の活動を活発にしてくれることを、村松先生は願ったのだと思います。

さて「三割自治」という言葉に対して「三割に見合った地方経営をしろ」という意見があります。一方、「頑張っても地方には財源がないのだから、国から補助金を引っ張ってくることが大切だ」という考えもあります。「三割自治」について、もう少し考えをお話しください。

河内山　人間の固定観念を拭い去るのが難しいというのは、あらゆる分野であります。このいわゆる国地方関係というのも、その典型的な例の一つだと思います。私が嫌いな言葉は、三割自治という言葉以外にもいくつかありまして、例えば、末端行政。これは真に自分たちを貶める言葉です。「地方政府」は、末端ではなくてまさに先端なのです。主権者である国民にとってみると、一番身近な、まず初めにお付き合いする先端部です。そこの形を整え、なおかつ成り立つようにすることは、地方行政あるいは地方自治制度というよりも、これは国の基ぐらいだと思わなければいけない。

「地方自治は民主主義の学校」という言葉があります。もう一回、なぜそういうことを言い始めたのかを考えないといけないと思います。その一つが今の三割であり末端の話です。それから行政マンでも議会の人でも指示待ちというか、本当に地域をよくしていこうと思っても、自信喪失している人は、「国はどう言っているんですか」と必ず言うのです。これも嫌いです。国が全て正しいわけではない。

うまく真意が伝わらなかったのですが、麻生太郎さんが総理のときに、定額給付金をやりましたよね。私は、「あれは本当に間違いだ」と、全国市長会の会議のときに申し上げたことがありました。麻生総理からは、「あんなに言うことないじゃないか」と後で怒られたのです。ですが、地方に任せてもらえれば、この巨額の財源を使っていくらでもいい仕事、コストパフォーマンスのいい仕事ができるという気持ちはあるのです。地方が全て正しいとは言いませんが、国が全て正しい、国の言うのを待ちましょうみたいなことは地方自治の破壊につながる。

我々は政府の一員であると同時に、地域の一員でもあるわけです。議員だろうと職員だろうと有権者だろうと、みんな自治の担い手なんだという気持ちをもたない限り、日本の地方自治は変な方向に行ってしまうのではないかという感じがします。

全国市長会

――市長就任後、初めて全国市長会に参加されたときの感想などをお話しください。

河内山　通常毎年六月に、全国市長会の総会が行われます。年によって会場は変わりますが、私の在任中は今はなくなった赤坂プリンスホテルの会議場やニューオータニの会議場、かなり大きな会議場でありました。随行の人も含めると、千数百人の会合。初めて出たときには、「これだけの人たちが集まれば、かなり大きな政治的な力をもつな」という気持ちと、「総会みたいなところでそんな大事な話をしていいの？」、「本当に議論をするという雰囲気ではないな」と、この両面を感じました。

私も長い間市長をやって最後には副会長をやりますので、これは真に強い組織だということは、その後によくわかりました。

――全国市長会を通して築いた人間関係は、席が隣になって話した、あるいは、懇親会でお話ししてすごく息が合ったのでしょうか。

河内山　そうですね。若くして市長をやったのが得だったというのは、みんな、「あんたが河内山さんか」と言ってくれるわけです。年齢など関係なしに頑張っている人はいるのですが、注目をしていただける一人だったというのが非常に嬉しくて。当時の市長会会長や幹部の人も、「とにかく頑張んなさいよ」と。「いろいろな人を自分は知っているから。何か必要があればいくらでも紹介してあげるからね」

と。それから、全国市長会の事務局にもお世話になりましたね。今の総務省で局長をやった後、あるいは消防庁長官をやった後に全国市長会の事務総長として来られます。歴代事務総長はみんな様々な意味で協力してくださった。そういう意味では、私が市長をやって本業の仕事をやりやすくするのにも、市長会のかたがたは応援をしてくださったなと思います。

――外部の人間から見えにくい全国市長会の人事について、お聞かせいただけますか。

河内山　全国市長会のトップから言いますと、会長はその時々によって違いますが、話し合いによって最終的に一人に絞られて、それで総会で承認される形が一つのパターンです。今（二〇一五年）の長岡市長の森民夫さんは四期目に入りますから過去六年間やって、それで今度は七年目に入っているわけです。森さんは、最初のときは選挙だったかもしれませんが、二回目、三回目は無投票です。時折、選挙で決めることはあります。森さんの前が今（二〇一五年）の秋田県知事になっておられる、当時秋田市長の佐竹敬久さん。このときは最終的には佐竹市長と島根県出雲市の西尾理弘市長の一騎打ちになりました。

選挙で決める場合ですが、全国の市長それぞれが一人一票をもって決めるわけではなく、都道府県の会長が一票ずつ支持という形です。都道府県の会長は、自分が一任されて投票する人もいれば、都道府県内の市長会を開いて、もち回り、電話で市長の意向を確認することも両方あります。佐竹市長を選ぶとき、西尾市長はちょっとユニーク過ぎたのか、佐竹さんになりました。そのときは私、全国市長会の副会長ではなくて中国支部の支部長でした。ですから、都道府県会長とブロックの支部長が一票ずつでした。ブロックの支部長のほうは、中国五県のみんなに聞くわけにいきませんので、その前に開かれる中国ブロックの中国支部の総会で一任をもらっています。山口県は意外と真面目に、「自分はこうしようと思うが異論があったら言ってくれ」と会長が言っていましたが、そういう形で会長を選びます。

会長がブロックごとに一人の副会長を指名します。これも各ブロックで決めてくれというところと、会長が一任を受けて指名するところと両方あります。中国ブロックは全国市長会の総会の前に支部の総会をやりますので、皆さんの了解を得て決めますが、選挙をやったことはないです。バランスがとれるように各都道府県の順番で、岡山の次が広島、広島の次が山口、山口の次が島根、島根の次が鳥取みたいな決め方です。私はめぐり合わせが非常によく、中国支部の支部長もやりましたし、次の年には佐竹市長のときに副会長をやらせてもらいました。

都道府県の市長会の会長はどう決めるか。これも選挙で決めるところと、話し合いで決めるところと両方あります。山口県はだいたい話し合いで決めます。ですが、市長になりたてですとわからないこともありますので、そうですね、三期目ぐらいの人からが適齢期みたいな感じです。ですから早く辞めてしまうと役員にならずに終わってしまう。山口県の場合は、旧周防部と旧長門部と両方でバランスを取って順番にやりましょうということになっていました。市長会の都道府県の会長、それから全国の会長はそういう形です。

それ以上に重要なのは、実務部隊。例えば私がやった役職でいうと、国民健康保険対策特別委員長。これはその立場で国の審議会に出ますから、実務家です。そういう立場の人が医療保険にもいる、介護保険にもいる。政府の税調の委員も出しますから税務関係の人もいる。国土審議会の委員もいれば、廃棄物の審議会に出る人もいる。様々な実務部分というのは、全て会長が決めます。ですが、会長も全てわかっているわけではありません。その辺は、事務方と相談しながらです。事務方にもある程度協力してくれる人が望ましいでしょうね。最初から市長会の意向とまったく関係のないパフォーマンスをされては困ります。

ですから、早くに何かの役員に就くと事務方の人も事務総長以下も、「この人だったらよくわかってくれている」、「この人だとちょっとまずい」とだいたいわかります。私も早くして様々な役員をやらせてもらったので、国の審議会や道州制のビジョンの懇談会の委員、青少年問題審議会の委員などいろいろと役職をさせてもらったのはラッキーでした。人事はそういうことで決まるのです。

一九九四年の柳井市議会議員選挙

――一九九四（平成六）年一一月に任期満了に伴う柳井市議会議員選挙が公示され、二二議席を三三人の候補者が争い、上位四人を新人が独占しました。議会との関係に変化がありましたか。

河内山　これで、私の議会内与党というのが確実に過半数を超えました。それまでは野党というほど明確ではありませんが与党ではない、いわゆる、「ゆ党」の議員がたくさんおいでになりました。一九九四年一一月の選挙で上位四人が新人であると同時に、二二議席の過半数が新人になります。ですから、大きく議会の構図、景色が変わりました。

議会が拒否権をもたなくなると、市長にとってみると非常に仕事がやりやすくなる。だからといって、過半数の人たちが全権委任をされるわけではない。それまでと対議会のスタンスが大きく変わったわけではありませんが、安心感は出てきますし、話せばわかってもらえる。確実性が増えてきたのは、市政を推進するうえで非常に追い風になりました。

――これは、河内山さんが若くして当選したことで、「もうあと四年、八年先」が、「今回挑戦してみよう」と候補者に影響を与えたと考えてよろしいですか。

河内山　そうですね。少なくとも新人で当選した七人は、私の選挙を一生懸命ボランティアとして応援されたかたです。政治、地方議会に縁遠かった人が七人も議員になったのです。これは非常に大きい。後に誕生する青島幸男東京都知事や横山ノック大阪府知事の話と関係するのですが、なんとなくプロフェッショナルの人たち、職業政治家、あるいは団体から推薦されている人が普通なんだということから、そうでない人が柳井市においても支持された。何かのきっかけで無党派の人が結集する。何となくみんなで今までにはない動きを起こそうではないかということが、何かのきっかけで起こる。それがより起こりやすいきっかけというのは、首長選挙だと思うのです。青島さんしかりノックさんしかり。一方、東京都議会や大阪府議会の構図がその後大きく変わったわけではありません。特に東京都議会はなかなか。私も何人か存じ上げていますが、強固な、いまどきこんなかたがという強い人もいるわけです。ですから、首長選挙のほうがより変化が起きやすいのですが、柳井の場合はお陰様で市議会のほうも変化を起こしてもらった。これはありがたかったです。

一九九五年の統一地方選挙

――一九九五（平成七）年四月の統一地方選挙で山口県議会議員選挙が行われました。柳井市区では岸田松治さんと長谷川忠男さんとの一騎打ちとなりました。自民対非自民の構図であるにもかかわらず、お互いの支持層が「ねじれた」という報道が散見されました。このあたりのことについてお話しください。

河内山　はい。これは前段としての私と長谷川さんの選挙のときからのしこりが、残っていました。まだ市長選挙から二年後ですから。岸田さんは私が市長になった後に補欠選挙が行われて、四人の選挙になって岸田さんが当選しました。それで、自民党に入党されたということです。

実はその四人が戦ったときに岸田さんに負けた三人のうちのお二人、お名前で言うと、印藤富明さんと二宮勝哉さん。この印藤さんと二宮さんは私の選挙を一生懸命応援してくださったのですが、一本化できずに票が分散してしまいました。私としては、どちらかに一本化して、県議会の補欠選挙も私に近いかたが当選されればよかったなと思ったのですが、それはなかなかご本人たちがお話し合いをして決められるような状況ではなくなっていました。票が分散したため岸田さんが当選した。ですから、岸田さんと私の関係は、最初からスムーズであったわけではありませんが、県議会議員になれば私も筋道通してお付き合いしますし、岸田さんもいろいろご不満もあるかもしれませんが、だんだんと折り合ってきた。それで、一九九三年から一九九五年まで二年間経過します。

私と長谷川さんは一騎打ちで戦った関係ですので、私の支持者の大半は岸田さんと仲がいいわけではありませんが、大半は岸田さんのほうへいく。長谷川さんを元々応援されていた人の中にも自民党の佐藤派の間では、様々な軋轢が生まれてしまったので、そういう人たちも岸田さんのほうにいく。逆に、元々岸田さんに近かった山口県二区でいう吹田さんの系列のかたは長谷川さんのほうへいく。一方が右にいけば一方が左にいくという、この山口県、とりわけ柳井を取り巻く保守政治の二大潮流である旧岸系、旧佐藤系の因縁がこのままこの県議選にもち込まれた。それを総称して、「ねじれ」と。これもう本当に因縁の対決です。

この岸田さんと長谷川さんは実は同い歳で、二人とも高校時代にレスリングをやって国体の代表選手になるような間柄です。岸田さんはレスリングを一生懸命やるために東京農業大学に進学、長谷川さんはオリンピックを目指して明治大学に進学。非常に濃い人間関係であり、だからこそ非常に相入れない部分がずっと残っている。一時期、長谷川さんも岸田さんも柳井市議会の議員で議席をお互いにもっておられたこともありまして、そのときの様々な逸話を聞きますと、とにかく何の問題でも長谷川さんのほうは顔に出して反対される。岸田さんのほうは鷹揚に構えていますが、決して一緒に行動を取るわけではない。結果が出れば、私はどちらでもお付き合いをするつもりですが。このどちらも両方おいでになるときが板挟みになって難しかったというのが、今なお非常によくない記憶です。

「政界再編」と柳井市

——一九九四（平成六）年六月、自民党が社会党の村山富市さんを担いで政権に復帰しました。「政界再編」期の中央政界の動向を、柳井からどのように見ていましたか。

河内山　自分が当選したときの大きな機運というのは、細川内閣が生まれる前後の自民党に対する何とも言えぬ反発。これは全国に蔓延していて、細川内閣ができた。ただ、細川総理の突然の退陣から始まり、当時の与党内の連携が非常に脆い。何度か選挙を繰り返せばまた変わったかもしれません。これは後々の民主党政権とも同じです。極めて短期間で細川内閣が終わってしまい、なおかつ重要なテーマがたくさんあるにもかかわらず大半が頓挫した。細川総理個人に恨みはありませんが、政治状況からすると決めるべきことを決めて、やるべきことをやって退陣されるならともかく、まことに中途半端な形でした。その後羽田内閣ができますが、これもすぐに瓦解する。当時の自民党はとにかく与党になるチャンスをずっとうかがっていた。それで細川・羽田内閣の与党グループの中の不仲が見事に表面化し、当時は亀井静香さんや野中広務さんなどがとにかく全力をあげて「政権復帰」をやられた。

市政とは関係ない部分もたくさんありますが、私の一番の印象は、「せっかくいい形ができかけていたのに」というものです。自分もどちらかというとシンパシーを感じている細川内閣が瓦解して寂しかった。同時に、私の知り合いもたくさん国政に関与をし始めていますから、その人たちが路頭に迷うのは大変だなと感じました。

ですが、村山内閣ができてしばらく経つと実力者が入閣した。細川・羽田内閣の不安定性、アマチュアリズムみたいなものを超えてやらなければならないという強い決意が見られたので、村山内閣に対する反発はまったくない。村山内閣は大変難しいが頑張ってほしいと思っていました。あと首相のキャラクターも非常に好々爺で。

――元滋賀県知事の武村正義さんに対する期待はありましたか。

河内山　私が初当選したときに、「河内山さん、市長という仕事が一番楽しいんだから、いろんなお誘いはあるだろうけども頑張って。あんまり右往左往せずに市長続けなさいよ」と武村さんからお言葉をいただきました。武村さんは県知事になって国会議員になった。知事のときはまだ感じなかったですが、国会議員になって議員会館に入ると、中央省庁にいたので土地勘はあるが、なんとも国会議員というのは本当に一人ぼっちで真に力の弱い存在になる。これでいったいどんな仕事ができるんだろうと思うぐらい寂しいというか力不足を感じたそうです。

「オルタナティブ」としての松下政経塾

――一九九三年七月の総選挙で前原誠司さんも当選しました。一九九四年から一九九六年にかけては新進党の結成、第一次民主党の結成など、自民党に代わる受け皿、オルタナティブを求める動きが高まってきた時期です。前原さんたちのように、政経塾のＯＢたちがこのオルタナティブの担い手として政界に進出されたことの意味を、どのように考えましたか。

河内山　選挙というのは、本当は本人の実力や本人がどれだけ頑張ったかには関係ない。何ともいえない時代の後押しがある人。時の運と地の利も大事ですが、特に時代が求めているときにたまたま候補者になる。そういう運がある人とない人とがあるのです。

名前が出た前原君、他にも野田さん、山田宏君、玄葉光一郎君。様々な人たちが、最初の段階で順風を受けた、政治の世界に入るきっかけを与えてもらったというのは、この時代に感謝しなければいけない。私自身もそうです。時代がちょっと違ったら無理だということが世の中にはあるのですが、今名前を出しましたみんなもそうです。中選挙区選挙で一度当選して前職あるいは現職として選挙をやるのと、小選挙区選挙が数回あって固定化されてそこに入っていけるかどうかというのを比べると、新規参入の容易さという面では雲泥の差があります。ちょっと言い方は悪いのですが、混乱期というのは新人にとってみると絶対的な追い風。だからそこでちゃんとやっていけば、勝ち続けるというか生き残ることができる。そこでただの一回運がよくてという人も、もちろんいます。

政経塾の塾生たちが、この時期とそれから今度はやっぱり自民党が野党に転じて、どちらかといったら候補者が薄くなったときに自民党の候補者になった人もいる。これはやっぱり二大チャンス。ですから政経塾は人材供給をずっとやり続けているのですが、普通の製造工場と違って必ず結果が出るものでもない。かといって努力をいつもしないと結果が出るわけがないという意味では、難しい立ち位置です。そういうことを私もやや離れた立場から、ずっと見続けてきました。

阪神・淡路大震災

――一九九五年は一月に阪神・淡路大震災、三月には地下鉄サリン事件という非常に忌まわしい災害、事件が起こり、国民の間で危機管理という言葉が広まった時期です。市長として、柳井市の危機管理について何か考えをまとめましたか。

河内山　まず地震のほうから申し上げます。一月一七日朝五時過ぎですが、柳井においても家が軋むぐらいの揺れ、強い地震で当然のことながら飛び起きてテレビをつけた。これはもう日本中がそうでしたが、朝の段階では状況があまりはっきりしない。非常に強い地震が関西で起こったが、詳細がわからない。結局、人間というのは何かの画像が入ってくると被害の大きさが実感できるのですが、あのときはテレビつけても状況がよくわからない。そのうち市役所の総務の担当職員が、柳井市内の状況については電話してきました。「目下のところ被害が発生したという連絡は入っていません。今日は予定どおりお出かけください」。これは当時の総務課長です。危機管理意識からするとまことに、非常に薄いことです。総務課長だけでなく、私も薄いのです。一月一七日は東広島市のある古墳の公園の復元現場を見学させてもらう予定で、朝一番で市役所には出ずにそのまま公用車で東広島市に行くことになっていました。柳井市から一一〇キロぐらいの場所ですが、高速道路に乗って山陽自動車道に乗って出かけるというのが当日のスケジュールです。とにかく大変な状況になっているとラジオでずっと聞いているのですが、もう落ち着くというので、東広島の郊外まで行きました。それで担当の向こうの教育委員会の人から報告を聞きました。じゃあ本日は大変な状況なのですぐ帰りますと、着いてからものの一〇分して取って返しました。

それで市役所に戻ったのが午前一一時半ぐらい。市長室に入りテレビをつけたら、とても大変なことが起こっていた。そこから様々なことが始まるわけです。一つには余震、余震プラスアルファみたいなことで影響があるかないかという確認で気象庁の情報を取れと。それから二つ目は、山陽自動車道を帰る途中、上り車線は警察、消防、自衛隊車両がどんどん東上中。ですから、柳井市として被災地のために何ができるのか検討する。ですが、伝えられる情報では、岡山県から兵庫県に入ったあたりぐらいで緊急車両も中に入れない状況という。あるいは規制があるので入れませんという。車を出して応援に行くのは当面無理だから、何ができるかとにかく考えようとなりました。

日本人って、優しいといえば優しいのですね。市民が自発的に市役所のロビーなどに、食べ物、トイレットペーパー、ブルーシート、水、それから洋服、寒い時期ですから毛布、いっぱいもって来られた。ですから、市役所の一階は市民がもってきてくれたものをどこにまず置くか、保管するか、どうやって整理するかで、大騒ぎしているのです。預かった以上はもって行かなければいけない、だが、どうやってもって行くか。市役所のある職員が、「大島商船高等専門学校に練習船があるはずだから、船でもって行けるよう、その学校と掛け合ったらどうだ」と。それで教育長に、大島商船の校長先生に電話してそういうことができるかどうか聞いてもらい、それですぐさま大島商船の校長先生も、「わかりました、練習船出すようにします」と。それで、「何月何日に出航予定で、それまでに積み込める量はこれぐらいです」、「学校の倉庫までもってきてくださるように手配しましょう。ただ、向こうにもって行くのに人手が何人か必要です。市役所の人も何人かお手伝いで乗っていただけますか」とやり取りをして、当時の総務課の職員他四人ぐらい選抜し、「すまないけど出かけてくれ」と、行ってもらったのが一七日から一九日ぐらいにかけての行動です。

そういうときに大騒ぎするのが好きな人もいます。市議会議員で「柳井市の危機管理がなってない」と怒鳴り込んでくる人もいた。直接被害はないのですが、あっちこっちで何をやるべきかとか、何の応援をしなければいけないかみたいなことを、一生懸命様々な立場の人が右往左往してやっていました。当時としては、村山総理も反省されましたが、私もまことに反省することが多々ありました。危機管理というのはちゃんとやっていかなきゃいけないと、大いに警鐘を鳴らしてくれました。

後のことですが、二〇〇一（平成一三）年には、柳井市で震度五強を記録した芸予地震という広島県沖を震源とする地震が起こった。このときは土曜日の午後三時半ぐらいが地震発生時刻ですが、私が三〇分後ぐらいに登庁しましたら職員は六割方登庁していました。それから地上にいたら情報がわからないということで、その後海上自衛隊の岩国基地の、対潜哨戒機部隊がいますからそこの基地の知り合いに頼みました。「もしものときにはホットラインでいろいろなことを教えてください」と、これはもう個人的関係という要素が強いのですが、基地の知り合いは歴代にわたって引き継ぎをしてくれていまして、お互い災害時に途絶しない携帯電話をもっています。通話もできない状態であっても、市長のもっている携帯電話も基地司令がもっている電話も別立てのSIMカードを入れていますので電話がかかります。芸予地震のときにはすぐさま教えてくれました。飛行機を飛ばしてみましたが、橋梁、堤防、ダムの決壊、あるいは大きな山崩れなどは見られません。屋根が市街地のある部分で、一列にずっと屋根がずり落ちているなど崩れているところがありますので、そこだけはご留意くださいみたいなことで情報を教えてくれました。

危機管理は、何かあってからでは遅いのですが、何かないと危機管理の体制がなかなかできない。一九九五年一月一七日の教訓というものは、その後の一四年間の市長生活に非常に大きな教訓をもたらしました。その翌日から、枕元には防災服と靴、それからもろもろの物を全部置いて休む。出張以外のときはそれが一四年間続きましたから、教訓をいろいろ得た。職員の自主的な参集の訓練も繰り返し行い、いざというときには無力になるものがいっぱいあるから、前述の公共交通の逆で、とにかく足だけで、自転車だけで登庁する人はそうしろという話。そういうこともやりました。

地下鉄サリン事件

河内山　サリンのときは、自然災害とはまた別問題でしたね。事件の後、あまり大きな声で言える話ではありませんが、警察関係者から「○○さんの息子さんがオウム真理教の信者ではないかという情報があるので、一応市長にはお伝えします」という話がありました。それまでにないような国家を震撼させた、特に治安機構を震撼させる事件だった。これは地方自治の仕事というよりも、警察が一番敏感に反応された。その後、国松孝次警察庁長官が狙撃される事件もありましたから、治安の関係者が一番、自分たちのプライドを傷つけられるような事件だとも思いました。その後は、警察関係者の人がそういう感覚で今度の事件をとらえていることがよくわかりました。特にそれで地方自治体がどうのこうのというのは、遠くの話だという感じです。地震のほうは、大変に大きな影響を自分自身の生活にも、それから行政分野にも影響を与えたということでした。

第4章　市長時代――第二期

内発的なまちづくり

――二期目（一九九七～二〇〇一年）について伺います。「安心してくらせるまちづくり」、「交流の進むまちづくり」、「住みたくなるまちの基盤づくり」という方針についてお話しください。

河内山　こういう三項目につきましても、後ほど出てくるいくつかの政策の整理として、一本に突き刺すような形で、お話をしたいと思います。

私の市長時代に地域社会には人口減少の傾向が出てきたため、「何とかしなければならない」ということになりました。そうすると政策や市政の大方針は「誘致型」になりがちです。そういう発想になると、どうしても中央依存、自分たちの内発のものよりも誘致のものの価値を重んじていく発想が出てくる。私は、徹底して「それは、違う」という立場で市政を運営してきました。もっとも、これは原則論ですので、誘致を完全に否定しているわけではありません。最終的には内発的で、自分たちの価値を高めていくことに皆が軸足を置かないと、地域社会の人口減少や活力不足の根本的な解決はないということです。

「交流の進むまちづくり」、「住みたくなるまちの基盤づくり」、その前提としての「安心してくらせるまちづくり」にしましても、他者はどうあれ自分たちは自分たちのコミュニティー、つまり、市をどういうレベルにもっていくべきか。今住んでいる人、今生きている人の目線で、まちの姿や形、そして目指すべき方向を考えていこう。したがって、うまくいっているかいないかの物差しは、「住みよさ」と「安心」です。『論語』に「近き者説《よろこ》べば、遠き者来る」とあります。住んでいる人が喜ばないと交流も進まない。そういう観点で方針を考える。基本的な精神は同じです。

それと同時に、行政サービスを享受するだけで生きているわけではありません。「住みよさ」と共に「誇りのもてる地域」であることも必要です。物心両面で、安心感なり自分たちの誇りというものの両立を目指していこう。これが、一期目だろうと二期目だろうと変わらぬ方針で、この三つを掲げました。

――「安心してくらせるまちづくり」は、阪神・淡路大震災の影響でしょうか。

河内山　そうですね。阪神・淡路大震災は市長や行政関係者、市民に対し、「未曽有のことは起こる」という教訓をいつも頭のどこかに留めておかなければならないことを教えてくれました。施策がどんなにうまくいっていても、ダムの決壊のごとく安心感が崩れますと、市長の評価も行政の評価もまったく灰燼に帰します。安心感を高めなければならない。これは、あの地震、災害の教訓です。

――ここでいう「交流」とは、どことの交流を指しているのでしょうか。

河内山　先ほどの「近き者説べば、遠き者来る」でいいますと、今もそうですがインバウンドや観光です。交流人口を拡大するのが、これからの地方都市の一つの目指すべき方向だというのが主眼です。あとは、「交流人口を拡大させて、地域経済を活性させよう」ということです。誘致と思われるかもしれませんが、基本的に誘致は企業が一度きてくれたらそれで終わり。ですが、交流人口は、常日頃から地域を磨いていかないとお客さんは続けてきてはくれません。非常に息の長いことです。
地域づくりの関係ですと、永続的な運動をやることは地域づくりの一大テーマになりうるのです。企業誘致は用地を開発して、税制を含めた何らかの誘導政策をとり、インフラを整備する。ですので開発の主役はどうしても事業者主体であり、行政主体になるのです。一方、「交流の進むまちづくり」は、観光業に関わっている人だけでは成り立ちません。昔から人が集まるのは、伊勢や善光寺のように門前です。その門前の中心にあるものは地域の価値。尊崇することも、愛でることも含みます。そういうものの価値をつくっていくことが前提です。大きな地域運動は、誘致よりは内発的だと考えます。

——「住みたくなるまちの基盤づくり」で、今までの市政と異なる工夫やポイントはありますか。

河内山　市長に就任したときに、柳井市の下水道普及率はゼロでした。瀬戸内海の風光明媚なところに位置している地域であり、農林水産業、特に水と関わって命を育んで、良好な環境で農業や林業、水産業のための水を再生産しているのに、人為的に考えられる最低限のインフラがまったく整っていない。下水道普及率ゼロは早く脱しなければならない。市長時代にスピードを上げてやったのは公共下水道と農村部の農業集落排水事業です。両方とも、かなり有利な起債を長期間で償還するので、水道に比べると相当な財政的なバックアップとなるのです。

——トイレ掃除が楽になったなど、思わぬ形での感謝を風の噂で耳にしましたか。

河内山　農業集落排水事業をやりましたら、農村部の水質があっという間に改善されたのです。ホタルが復活しました。それから、昔は川でいっぱい見たような小さな川魚や川エビが復活した。生活排水の悪影響が、整備するとよくわかります。

当時、都会暮らしをした若いかたが田舎に帰って不満に思っていたことは、交通が不便なことと生活環境周りの後進性でしたね。それから、テレビのチャンネル数が少ないこと。これらは非常に重要な生活インフラです。そこが改善されることは、定住政策を取るうえで非常に大事だと様々な人からお褒めの言葉をもらいました。

「START21」

――一九九七（平成九）年一月二六日に無投票再選を果たされたときの選挙公約で「START21」（住みやすさ、楽しさ、安心・安全、利便性、たくましさ）という基本理念を掲げました。この理念についてお話しください。

河内山　二期目は対抗馬は出ないという感じで、議会の中にそんなに反対する人も少ない。楽な選挙ができるという空気が、後援会の選挙に詳しい人たちの中に広がっていました。一方で、後援会の主立ったかたがたは市長として何を行うかが大事と考えていました。いったい何をもって政策の方向性として訴えるか、私も含めて様々な議論を積み重ねました。

一つには、二一世紀の始まりという意味があります。二一世紀の始まりに関わり、私の施策の体系を整理してみよう。ちょっと言葉遊び的ですが、二一世紀のSTART、始まりであると同時に、いわゆる日頃から言っていることを頭文字をとって連ねてみると、たまたまSTARTになった。

楽しさ、たくましさは少し違います。たくましさのほうから話をしますと、商工会議所はじめ経済界の人たちは「地域の活性化は何をもってやろうとしているのか。もう一回クリアにしてほしい」と考える。誘致の時代に代わるものは何なのか。たくましい地域経済は何をもって実現するのかというのが、この最後のたくましさです。

楽しさというのは、人口定住対策として下水道の整備や道路環境の整備などをやりますが、「もう少し華のあることをやってくれ」ということです。後援会で議論をすると、この二つのＴについては、「これは少し薄いんじゃないか」という意見がありました。ですが、市政は総合行政ですから、トータルでそういうことを一生懸命に考えるべきではないかとまとまりました。

楽しさ、たくましさはすぐさまできるわけではなく、三期目、四期目で花開いてくることもあるのです。例えば楽しさ。農業振興といって農家の人たちがありがたいと思うだけではダメ。市民にとって夢のある農業振興はないのかということで、「やまぐちフラワーランド」の建設という話が出てくるのです。先ほど言いましたように、テレビのチャンネル数についても希望が多い。これは生活の基盤ですが、ちょっと余暇の部分でもあります。その頃はＩＴと言わずにニューメディアと言いましたが、ケーブルテレビなどのニューメディアに一生懸命に取り組むべきではないかということで、これもいずれ、花開くわけです。

たくましさのほうは、さらに交流人口の拡大を図ることから考えました。一期目では観光振興について、さらにインフラ、都市計画道路を整備中でした。二期目から三期目にかけてまち並みが一新するくらいのまち並み整備も行ったわけです。

地域経済に関すること、それから、人間の生きる喜び、生きる楽しさについて、真面目な市政だけではダメで、「華があることをやるんだ」ということで、「住みやすさ、安心、安全、利便性」という従来からのものにそれらが加わったのです。

――市民は、楽しさ、たくましさというスローガンをどう受け止めましたか。

河内山　市長というのは当選して市政を行い、次の選挙で無投票になりますと、応援してくれた人とそうでもない人とが混然一体となるのです。そうすると、「元々、この人は私を支持してくれているわけではない」という人も当然のことながら市民ですから、有権者として主権者として納税者として、もの申されるわけです。そういうかたは、私の施策の足らざるところについては、非常に期待感があるわけです。ご商売されているかたからすると、「当座、生業にプラスになることをやってもらわないと。自分たちも税金を払っているのだし」と、短期の市政からの恩恵を求められます。私の二期目は無投票でしたが、楽しさ、たくましい地域経済、そういうことを掲げたことについては、市民の外周部のかたは非常に支持をしてくれました。ですが、選挙というのは難しくて。一期目のときにもありましたが、そういうかたが支持者に変わっていくと、反対派から支持派へその逆もありますが、振り替わりが出てくるのですね。

これは本当に、難しいところです。選挙をやる人間は、ある意味では割り切らないといけない。極端な例で申し上げますと、明らかに反対派の中心におられた人が、ある時期から本当にもう、昔からの一番の支持者のような物言いをされるようになるわけです。市政というのは総合的です。これは悪口ではなく、今まで様々な事情があったが、旗幟を鮮明にする大義名分をみんな求められておられるのです。

ですから、結局施策を広げれば広げるほど曖昧になってくるのですが、どこかで、私の言っていることに対して「こういうことだからいいんだ」、「こうだから応援するんだ」「こうだから以前と違って支持するようになったんだ」というきっかけが必要です。そういった意味では「ＳＴＡＲＴ21」を掲げたので、オール柳井体制、オール与党的な体制になったのかなと思います。

「やない21世紀プラン（第三次柳井市総合計画）」

――二〇〇〇（平成一二）年度より、事務事業を評価する仕組みづくりに取り組まれ、「やない21世紀プラン（第三次柳井市総合計画）」を策定します。そのプランで、「ひと・まち・自然の元気都市」という都市像を提示しました。市民の反響はどうでしたか。

河内山　総合計画をどのような形で掲げるかは、行政内部的、あるいは対議会的、行政のプロフェッショナル的な話です。ですので、市民からは事務事業への評価をしてもらうことにしました。今もそうですが、行政はやり始めたらなかなか止まらない。それから、やったことの決着が明々白々に示されない。そのため、事務事業の評価について、お手盛りではなくて第三者的、客観的に物差しをつけていくことをやり始めたことについては、市民の評価は高かったと思います。

総合計画づくりの手法の話ですが、私にはこだわりが二、三ありました。一つは外部のコンサルタントに頼らない。自治体の職員は、縦割り、個別具体的なことについては自分なりのものの見方や考え方がありますし、勉強します。一方、総合的に絵を描くことには慣れていないのです。それでも一つのこだわりとして、コンサルタントは使わない。それでどうしたかというと、自分たちの言葉、自分たちの手や足を動かし、自分の目で見て、自分の手で触って、それから自分の足で歩く。それで総合計画をつくろうということで始めました。

あと一つ、市が直面する様々な実態を認めたうえで、人口減少も前提として計画づくりをやる。当時、人口減少を前提にして計画をつくるところはなかった。

それから、地方都市は今もそうですが、とにかく元気がない。人も、まちも、自然も、放っておくと健康状態が悪くなる。とにかく「元気」をキーワードにしよう。「元気」というのは、使っているようですが、行政のプランで当時はまだどこも使っていませんでした。

今はいっぱい使っています。元気でないことがわかりましたから。言霊の国ですから、「元気都市にする」と言ったら「元気がないんですか」と逆質問される。みんな、何となく感触のよい言葉を使いがちですので、元気都市という言葉を使うこと自体、勇気がいることでした。それが私のこだわりです。

世代と職員採用試験の変化

――事務事業を評価する仕組みづくりなどは、上の世代にはそもそも発想自体ありえない話だと思います。大学で政治学を学んだ若い世代は、行政学や地方自治の先生たちからこうしたことを教わっている時期だと思います。職員の中で、世代による受け取り方の違いはありましたか。

河内山　これは地方公務員のキャリアというものが、「ある部分での非常に狭い部分を担当していけばいい」という人の採用の仕方から、「大学を出て総合的にものを見られる人」という採用に対象を変えたことが関係しています。市が変えたのではなくて、みんなが大学に行くようになったためでもあります。昔の、「民間企業よりは安定しているし役場に就職するか」という時代に比べますと、「自分がこういう勉強をしたから、市役所で仕事がしたい」という、公務員の目的意識、採用・就職の動機には明らかに変化があります。世代間の差は、明々白々とあります。優秀で、本当に「そういうものがやりたくて市役所にきました」と私に言ってくる人もいました。ですから、若くても登用してそういう仕事に就いてもらった人も、何人かいます。

――一九九〇年代前半にバブルが崩壊し、若者たちの就職難が言われるにつれて、公務員人気が上がる。言葉は悪いのですが「公務員たたき」が本格化する前です。合格者のレベルが一九九〇年代後半に急激に上がっていく時代だったと思います。

河内山　そうですね。「こういう立派な大学に行っていて、市役所の採用試験を受けてくれるのか」という人は、増えていきました。毎年採用試験をやりますと採用されるかされないかは別として、まったく柳井市と無関係で「どういう市政をやっているのか」という情報を得て採用試験を受ける人が、ポツポツと出始めた。男性に限らず女性もです。大きな変化でしたね。これもある意味、結局内発型な地域づくりをやっていくと無関係な人でも関心をもってくれるという一つの事例だと思います。

山東省への訪問

――少し時間を戻します。一九九七（平成九）年一〇月に中国の山東省を訪問しています。山東省を訪問した経緯や、当時の思い出をお聞かせください。

河内山　中国との付き合いは、以前お話ししたように政経塾時代に始まります。一九八四（昭和五九）年のことです。野田さんや近藤康夫さん、横田光弘さん、田近秀敏さんなどと五人で中国に行きました。日本においても言い分はありますが、歴史認識の問題でいうと、やはり償わなければならない歴史というのが当然あるお隣の国ですから、市長としてよりも一個人として、日中間の健全な友好関係を築いていかなければならないという強い気持ちをもっていました。

実は一九九七年一〇月に山東省に行く前、安徽省のあるかたから「中日関係についてのスピーチをしてほしい」と招待を受け、安徽師範大学に伺いました。「地方政府というのはどういう運営の仕方をしているのか」を、研修のような形で、学生というより主に研究者や先生がたにレクチャーしてほしいと依頼されました。安徽省の安徽師範大学はどちらかというと地方公務員を養成するための学校で、そこの政治学科に招かれたのです。私の話がよかったのかどうかわかりませんが、中国では党の書記が大学にいますから、即座に、「今後も定期的に大学を訪ねていただけるのであれば、客座（客員）教授になってほしい」と。別にお断りすることはないので「わかりました」と言いました。お話をして三泊四日ほどいたのですが、帰る前に「午前中に大学の学長室にきてほしい」と。ごあいさつでもあるのだろうということで行きましたら、客座教授任命式がございまして（笑）。

「こんなに簡単に決めていいのかな」と思いましたが、むしろ光栄なことで、その後、なかなかチャンスがなくて二回ぐらいしか行けなかったのですが、そういう関係が中国の安徽省とできていました。安徽省は胡錦濤さんの出身地です。中国の次世代のリーダーになるだろうとの呼び声が高く、政治的に非常に注目されていました。そういうことで、安徽省とつながりをもつことは悪いことではないと思っていました。そこが前段です。

さて、我が柳井市および柳井市周辺にあります大晃機械工業さんは特殊なポンプをつくっている会社です。この会社がいち早く中国の機械電子工業部（日本の経産省相当）のハイレベルな誘致の対象となった。ポンプというのは本当に幅広くて、水のポンプもあれば穀物、産業廃棄物、それから工場の排気ガスを漏らさずに、なおかつ精巧に送り出すものもあります。地味ですが重要な機械です。それで、中国の機械電子工業部ですから、国務院が指定する特別誘致企業として山東省、それから湖南省の南沙に工場を建てたらどうかというお誘いを受けていたのです。創業者である木村貞明さんという会長から、「市長、できれば今からご縁ができる山東省と仲よくしてほしい」と言われました。今はそんなことはなくなりましたが、一九九〇年代時点でいうと、向こうの地方政府や自治体との関係が前提条件としてあり、そのうえで合弁企業の設立協定を結ぶ。市と省の関係、信頼関係があって経済関係が円滑にいくのですね。それで、一九九七年一〇月に中国を訪問することになりました。

2004（平成16）年５月14日に中国山東省の章丘市との姉妹（友好）都市提携に臨む著者

地元の企業が他国から有益な便宜を受けられることのお役に立てるなら、当然、市長としてお手伝いしないといけないということで山東省を訪問しました。何しろ国務院マターです。北京に着きましたら、北京の公安局の人が先導車にパトカーをつけてくれて、向こうの政府の幹部の人がずっと、北京から山東省まで、フルアテンドしてくれたのです。今では考えられませんが、「時間があるから例えば天安門広場をご覧になりたいですか」と言うから、「ぜひお願いします」と言ったら、天安門広場のど真ん中まで車で案内してくれた。人を招く外交の上手な国、外交というよりは応接の国ですから。ずいぶん、大事にしてくれました。

工場を建てられる予定地は、済南です。済南から分離して新しく章丘という自治体をつくられて、そこはいわゆる山東省の経済特区であり、済南の空港に直結したところですから、交通も至便です。非常にいい場所に工場をつくられた。初めて訪問したときは、これから開発するということで一面畑でした。見渡す限り長ネギ。それこそ北京ダックには必ずネギが付き物ですが、生で食べられるのですね。立派なネギを生産する純然たる農業地帯。山東省の幹部も、済南市の幹部も、新しくできた章丘というところの市長も、非常に素朴なかたばかり。元々山東省は山口県と姉妹（友好）省県で、その関係もあり山口県のことはよくご存じでした。それが後々、二〇〇四（平成一六）年に章丘というところと柳井市が姉妹（友好）都市縁組をすることにつながるのです。

章丘市というのは、黄河文明の一世代前の竜山文明という黒い薄い陶器が特徴的。黄河のほとりですから、早くから文明が開かれた地域です。田舎ですが、黄河文明を顧みられる非常に素晴らしい遺跡もあります。もう誰もあまり大事にしていないのですが、埃を被ったような博物館もあります。実際は数千年前のものを展示しているのです。素晴らしいものを展示してあるのですが、外国人も来なければ北京から要人も来ないので、文化財に関しては非常にもったいないことをやっているなと感じました。掘っ立て小屋みたいな博物館に放置され、埃だらけで展示してあって、このままでいいのかなと思うくらいに、いいものもあったのです。「これ、立派ですね」と言いましたら、向こうの市長が「お持ち帰りいただいてもいいですよ」と（笑）。それはさすがに、ご辞退させていただきましたが、素朴な人たちという印象です。

あと、今はそんな人はだんだんいなくなりましたが、農村出身の中国共産党の地方幹部。私は言葉がわかりませんが、通訳の人からすると「山東省訛りがひどくて北京の言葉と違い過ぎて、通訳が難しいです」という人がいました。歓待を受けたということを割り引いても、非常によい印象で訪問させていただきました。その合弁企業は、今も隆々たる発展をされています。

文化行政

――一九九八（平成一〇）年の年頭あいさつでは市内にある茶臼山古墳の復元についてお話ししています。同じ年に奈良県天理市黒塚古墳で三角縁神獣鏡が発見され、また、奈良県の明日香村にあるキトラ古墳では東アジア最古の天文図が発見されるなど、一九九八年は考古学が話題となり文化行政への関心が高まっていた時期です。そこで、文化行政に対する考えを教えてください。

河内山　この古墳もそうですし、市内の古いまち並みもそうですが、文化庁的な発想はどうしても「保存」。文化財ですから基本的には保存をし、学術的に展示していく。今はそんなに堅苦しいことは言わなくなりましたが、後々の「まちづかい」とも関係してきます。私たちのまちの価値、文化財の価値を保護しないといけない。もちろん文化財としての保護はしながらも、活用していくのが非常に大事。したがって、白壁の町並みの整備も古墳の整備も、かなり文化庁と衝突した部分があります。私は「保存と活用」という考えです。今は文化庁も「保存と活用」と言うようになりましたが。

当時私が「保存と活用」という言葉を使ったかどうかは別として、大事なものだが家の中でいうと奥座敷の床の間になおかつ立派なタンスを置いて、その中にそっと置いておく。住んでいる市民ですら、茶臼山古墳をそういうものだと考えていました。したがって、私は茶臼山古墳の復元を、単に学術的に調査をして埋め戻すだけではなく、当時を再現するところに力を入れました。例えば、当時の様々な埴輪の破片も出ていますから、おそらく当時の古墳にはこういう形で埴輪が置いてあったのではないかと復元する。それから墳墓は一五〇〇年も経てば森に戻るのですが、できあがった時点では小さな石をお墓の表面に重ねて積みますから、結局、緑の古墳ではなくて、花崗岩の白っぽい色で覆われた古墳であったはずです。また、当時の瀬戸内海の海上交通を想像しますと、瀬戸内海を通る交通の難所が柳井周辺に何か所かありますので、大畠や瀬戸も渦潮があったりします。そう考えると、船を操る人からすると、当然のことながら古墳の主であった人に今でいう通行料、当時でいうと安全に通してもらうためのやりとりをしながらこの古墳の前を通っていた。そのために古墳は海に迫り出したところにあったはずで、それが実感できるような形で整備をしたい。来た人が楽しめるように工夫したのです。

それに対して文化庁は、よそからお越しになった人が勉強し、なおかつ観光というのは嫌がるのです。ですが、「立派なものを見る」が観光の語源です。私は、立派なものを見る施設を合わせて整備することを、やりました。文化庁も、まあ、それはそれでいいでしょうと。また、白壁の町並みの整備も昔のリアルなまちの復元のほうも、道は土と漆喰を混ぜて固めた道でしたが、さすがに、完全に復元すると雨のたびに泥だらけになってしまうので、石をいっぱい敷いてやりました。さすがに文化庁は機嫌が悪いのです。「あまりにも本物と違い過ぎる、せめて、色のついたアスファルトぐらいにしてもらえるとありがたいんですが」と言ってきました。せっかくですから石畳にしたのですが、これはちょっとやり過ぎだったかもしれません。

教育委員会全体、あるいは、国レベルでの文部科学行政全体に言えることですが、文化行政には非常に高い敷居を設けられます。一般行政と教育委員会の行政が衝突するという悪しき縦割りの典型みたいなものがあります。その敷居をなるべく低くしてもらう。それから、相互乗り入れをできるようにしようと、私は思っています。観光行政と文化行政、文化行政と他の学校教育。一般的に市の行政の一部分みたいなことですがお願いできませんかねということを、当時、文化庁のかたとお話ししました。

――今ですと、文化と観光を活かしたまちづくりは全国で言われており、非常に先見の明のあるお話だと思います。茶臼山古墳を復元されたことで周囲から観光客が増え、地元住民の茶臼山古墳に対する愛着も出てくる。例えば今、山城の跡がハイキングコースとなって地元住民に愛好されるようなところが各地にあります。この古墳も、そのような形になったのでしょうか。

河内山　もちろん観光客は増えましたが、それ以上に、地域住民が自分たちの歴史を初めて知るきっかけになりました。例えば私たちの地域は、江戸時代に毛利家のご親戚の吉川公の御納戸で、商都として栄えましたと説明可能なところまでは意外に振り返れる。一〇人聞いたら一〇人とも。ですが、古墳時代、ましてや、それ以前のことはまったくわかりません。本当は歴史があるが、振り返るきっかけがないだけです。先ほどの山東省のこととは反対の意味で、文化財をきれいに整備していくことは、非常に大事なことだと思いました。

「いきいきまちづかいプラン」

——一九九九（平成一一）年には小渕恵三内閣の下で地域振興券が導入されます。市民がどのように受け取られたか、また、お考えがあればお話しください。

河内山　こういう地域振興というか地域経済振興策への反応は、今もまったく同じです。一個人として見ると、「買わないと損する」。ただ、皆、実は賢くて、「これは消費の先食いではないか」とも思う。発行に関わるプラスアルファの経費も含めて、結局、皆それは後々税金でと言いますが、日本の財政構造を知っている人は、税金ではなく借金をして後々の世代が返済しなければいけないことを知っている。商品券をプラスアルファでつけて、なおかつ事務費などプラスアルファの経費までつけて、皆に買ってもらい皆が使うというのは、バカなことではないかという反応をもつ人ももちろんいました。

後の麻生総理のときの給付金もそうですが、市長としては非常に心外です。今も全国の自治体の長は、それをやらないと隣の町に比べられて市民が納得しませんからやるだけです。日本は形式的な地方分権は進むのですが、政策の決定の根幹に関わるような、哲学であるとかあるいは地域にとって何がベストなのかを実質的に決めるだけの実質的な分権を行えない国なのですね。したがって、形式的な分権と実質的な分権のギャップが広がれば広がるほど、地方自治体は非常にストレスが溜まる。今なお、その流れはまったく同じです。

実質は備わらなくとも分権した項目の数だけ積み上がれば分権したという、中央省庁の分権に関わる人たちの感覚あるいは姿勢の問題だと思います。そこを正すためには、とにかく政治家が騙されないように、本当の実質的な分権になっているのかどうかについてもっと発言すべきだと思います。

――二〇〇〇（平成一二）年には中心商店街の再活性化のために「いきいきまちづかいプラン」を提唱されました。全国各地で、シャッター商店街のことなどが話題になっていました。このプランを策定された背景などについてお話しください。

河内山　「まちづかい」という言葉は、「まちづくり」に対するアンチテーゼです。「まちをつくる」というと、土木建築行政的な香りがし、ハコモノをつくることが前提になってしまいます。首長をやっていますと、建物を建てて竣工式でテープカットをやるというのは、個人的な喜びでもあるしニュース性が非常にある。どうしてもやりたいのですね。

しかし、うまくいく場合もありますがあまり長続きする試しはないので、私としてはなるべく地域にある様々なものを使っていく。まさにまち並みも使う、文化財も使う、住んでおられる人間の営みも使う。そういう、「今あるものを使っていく発想に立って商店街の再活性化を考えていくべきだ」ということで、観光商業や福祉商業を合わせて、中心市街地の賑わいを回復するべきではないか。ハコモノでもなければ大手のチェーン店でもなくて、地元のものが主役になる。人もお店も生業そのものが、このプランに込められた意味です。

前にも申し上げましたが、大店法は、本当に日本のよき地方都市の姿を変えてしまいました。例えば、ローマならローマ、フィレンツェならフィレンツェには、旧市街地も新市街地もある。「一〇〇対ゼロ」にはなっていません。ですが、日本では旧市街地と新市街地ではなくて、旧市街地を壊してそこに新しいものをつくってしまった。何も残ってない。本当に、もったいないことをしました。柳井は空襲も受けず、大規模開発も旧市街地ではしなかったので、幸いなことに旧市街地と新市街地と両方できた。せめてもの可能性を残したかなと思っています。物事の本質は地味で、誰も実はあまり気がつかないものが今の時代も生き続けていることです。地方都市の悪いところは、そういういいものがあるにもかかわらず、結局、朽ち果てさせていることです。

柳井駅前に設置されるブロンズ像「花を捧げる少女の像」の除幕式に臨む著者

例えば、柳井市でも壊れそうになった蔵がありました。所有者から寄贈いただき、昔から西蔵といっているところを整備したのです。今は柳井縞という織物の体験ができる体験工房を併設し、ちょっとした催しができるくらいの「やない西蔵」という観光施設として再生をしたのです。他にも、まち並みのど真ん中に利用されなくなった家屋があり、土地も建物も市で買い取らせていただきました。そこは「しらかべ学遊館」という生涯学習施設に再生するなど、いろいろとやりました。なにか新しくつくるのはお金がかかって大変だと話しましたが、実は再生するほうがお金がかかる。それはよくわかりました。議会でも「新しくつくった場合と今の引き家を再生した場合と、どれくらい費用が違うのかって比較表を出せ」と言われて、ずいぶん担当者は困ったそうです。

――一九八〇年代くらいから、映画監督の大林宣彦さんがご自身の地元の尾道市を舞台にした映画がヒットしました。今ですと古いまち並みのある自治体は映画やテレビドラマの撮影に売り込むところがあると聞きます。当時、古いまち並みを活かして、映像を通して日本の人たちに広く知ってもらうようなアイデアはありましたか。

河内山　まさにどんぴしゃりな話です。大林さんが大分県の臼杵を舞台にしまして『なごり雪』という映画をつくられた。大林さんのことをよく知っている私の知り合いが、紹介してくださった。実は『なごり雪』をつくったあとに柳井に来てもらい、いろいろ見てもらったのです。大林さんには大林さんのこだわりがあって、大林さんは映像の中で、坂の上からの印象的な画というのが、ご自身の映画の中でいうと尾道、ふるさとなんですね。坂の上から見て非常に印象的な、きれいで、思い出深い、そういうところの画があると映画監督としての絵心が出てくるのです。あちこち坂を歩いてもらったのですが、ちょっと首をひねられまして。ですがそれがご縁で、『なごり雪』の音楽をつくった伊勢正三さんとは、ずいぶん親しくなりました。伊勢正三さんが大林さんに「坂道でうまくいけば私、音楽をつくりますよ」とまで言ってくれたのですが。完遂はできませんでしたが、大事なことです。

意外と地味ですが、NHKがハイビジョンでいい映像をいっぱい撮ってくれました。まち並みそのものは使ってもらえなかったのですが、柳井の伝統的な民芸品の金魚ちょうちんは、本当に、このドラマでも使われている、あのシーンでも使われているのです。今でも年に二、三回は、NHKに限らず様々なドラマや映画でよく使っていただいています。「これ、柳井のものだったのですか」みたいな話はあとから聞きます。映画というのは興行ですから、当たるか当たらないかという感覚を監督ももっていますからね、成功まではいかなかったです。残念ながら。

地方分権一括法

――一九九九（平成一一）年七月、小渕内閣のもとで地方分権一括法が制定され、二〇〇〇（平成一二）年四月から施行されます。当時、どのような感想をもちましたか。

河内山　地方分権の理念に基づいて法律をつくって、多くの機関委任事務の整理をしましょうということですね。この改革は、当然、都道府県にとっても市町村にとっても明治以来の難物を、一つひとつ変えていくわけですから労力も必要で、なおかつ力だけじゃなくて立法技術も必要。地方分権に関わった様々な人たちの努力というのは、正当に認めなければいけないと思います。

残念ながら、地方分権一括法もその後の地方財政についての様々な改革もそうですが、結局、姿かたちの部分整理はできても、それに魂を込めていく意味でいうと、形式的な分権、形式的な財政の構造改革はできるが、本質的なところは伴わない。これからまだ息の長い話になると思います。今少し、下火になっていますが、人口減少社会において、地方が主役として特に人的サービス、教育、福祉、介護、環境など、人に関わってやる仕事は、市町村が担わざるをえない。それをちゃんと担えるようにするためには、もう一段、もう二段の分権改革、財政構造の転換が一〇年後か一五年後かに大問題になると思います。そのときまでに地方も頑張って、実質的な分権ができるようにならないといけない。

機関委任事務を整理するのに、国のほうの思惑もあったんです。例えば年金の事務。年金の事務といっても年金の給付の事務は元々市町村は担っておりませんが、国民年金保険料の徴収の事務は市がやっていたのです。ですが、地方分権推進のため、これを国の事務に戻したのです。したがって、徴収率が非常に下がり、今なお下がったままです。地方自治体が本当にほしい権限はまちづくりの権限、農地の転用についての許可の権限、そういう地域行政を総合的に行うためのものです。先ほどの文化財もそうです。学校に関していえば、市立の小学校の天井の高さが五センチメートル、一〇センチメートル低くなっても別に問題ないのですが、それができない。いわゆる規制密度みたいな権限を移譲してほしいのです。ただ、厚生労働省も年金事務が地方にいく、完全に地方の事務ですよと決められると、それに関わってきた当時でいう社会保険事務局それから都道府県にいた都道府県の職員の身分の人、そういう人たちのいわゆる職場がなくなる。結局、市町村の事務を引き上げたのです。

一つひとつの分権をいいますと、本当に各省庁の思惑があり、それから後になって私も感じたのですが、中央の事情を優先して、各省庁ごとに地方を分割統治するのです。国土交通省の補助事業で今まさにお世話になっている自治体の長は、国土交通省の権限や国土交通省に関わる補助金の整理を絶対に言えない。そうすると、上手に何度も説明に来られるわけです。農林水産省にお世話になる人は農林水産省のことに関しては言えない。ですので、地域を代表して仕事をしている首長は地域をよくするために下げたくもない頭も下げなければいけない。そういう弱みがある。地方は「武士は食わねど、高楊枝」みたいなことでいながらも、分権ができるかというのは、これは本当に難しい。

地方分権一括法は、地方分権に関わる法制度の改革の第一歩です。第一段階ですから、地方のほうも少し勉強不足もあったし結束力もなかったのです。ですから、この時点での分権の権限移譲や税財源の移譲というのは始まりですが、非常に大きいです。しかし実質的なところでいうと、まだまだ形式的でたくさんの項目があった、これが私の偽らざる感想です。

――必置規制の緩和を重視されている人が多く、図書館で司書を置かなくなったことによって、本の選定がベストセラーばかりになり、人気がなくなると同じ本が何十冊もならぶというような話を今も聞きます。当時、この必置規制の緩和をどのように受け取りましたか。

河内山　必置規制でピンとくるのは、今の司書の話です。物事の始まりからしますと、あらゆる行政事務に関して「いったい何なの」というような職名が当時ありました。例えば社会福祉主事など。そのあたりはまったく問題なしでしたが、図書館に関する認識は薄くて、地方行政あるいは地方教育行政でいうと端っこみたいな感じでとらえていました。図書館行政に関わる人は、それに懲りて声を上げられるようになったのかもしれませんが、そのときは地方自治体の長も、教育委員会もあまりピンとこなかったのでしょう。

第二次民主党

――一九九八（平成一〇）年四月に第二次民主党が結成され、自民党に対抗する政権担当政党の受け皿が整備されていき、野田さんや前原さんなど、政経塾出身者も注目されました。当時の中央政界についての、感想などはありますか。

河内山　今は本当に夢、幻になりましたが、自民党に対抗できる政党は絶対に必要です。小選挙区制の導入と相まって対抗する政党が必要だと、誰もが思っていることです。民主党自体はウイングを広げていくわけですが、民主党がどこに軸足を置くのかでいうと、「基盤はないが自民党の人を割って」でしょうか。結局、自民党的な人も基盤ごと割って政党にしないと、足腰が弱い。特に地方へ行けばいくほど自民党は強いですから。

その後、小沢一郎さん的なものを排除し過ぎたと思います。小沢さんにも様々な個人的な問題や課題もありますが、元々伝統的に自民党の支持母体であった農業関係団体、医師会、土木建築行政に関わるところ、トラック業界、コンビニエンスストア関係の政治団体など、非常にウイングを広げていく努力をするわけです。それは自民党からすると、まことに面白くない、小沢さんが一番憎たらしいという気持ちになる。それぐらい自民党にとってみると怖い存在であるなら、どういうお立場であれ、民主党としては大事に抱えていかないと勝負になりません。後理屈ですが。

当時の感想でいうと、非常にいい動きですが、受け皿になる動き、基盤をつくっていく意味では相当力技が必要だと思いました。

——新自由クラブと比較して、民主党の違いを感じたことはありますか。

河内山　全部の選挙区ではないのですが、新自由クラブのときと違い純粋保守みたいな人ではない。一つは、女性や無党派的な人を、ウイングを広げて取り込めたことが違う。新自由クラブは自民党から分裂した人が、自分の配下と自分の数少ない支持者をそのままもっていったため、その後の広がりはまったくなかった。民主党は、多様な人がいた。大政党は寄せ集めになるぐらい上手な運営ができないと、政権政党になれません。自民党だってそうですすよ。やや右の人もいればやや左の人もいる、あるいは安全保障政策でも非常に急進的な人もいれば非常に保守的な人もいる中で、どうやってガバナンスを行っていくのかという話は、まったく別問題なんです。そのところは、小沢さんみたいに、「大事の前の小事」みたいにやれる人がいないといけない。あまりにも几帳面に潔癖にやり過ぎます。国民政党や総合的に国民の多様な人を代表していくためには、脱皮しないとダメだなと思います。当時はいずれ政権取れるかもしれないということでしたから悪循環は起こらなかったのですが、政権を取った途端に悪循環が起きた。

日本版ビックバンと柳井市

——一九九八（平成一〇）年四月から日本版ビックバンが始まりましたが、地方への影響はほとんど議論されていません。柳井市に与えた影響はどのようなものでしたか。

河内山　これは後々、もう一〇年後くらいに影響が出てくるのです。金融機関は、完全に国際基準に従って運営をしなければならない。地域金融というのは、大きく分けて第一地銀と、それから旧相互銀行から変わった第二地銀があります。それ以外に、商売をやる人には信用金庫や信用組合というグループがある。農業関係にはＪＡ。事業主に関係するのは、第一地銀、第二地銀それから信用金庫。

結局、信用金庫や第二地銀は、与信の関係でいいますとある意味甘いところが多かった。今の国際基準からすると、貸してはいけない人に貸していた。ビックバンが起こった時点では、「遠い、いわゆる東京の話だ」と皆思ったのですが、五年、一〇年経つと、開業資金が借りられなくなった、年末を乗り越える運転資金が手当てできなくなった。それが後々結果として、貸し渋りや貸しはがしという現象になって起こってくる。

金融改革などの世界的な流れ、ＴＰＰなどの国際的取り決め、などに対して地方は非常に弱い立場にある。弱い立場のところにきめ細かく配慮してやらなければいけない。最後の砦みたいなものは公的な部分でカバーする仕組みをつくらないと、地方は成り立たない。

以前も申し上げましたが、東京の公共交通機関の経営や運営の理屈と、地方の理屈とは違う。ですから、一つの理屈だけでやれば経営として成り立たない。そこをどうカバーしていくかは政治や行政の大きな仕事ですが、ビックバンにしましても様々な構造改革のときに、当座のバラマキの補助金や当座の手切れ金みたいな感じでお金を渡すことによって、仕事が終わってしまう。ですが、実は息の長い問題です。地方行政も「地方消滅」など言われ始めていますので、どうやって持続可能な地域コミュニティーを保持していくかを、東京の人たちが考える知恵と違う内発的な、地元の人たちが一生懸命自分たちのルールでやっていけるようにしなければならない。そのときに根幹になるのは、実質的な分権だと考えます。

話を戻しますと、例えば、貸しはがしや貸し渋りのときに、当時の財政当局がやったのは当座なんとか困らないように円滑に金融機関が機能するように、一時「輸血」をしたのです。輸血はしたが、この輸血は五年、一〇年経ったら返してもらわなければいけない。ですから、当座は弊害が出ないのですが、必ず後々に弊害が出る。そこに至ったときに、財政の資金を入れて、金融の機能を保持するためには、一手専売で金融庁だけがやるのではなくて、実質的に地方にも権限を与えたほうがよかったと、私は思うのです。全てに言えます。助け合いの仕組みを何とか経済的に成り立たせるために、行政が応援する仕組みだとか。

国会改革の影響

――一九九九（平成一一）年に党首討論や副大臣・政務官制の導入などの国会改革が実現しました。中央の議会改革は地方議会に波及しましたか。

河内山　地方議会は長い間、ある意味では「議論の場」ではなく、地方の予算や行政の「説明の場」であり、またそれに関して「注文を聞く場」でした。力関係でいうと行政に一〇〇の力があるとすれば、議会は一くらい。ですが、国会が変わることと、今の分権の時代にふさわしい地方議会になろうという雰囲気とが相まって、本会議でも一問一答制やります、委員会でもいわゆる第一号議案について議論するだけではなく、全体的な政策論議をやりましょうといったことが増えてきたのです。

公務員の数からすると議会事務局員にたくさん配置できませんが、議員をサポートするスタッフを置くようにしないといけないと考えます。会派の人たちがお金を出し合って電話番をするアルバイトの人は雇っていますが、政策的にサポートしてくれる人は国会に比べるとまったくゼロです。国会改革で様々な改革が行われるのであれば、地方議会もやるべき。長い目で見ると「賢い政府」になり、無駄の排除になるということで、いい人が議員になり、いい人が議員をサポートすれば、得だと思うのです。

地方議会がニュースになるのは、号泣する県議会議員さんが出る、使ってはいけない費目で政務活動費を使う、そういうときだと思います。ですが、日本は地方議会が弱過ぎる。市長としては弱い議会のほうが楽でよかったのですが、弱過ぎます。だからと言って、国会の党首討論等々が導入されて、すぐさま地方に相似形で影響があったわけではない。ゆっくりゆっくりした歩みだと思います。

議会の土日開催

――国民の関心をもたせるため土日に公開すべき、あるいは平日も夜に議会を開くべきだという声があります。柳井市で、夜や土日の議会開催を望む声はありましたか。

河内山　私が市長の間は、非常に議会が安定していました。市政のほうも議員さんたちがそう不平不満を言われるほどの問題はなかった。最初の苦労した頃は市民も非常に関心をもった。ですが安定飛行になると何となくお任せになってくる。これは矛盾している話です。

「夜やれ」というより、「議員の数が多い」というほうへいくわけです。そこはなかなか難しくて。確かに四年間の任期の間で議事録に一度も発言の記録がない人もいます。ですが実際、議場以外で仕事しているから当選し続ける。そういうことも含めて議員の数を減らすみたいなことを言われたのはありましたが、夜やれ、日曜日の公開という話はなかったです。

橋本行革への評価

――二〇〇一（平成一三）年一月六日付で、中央省庁等改革が実施されました。橋本行革についてどのような感想をもちましたか。

河内山　橋本総理の行政改革は以前の鈴木善幸内閣、中曽根内閣の臨調行革とは異なり、橋本総理が行政改革会議議長になりました。政治主導であって臨調方式ではない。行政そのものを本丸に、行政組織そのものを俎上にのせて行政改革をやる、つまり外堀ではなく内堀をどうするかをテーマとされた行革だったと思います。

ですが、総理が常に行政改革だけをやっているわけではない。行政改革担当大臣を置いたとしても、行政の仕組み、仕掛けを変えるのは非常にテクニカルな話です。どうしても霞が関に有利になり、方向性は一府二二省庁あったものを、一府一二省庁まで減らすものになる。橋本行革は総理のエネルギーが非常に高かったが、お役人が一枚も二枚も上。総務省もそうです。地方自治行政と行政管理庁だったところと、郵政省を一緒にして一つの総務省にする、大きな省庁です。それから国土交通省も運輸行政、土木行政、建設行政を一緒にする。これも非常に大きな行政。私も直接関わりが深いですが、厚生労働省なんかいまだに厚生省と労働省という雰囲気ですので、融合もない、人事もない、政策もない。

そういう意味でいうと、省庁再編から一〇年以上経っても、かたちを整えることに留まっているのです。先ほど地方分権一括法のときも話しましたが、橋本行革にしても大臣の数を変える、副大臣、大臣政務官を増やしていくという非常に大事なことが決められたのです。橋本行革のときにも大きな課題になる郵政事業をどうするかというのは俎上にのせて、いったんは郵政省という国のお役所から郵政事業庁に変えたわけですから。

ですが、それは看板替えだったのです。それに類することが非常に多い。行政改革というのは国民生活にとってどうあるべきなのでしょうか。中曽根行革では様々な弊害も出てきましたが、政府の現業部門を大胆に変えていくという意味でいうと、かなり国民生活にインパクトを与えたわけです。NTTは典型です。それに比べ、中央省庁等改革は、国民生活に影響をなかなか与えづらい。だから私は、橋本総理が選挙で負けずにもう少し長くされれば、国地方関係であるとか、地方支分部局、国の出先機関をどうするかについても、かなり踏み込んだ話ができたかもしれないと考えます。選挙で負けて、橋本総理も道半ばで行革は終えられたのではないかなと思います。

——当時、首都機能移転や国会移転も叫ばれたと思います。これらの動きを、どのようにとらえましたか。

河内山　国会で協議機関をつくって首都機能をどうするかが議論されるのですが、「これはまやかしだ」と思いました。国の役所が老朽化していたのに建て替えることを止める時代が続いていたためです。本来、首都機能移転をするのであれば、政府主導ではなく国会主導で決めないといけない。ですが、議論を尻目に議員会館の建て替えが始まった。これはやる気がないなと感じました。

私は、中央省庁で弱めていいものもあると思います。逆に、外交や安全保障など国民一人ひとり、ましてや地方自治体でもできないことについては、国の機能は強めなければいけない。ですから、国の機能を強めるべき部署に関しては大きな役所をつくっていい。首都機能を移転して、お手上げ方式で日先の改革をやろうとしていますが、例えば農林水産行政は地域によって実情が違う。そこで、国家公務員の数を三分の一にして、首都機能移転のときに農林水産省は建物を小さくするというかたちで、本気で国の行政のかたちを変えることもできます。

それから、首都機能移転は行政改革とワンセットでやるなら意味がありますが、同じ規模の建物をどこかへもっていくという考え方では、あまりにナンセンスです。これ、日本人は好きなのですよ。かたちを変えて新しい組織をつくれば、何か素晴らしいことができあがるように、お人よしに考えるのですが、実質、中身を変えないとうまくいかない。

成熟社会への対応

――再選後、『広報 やない』の市長インタビューで住民の福祉行政を強調します。一九九八（平成一〇）年に家電リサイクル法が、一九九九（平成一一）年には、「新エンゼルプラン」が策定されるなどの政府の方針と、成熟社会の形成に向けて住民の福祉向上を図るという市の方針との関係についてお話しください。

河内山　後々の介護保険とも関係するのですが、地方行政のメインテーマは、戦後復興の次が高度成長のいわゆる経済優先主義、その弊害が出てきて公害問題。二一世紀初頭においては、高齢社会。いずれ私たちは老いていくという話ではなく、老いている人がいっぱいいる。一方で、地方都市といえども家族構成は昔みたいな三世代同居は少なくなり、老老介護が非常に増えてくる。「下流老人」などの話も出始めましたね。今まさに東京においてそれが起こり始めています。すでに二〇〇〇年代の初め、柳井市にとって高齢者問題は焦眉の急ですからやらないといけない。

それから家電リサイクルの話、エンゼルプランもありますが、これはもう日本全国同じようにやらなければいけないテーマでした。少子化対策とは当時は言わず、「子育てするのが費用面でも社会の機能の面でも非常な苦しみ、それさえなければ自分の人生はより輝いたのに」というマイナスイメージで問題がとらえられた。それから静脈産業としてのリサイクル。市民の意識としては地方行政が解決して当然だという風潮に変化し始めたのはこの頃です。

そういう高齢者問題、環境行政、少子化対策、あるいは障がい者問題など。地方行政のメインテーマが経済成長の話から解決が難しいテーマに移り始めました。経済成長して右肩上がりで、問題はあるが何とか経済的にカバーできた。大きな財政問題も目立たないかたちでうまく善循環の中で消化されればいいのですが、成長も止まり人口の伸びも止まると表に出る。マイナスとは言いませんが、喫緊の課題にどう対応するかというのは、市長としても市政としても非常に力を入れていかなければならない。

それに加えて、今度はお医者さん不足の問題です。それから、学校の耐震化をはじめとする公共施設のいわゆる強靭化の問題。いろいろ出てくる。市町村長はみんな同じことを、ある時期から言い始めるのです。まだ大都市部では、少なくとも高齢化問題というのは、まだ二〇年後の話という感じがあるから、あまり大きな話ではなかったですが、柳井市なんかは、とにかく介護保険が始まりますというときに、「保険あって介護なし」の状況になるのではないかと、みんな非常に慄いていました。どうしても行政の内容をこっちにシフトしないといけない。それがとにかくまちづくりの戦略の中で環境や健康、福祉、男女共同参画という話になってくるのです。

「新世紀に対応する八つの戦略」

河内山　一方、財政負担が増える中でこれを解決するためには、企業立地が進んでとか、企業あるいは市内の会社が儲かり税収が上がるという話では、間に合わないと思うのです。もちろん努力はしますが、「まちづくり戦略」として定めた「新世紀に対応する八つの戦略」でいうと、地味ですが「市民活力発揮プロジェクト」が重要です。今も柳井市民には感謝しているのですが、故郷の道づくり事業で市民自らの手で道路をつくってもらった。それから、介護の様々な見守りサービスみたいなものに、当時から自発的に社会福祉協議会や民生児童委員さんが協力をしてくれた。行政コストがかかる部分を、かなり手弁当でやってもらった面もありました。それが柔軟に対応できるように、最も身近な政府である基礎自治体に権限と財源というものを集中させる。それが規制の密度を減らしていくということにつながるのです。

本当は、みんなが使う道路を市民自らつくっていいのか悪いのかみたいな議論になると、国土交通省に「市民が道路をつくっていいですか」と大上段で聞いたらいいのです。ですが、父性主義というか、問題が起こったらいけませんから、「なんとか我々がいいようにしてさしあげます」みたいなところは、あります。それは中央省庁、地方行政もみんな思っていますから。そこのところを乗り越えて、主権者、納税者自らが賢くなるということです。

税金使用時の三つのコスト

河内山　市政のために市民活力を発揮するというと、市民に仕事を請け負わせるみたいに思われるかもしれません。もちろん、行政がやるべき仕事というのは、当然やらなければならない。ですが、行政がやる、税金を使うということになると、三つのコストが発生するのです。一つは徴税のコスト。税金はタダで入ってくるわけではありません。例えば、一〇〇万円の仕事をやるとします。一〇〇万円を前提とすると一〇〇万円分集めるための徴税のコストがかかる。それから分配するにしても、議会を開き市役所の職員が財政計画を立てるなどの分配のコストがかかる。意外とみんな気づきませんが、公共工事は執行のコストがものすごくかかる。例えば、設計監理をします、公平な入札を実行します、さらに様々な対外的な調整をしますというように、最後の執行のコストは、意外とバカにならないぐらいかかる。どんな業界でもそうですよ。一〇〇万円のものを買おうとしたら一二〇万円ぐらいかかっているのです。その二〇万円を高くみるか安くみるかにも関わるのですが、早くてなおかつ安く行政の効果を上げよう、あるいは行政に託されている責務を果たすための効果を上げようとすれば、徴税、分配、執行のコストを割り引いて、市民自らが立ち上がるほうが、絶対、得だという話をずっとしていました。

最後の最後まで市議会の議員からも、「そんなのはまやかしだ」、「市長のそういう美談みたいなものに騙されちゃいけない」とか、いろいろご指摘はいただきました。一方、「ほんとに、そりゃそうだ」と協力してくださったかたもいっぱいいました。「新世紀に対応する八つの戦略」の下のほうに書いてありますが、優先順位的には上です。首長、議員、行政職員。そこに納税者である市民が加われば、地方自治に良い影響があるはずです。大事なのは、自ら額に汗して自治をやること。これは一六年間市長をやりまして思ったのですが、そういうことがもっと広がっていくと、住民が求めている、あるいは市民が求めているものは、意外に早くに手に入るような気がします。

外形標準課税

――税金の話と関係して、二〇〇〇（平成一二）年二月に石原慎太郎東京都知事が外形標準課税の導入を発表し、地方自治体の課税自主権をめぐる議論がありました。何か感想などありましたか。

河内山　石原都知事は、あまり検討ができていないことについては発言される。一般に知事は行政官的な側面があり、総務官僚など官僚出身者が非常に多いので、法理的に理屈ができあがらないと発言しないところがあります。何人かその後、型破りな人が出てきましたが、石原さんは最も型破りで、何でも言える人です。

まさに外形標準課税もそうです。東京都は自治体というレベルを超えています。歳入や歳出規模からしましても、一国にあたるくらいの大きな規模です。当然、税にちょっとした変化があると、ものすごい大変化が起こるわけです。乱暴ですが、本質をついているお話だと思いました。ただ同時に、全国の自治体では課税自主権を実行できる余地はほとんどないのです。現行の法律でも、固定資産税あるいは都市計画税については標準税率とは違う税率を使うことができるのですが、土地に関わる税率を変えますと、立地する会社、家を新築する個人も、高いものを買わされる、あるいは払い続けるわけですから、乱暴なことはできません。下げる方向というのも非常に地方財政の根幹に関わる税です。したがって、課税自主権の実現はなかなか難しい。

それよりは都知事がお話しされた頃に、私が言い続けていたことは、所得税に関わる地方税部分と国税部分でこんなに差をつけるのはおかしいということ。それは「三位一体の改革」で税制改正が行われ、少しは緩和されました。うまくいったほうの税収というのは、全て国税に入ります。地方のほうは人頭税的に、経済メリットというのはあまり感じずに税収の根幹をもっている。安定しているといえば安定しているのですが、市役所の職員は一人ひとりの生活がよくなるとか儲かるというのはあまり関係なしに仕事をしているのです。先ほどのたくましい経済地域をつくるためにも、敏感にならないといけない。そこのところは少し考えるべきだなみたいなことを踏まえ、外形標準課税もそうですが所得税の税配分を考えるべきだという話をよくしておりました。

介護保険制度と市長会での論点

――介護保険法が二〇〇〇（平成一二）年四月から施行され、介護サービスの提供が「措置から契約へ」と変化しました。国から地方への権限・財源の移譲過程についてお話しください。

河内山　介護を必要とする人に社会的なサービスを公的な社会保険として提供する。ドイツの介護保険制度を参考にしています。介護を専門に研究されるかたや厚生省のかたもドイツモデルを念頭に置かれた調査をしたり、それをまとめた論文が出てきたのが、一九九七（平成九）年以前の状況です。私も含め、ドイツで何が行われているのかを勉強した。心ある人は、そこを踏まえて議論をしたわけです。

そのときに市長会でも議論になり後々まで議論になる点が、「制度、考え方はよしだが、誰が最終責任者なのか」ということです。国なのか県なのか基礎自治体なのかという議論。とりわけ、市町村が保険者である国民健康保険制度と比較してみて、財政責任は国も都道府県も市町村も重層的に支えると言いながらも、最終的には足らざるは運営主体である市町村が被る。当然、心配する人がたくさんおられた。これが一つの問題です。

二つ目の問題は、措置として行ってきた様々なサービスは、財政力によってバラつきがあるということです。隣の市町村でできることと比較することができます。そういう状況で制度をスタートさせると、弱みのところ、例えば保健師さんの派遣など人的なものについては非常に充実しているが、施設が足らないと自覚しているところもある。逆に、社会福祉法人や市が特別養護老人ホームなどを直接整備してサービスの水準は劣ってはいないと思うが、福祉事務所に介護をマネジメントできるような専門家がいない。サービスを必要とする人とサービスを提供する人はいるが、介護保険制度では保険者としてそれぞれをマネジメントしなければならない。保険者としてのマネジメント能力が足らないのではと心配される市もある。「保険あってサービスなし」になってはいけないという心配があった。

それから、財政責任とも関係するのですが、公的な保険制度として行うことになりますと、民間保険と違い、保険料を払えないならサービスから外れてもらいますということは直接的にはできない。保険ではありますが、福祉政策の面も当然あります。状況によって減免することは制度として必要ですが、税であっても公的な保険料でもそうですが、制度自体に無理解いわゆる非協力的なかたについて、どうしても基礎自治体の中では取り扱いが非常に難しくなる。そういうこともありまして、最終的には一号被保険者といわれる高齢者についても、年金から天引きをすることで決着します。それから、当然のことながら四〇歳から始まる二号被保険者に関しても、収入・所得がある場合は健康保険料と合わせて徴収する。徴収のための様々な工夫は、こういうプロセスの中で整ってきました。

都道府県と市町村との関係

河内山　私たちも市長としてサービスの供給者として身近な市町村でないと、介護のサービスは実情・実態に合うサービスはできません。そのため、市が中心となって行うことについてのサポートには異論はないのですが、前提や準備の話と財政の問題は非常に大きな議論になりました。後々にも影響してくることがたくさんあるのですが、都道府県の位置づけが非常に中途半端だということが浮かび上がってくるわけです。当時、厚生省で介護保険の立ち上げに関わった人は、「都道府県は、もう少し頑張ってもらわなきゃいけないんじゃないか」と、都道府県の努力不足みたいなことについて発言する人が増えてきました。逆に、市町村のほうは逃げも隠れもできない。

今度は、私が支払基金の理事長になることにもつながるのですが、後期高齢者医療制度をつくるときも都道府県の関与が最後まで逃げの姿勢が強くて苦労しました。後期高齢者医療制度はとにかく市町村で直接保険者になるようなものではなく、リスクが相当大きいから保険者を強くしなければならない。そのため、都道府県単位の広域連合というかたちでつくりあげたのですが、介護保険のときの反省もいろいろあり、都道府県知事や全国知事会を医療や介護に巻き込んでいかなければならないと、当時、市長の立場で痛感しましたし、厚生労働省も非常に強く感じていました。それで、国民健康保険の運営主体が都道府県という話は、最初の段階から中央省庁と市町村、とりわけ市長会としては完全に利害が一致する話でした。「とにかく、都道府県を巻き込め」、どうやって巻き込むかは、介護保険制度のスタート時の反省でもあるわけです。

「措置から契約へ」の含意

河内山　キーワードである「措置から契約へ」。これは言葉としてはみんな頭の中に入っているのですが、市町村としては「措置だろうと契約だろうと、最もサービスを必要とする人がトラブルなく引き続きサービスを受けられるように安定的にスタートを切る」ことが重要な論点でした。市議会でも、「措置のものが介護保険だったら適用されない、契約だからそれはダメということになったのでは、何のための制度導入かわからない」と力説する議員が多かったです。まずは「措置から契約へ」と言いながらも、現状利益を得ている人が不利益にならないことが原理・原則だなということが一つ。

それから、「措置から契約へ」の中で、措置のときは行政も申請を受け実態を見ればそれは必要とされているとわかるので、順番に、あるいは必要度合いが高い人から先に行います。しかし、順番をつけるのが難しい場合、議員さんなどの口利きの話は非常に強くありました。本当はもっと困っておられる人がいるにもかかわらず、なぜか知らないけれども特別扱いされている人がいる。ですので、今度は客観的に介護が必要かどうかの必要度を把握するために介護認定審査会を設けた。後々、認知症のかたの介護の問題が生じるのですが、入口段階でマークシートによるコンピューター判定で介護の必要度を客観的に順番づける。それで、ドクターも入ったかたちでの介護認定審査会でお墨付きももらう。したがって、「措置から契約へ」のときに、客観的な基準のもとに実施する必要性を自治体の担当者みんなが感じていましたので、コンピューター審査による介護度の判定は、市町村の事情で国にも働きかけをして始まった経緯があります。以上が、当時の介護保険をめぐる論点の一つでした。

現金給付をめぐる議論

河内山　これはサブテーマですが、ドイツの介護保険制度を唯一まねしなかった部分があります。ドイツでは、親族や特別な関係にある人が介護をしたときに現金給付をするのですが、日本で現金給付をすると、二つの意味で弊害が出てくるんじゃないかと言われました。一つは、主として義母や義父の介護を担うのは、男性の親族や息子さんではなく、配偶者のお嫁さんだということ。それでなくても、非常に責任を感じて家族介護をやらざるをえないという人が、「現金給付もあるんだから」という理由で介護者として完全に囲い込まれるんじゃないかと。これ、女性のかたの意見です。

それからもう一つは、介護が家族で行われるため、十分な介護が得られる、得られないにかかわらず、現金だけが給付される可能性があること。そのへんの透明性がないということで導入しなかったのですが、当時は政調会長だった亀井静香さんが非常に現金給付に熱心でした。亀井さんなりの考え方がありまして、慧眼と言えば慧眼です。田舎に行けばいくほど、産業はどんどん空洞化して一次産業も厳しくなる。そういう中で、言ってみればあまり恵まれた環境にない人が現金収入を得られるのは非常に大きい。東ドイツの人はこれで助かっているのだから、現金給付をやったほうがいいと。今の日本で言うと「人口消滅都市」の苦労するところは現金給付をやったほうがいい。そんな話をされていました。他にも理由はいっぱいあげられていましたが、なかなか面白い考え方をされるなと当時亀井さんのお話を聞きながら感じておりました。

ゴールドプランと老人保健福祉計画

――介護保険の導入までに、ゴールドプランの策定および一九九三（平成五）年に全市町村・都道府県で老人保健福祉計画を策定する流れがあります。当時の様子をお話しください。

河内山　組織的には、市の場合は社会福祉事務所は役所の中にありますので、最終的には組織変更で決着します。ですが、原点のところ、福祉業に長い間携わっている人は、介護を必要とする、あるいは高齢期において福祉を必要とする人の実態をよく知っております。ノウハウや民生委員さんとの協力の仕方、施設面で社会福祉法人などの応援の仕方など。サービス供給の話については、福祉事務所の人たちは非常に詳しく、熱心です。

しかし、それをどういう財源でやるかや、あるいは制度面での理屈や裏づけ、行政の中の緩急や軽重はわからない。福祉事務所の関係者は非常にミクロな話に陥りやすく、視野が広いとは言えません。困った人に対する対応は、これは見上げたものです。ですが、今聞かれたように計画をどうつくっていくか、介護保険や社会福祉をどうマネジメントするかという大局的なことは苦手な人が多いのです。当時、どこの自治体でも同じような苦労をしたのではないでしょうか。

したがって、当時の厚生省も「まずはトップに理解させなければいけない」と、市町村長などを集めてゴールドプランや介護保険の準備についてのトップセミナーを開催しました。ですが、市町村長はいつもマネジャーとして仕事していますから、私は厚生省の人に「現場の社会福祉事務所長や市町村の社会福祉課長など、サービス提供は得意だがマネジメントしていない人をこのセミナーでトレーニングしなければいけない」と話しました。制度変更というより同じことを続けてやるのですが、介護保険の導入あるいはそれ以前に市が主役になって計画をつくるという意味で、何を急がなければならないか、何はゆっくりでいいかなどの見通しが立てられる人づくりというのが、制度変更の中で一番大事だと思います。

当然のことながら、柳井市でもそれはやりました。社会福祉事務所長が健康福祉部長になるわけですが、私も繰り返し、単にサービス供給を行うのではなく、今度は社会福祉法人、ケアマネジャー、あるいは訪問看護ステーションをはじめとする訪問系のホームヘルパーさんの事務所がサービスを行うので、どうやってその質を担保するか。あるいはサービス供給の不足が見込まれるのであれば、どうやって早めに準備するか。これらを幅広く研究する必要があると話したら、的確にやってくれました。明らかに施設系のサービスも足らないと見込まれますので、介護保険が始まる前に特別養護老人ホームや老人保健施設などの準備をはじめ、法人でいうと三つ設立していただきました。そのうちの一つは、市が養護老人ホームを直営でやっていたのですが、これを民営化すると共に、土地は柳井市のほうで提供して社会福祉法人に新たな運営主体となって行ってもらう。合わせて特別養護老人ホームの特別部分の入所者人数を増やしていただいて経営してもらうこともありました。一九九〇年代末期から二〇〇〇年初頭は、介護保険制度が円滑にスタートできるように仕事のかなりの比重をかけて、力を入れた記憶がございます。

——まさに、「走りながら考える」状況ですね。

河内山　そうですね。

柳井地域広域水道用水供給事業の開始

——治水について再度、伺います。一九八二（昭和五七）年の柳井地域広域水道企業団設立以来、一八年にわたるプロジェクトの集大成として、二〇〇〇（平成一二）年八月一日に柳井地域広域水道用水供給事業の竣工式が挙行されました。当時の様子をお聞かせください。

河内山　江戸時代、柳井が水不足で干ばつに苦労した時代に、岩政次郎右衛門という人物が当時の吉川広紀公に「ぜひ治水事業をやらせてほしい。川の流れを変えて、灌漑用水をしたい、できなかったら責任をとって切腹をします」と言ってつくられた長溝という水利施設があります。当時より土木技術は発達しましたが、岩国と広島県の大竹を境とする小瀬川の上流から水をもってくるわけですから、三二キロメートルも水を引っ張ってくるのです。その三二キロメートルのうちの二〇キロメートルはトンネル

2000（平成12）年８月１日の柳井地域広域水道用水供給事業竣工式の一幕

ですから、まさにお金と土木技術を非常に駆使してできあがったのが広域水道です。今度はそこで単に浄水を行うだけではなく、当時は一市九町でそれぞれの浄水場まで一〇八キロメートル水を配ってまわることになります。そうすると、普通の水道事業が想定しているような規模ではないわけです。

以前申し上げましたように、大事業で何かつくるときのお金は長期の起債、企業債を利用できたのですが、水道事業は基本的に独立採算制ですので、これを運用して皆が水を使ってもらうときの値段は、まことに高いものになるわけです。ですから結局、完成して広域水道事業団が浄水を始めるまでには財政問題に決着をつけないといけない。私の理屈は、普通でいうと水を三二キロメートルもそのうち二〇キロメートルもトンネルを掘るというようなことは、柳井市の水道事業あるいは柳井広域の水道事業からすると非常なハンディキャップ。この距離のうち、通常想定をされるもの以外、例えば、普通一〇キロメートルですということであれば残りの二二キロメートルは、国や県が応援をすべき話だということです。また、一〇八キロメートル配ることですが、別に柳井市の広域水道で不手際があって一〇八キロメートルも配るわけではない。土地の形状などが影響しているため、せめて半分くらいは国や県の財政支援があってしかるべきではないかということで、山口県の当時の二井関成知事、大泉博子副知事とやり取りをしていました。それで二井知事も大泉副知事も、当分の間は企業債の償還の元利償還分の一部の補塡については、県のほうで高料金対策の補助金ということでお約束しますということになり、竣工式の八月一日を迎えました。

竣工式ではそれらについて感謝の言葉を申し上げましたよ。大事業ですから来賓として二井知事もお越しになるし、自治省、それから厚生省の水道担当部署のかたも来られます。もしこれが解決しなかったら、「まことに立派なものができたけれども、財政措置もせずに市町村任せにするというのは、国や県のかたがたは配慮不足、考慮不足ですね」と主催者のあいさつをせざるをえませんと冗談半分で話していました。補塡していただけましたが、それでも若干高めです。ですが、「蛇口をひねると、ビールよりも高い水を飲まなきゃならない」と議員さんが言うまでは至らなかった。これで、水不足の心配はせずに暮らしができるようになった。大事業ですが、柳井地域の最低限の生活インフラがこれでできあがって、本当によかったなと思っています。

第5章　市長時代——第三期

八年ぶりの選挙戦

——三期目（二〇〇一～二〇〇五年）について伺います。二〇〇〇（平成一二）年六月一五日、市議会の一般質問で三選に立候補する旨を表明された当時の思い出をお話しください。

河内山　三期目は、極めて当然の姿としてありました。手がけている仕事、介護保険、広域水道計画の財政問題、観光商業のビジョン、緒についたばかりでまだ決着を見ないものがたくさんありましたので、質問を受けるかたちで立候補の表明をした。自分で手がけたことについて目鼻を立てたいという気持ちが一番中心にありました。特段悩んだことはなかったです。

——二〇〇一（平成一三）年一月に萱原清さん、松村泰道さんを相手に八年ぶりの選挙を戦い、一万二〇六一票を獲得して三選を飾りました。

河内山　二期目が無投票だったので、「現職市長の選挙とは、どういうものなのか」ということが、このとき初めてわかりました。結構きついんですよ。私以外が出馬表明すれば、選挙に向けて後援会の活動もやらないといけない。各地で市政報告会などもやらないといけない。候補者としてやらなければならないことが山ほど出てくるのです。

一方、現職は日々公務があります。ですから、日程をいろいろ気をつかわないといけない。市長は特別職公務員で、平日の昼間の時間帯に政治活動を行うことを法律上は禁じられていません。ですが、世間の物の見方や考え方からしますと「現職の市長が昼間から市長の仕事を放っておいて、後援会活動や事実上の選挙の準備活動をやる」のは、理解を得られない。そうすると、時間が非常に限られるのです。せめて許されるのは、お昼ご飯時です。後援会に頼んで、お昼時に誰かに迎えにきてもらって後援会活動やミニ集会、会社関係のミーティングであいさつさせてもらう。結構時間がない。夜もフルで空いているわけではありませんから、それが非常にきつかったというのが一つ。

この選挙は異例な選挙でした。萱原さんは市議会議員として「自分ならもっと市政はこうしたい」と、市政改革のチャレンジャーとして出たのです。一方、松村さんはお隣の町である上関町の原子力発電所の建設に関わっておられた。松村さんは出馬直前まで毎日新聞の柳井支局長でしたから、私は原子力問題も含めて取材される立場でした。そういうかたが突然対立候補者として出てこられるのは、自分なりには心外な面があった。

加えて、まったく無関係とは言いませんが、隣町の原子力発電所の問題を争点にして柳井市の市長選挙をやるのは、どう考えてもズレる。今もそうですが、当時だって原子力発電所のリスクはゼロとは考えてないわけです。これを争点化されると、当事者である上関町のほうは自分の問題ですからリスクもあるがメリットもあることは明快に言えます。ですが、隣の柳井市としては、メリットはその物事が決まるまではないわけです。

立地をしようと動き始めますと、原子力に関わる様々な補助金がありますし、交付金もあります。それから直接的に原子力に関わりがないような部門でも、例えば企業が立地すると電気料金を割り引く制度、市というよりも商工関係団体の人が主たる応援団ですから、商工会議所が様々な事業をやられるときには、めったにない一〇〇分の一〇〇の補助金みたいなのがたくさん用意される。動き始めるといくらかの経済メリットみたいなものも含めてあるのですが、動き出す前は何もない。

そうすると、隣町のことを明々白々の争点にされると、困るのです。ですから申し訳ないが、柳井市の選挙では争点になりえない。あと、原子力発電所のように国策に関わることが選挙の論点になりますと、地元だけでなく全国各地で反対運動に連帯されるかたもいっぱい来ます。私どもの柳井市のきれいな白壁の町並みに「原子力発電反対！」みたいなポスターをある晩にいっぱい貼られる。明らかにまちの雰囲気が悪くなる。これは相当苦労しました。

今は意見を変える点はありますが、原子力発電に関しては、基本的には立地する自治体の人たちが主体として決めるべきだと考えていました。あとは都道府県知事の権限に属することで、何かあれば隣の市の市長として市民アンケートを実施してお答えしますが、賛否の表明ではなく参考意見ぐらいのものしか、法律的には意味合いがないという話を繰り返し申し上げましたね。

もう一つは、電力会社が主として立地の手続きをされますが、本当は国が前面に出てこなければいけない。今まさに福島で経験してわかったのですが、安全確保は一電力会社、一自治体で対処できるような代物ではない。いくらトラブルを止める、冷やす、封じ込めるというものが機能すると言いながらも、想定してないことが起こりうる。そのへんは国が出てくるべきで、隣の市の市長がどんなに知識・見識をもっても足りないという話です。原子力発電所の話も無視し、逃げるわけではありませんが、市にとってより大事なことも論点としていっぱいあるという話を、講演会で市民向けにはしました。

ですが、新聞もテレビも「原子力選挙」です。したがってインタビューの内容も市政のことなんか誰も聞きません。原子力に関わる質問ばかりですから、これはきつい。報道されますから答えないわけにはいかない。ですが答えてしまうと、他のものを言うだけの時間や余裕がなくなる。したがって数か月間、つらい選挙だと思いました。結果として、萱原さんと松村さんの投票を合わせたよりも、私のほうが少し多かったから一応信任はされた。そういう内容も含めて、白紙委任を受けたとは思いませんがそんな選挙でした。

――二期目の選挙が無風選挙になり、例えが悪いかもしれませんが、後援会の組織がゆるみ、選挙に対する勘が鈍る。もしくは、三期目になりますと、高齢のかたが世代交代して新しい支援者が出てくる。一期目と比較して、三期目の応援の中心となったかたがたについてお話しください。

河内山　まさに最後にご指摘のとおりで、八年間で平均年齢が確実にプラス八歳になっています。八年前には走り回っていた人たちは、選挙の応援団・運動員としては世代交代せざるをえない状況にありました。最初の選挙のときに六五歳だったとしても、七三歳。七〇歳だったら七八歳。そうすると、新陳代謝を図らざるをえないですね。私のほうもそうですが、後援会の主だった人もとにかく若者にいっぱい事務所に来てもらおうじゃないかと。政治に無関心な人やお子さんをおもちのお母さんたちは、原子力発電所の問題などについては否定的な傾向にあります。大いにそういう人とのふれあいをすべきということもあり、戦略的に、戦術的に「若者にどうやったら参加してもらえるだろうか」と私も後援会の人も一緒に取り組みました。堅い話だけするのではなく、カラオケを歌いに行ったり、居酒屋で懇親会をやったり。そういう意味では、単に公民館の会議室で会議をやったという関係を超えて仲よくなった人とは、いまだにお付き合いがあります。それはよかったなと思います。

それと、勘が鈍る、選挙の体制をどう取るか。これは、チャレンジャーのときのように何でもやりますみたいなことは、現職ではできなくなるのです。別にお高くとまっているわけではありません。例えが悪いのですが、白鵬がけたぐりをやる、最初に大きく体をかえる、かわす。ああいうことをやってはいけない。横綱相撲とは言いませんが厳粛に、そういう構えになります。選挙当事者はいいのですが、応援する人からすると、そのへんは上品になります。「あの人のところに行ってもかえって迷惑だし」と。ですが、そういうことはあとからわかる。常に「自分は今回が初めてだ」ぐらいの思いで選挙戦をやらなきゃいけないというのは、万歳をやったあとにわかりました。

無党派層の台頭

――一九九〇年代の終わり頃から無党派層という言葉で国政選挙のたびに賑わうようになりました。地方政治の世界において無党派層をどうとらえましたか。

河内山　一九九〇年代後半から二〇〇〇年代の初め、特に自民党の政党としての力は本当に落ちていました。政党の支部は都道府県連があって、さらにその下には、例えば自民党の柳井支部があります。そうすると支部長以下、実は議員さんだけです。青年部長、当時は婦人部長と言いましたが女性部長、あとは一般のかたがおいでになるぐらいで、何の会議でも市議会議員さん、あるいは県議会議員さんだけ。これでは何をやっても広がりようがない。結局、政党の力が落ちてきて、「農業関係団体の人にアプローチするか」となると、「農業関係は自分のなわばりだ」と思っている人は新しい人が入ってくるのが嫌なので、そういう人はこなくなる。他にも「自分は商工会議所の会員で、自分のシマだ」、「ＰＴＡは自分のなわばりだ」と。全然広がりようがない。議員さんも自分の選挙のときには一生懸命そういう人たちの動員力、組織力は使いますが、政党のために使う意識がない。特に自民党としては、ちょっと距離の離れた場所やグループに働きかけるチャンネルがなくなってきた。組織力があるのは、公明党や共産党ですね。連合が誰を代表しているかといったら、正規労働で労働組合のあるところだけです。そうすると、これも何の会合をやっても一定レベル以上の組合の代表者だけが連合の会議に出ている。自民党と同じで、そんなに訴求力があるわけではない。今も同じ状況だと思います。

そうすると、日頃は政治の側に縛られてはないが、自分たちは政治的にはきちんとした選択をしなければならないというので、本当に無党派なのです。保守王国である山口県の東部においても、完全に無党派です。ですから、幾度やっても民主党の平岡秀夫さんが選挙に勝つ。それは民主党の平岡さんのヒラオカイズムみたいなものが、新鮮で、無党派層の人の期待を集めたのでしょうね。しかし、自民党のほうは先細り感があったというのが、あの頃の政治状況ではないかと思います。

「ゆとり教育」とふるさと教育

――『広報 やない』を見ますと「1. 中心市街地活性化、2. 農業振興、3. 教育学校週五日制、4. 高齢化社会の対応」を課題ととらえています。学校週五日制を取り上げた経緯について、お聞かせください。

河内山　学校週五日制は、日本の教育にとってプラスではないと当初思っていました。学校週五日制がなぜ出てきたか。学校教育がうまくいかないのは、詰め込み教育だからという話がありました。詰め込み教育だからうまくいかないという仮説・仮定を立てた人は文科省の中にも教育評論家の中にもいますが、私は、それは誤った分析だと考えます。全ての流れは、詰め込み教育では大変忙しいから「ゆとり教育」をやらなければならない。カリキュラムの内容も薄くしましょう。それから、日にちも週五日制にして減らしましょう。時間が足らないから日本の小学校においては「円周率は三にしましょう」みたいなおかしな話が始まってくるわけです。そうすると、一番損をするのは教育を受ける可能性・権利あるいは教育を受けるサービスを約束されなければいけない子どもたちです。親御さんは、平等にと思っているからいいじゃないのということですが、学力が落ちていくのは後々の日本社会にプラスではない。

学校週五日制が始まるのはいいが、柳井市としては何かそれを補うような仕組み・仕掛けはできないだろうかと考えました。例えば寺子屋。教えたい人はいっぱいいるし、教えてもらえる人もいっぱいいる。もちろん体も鍛えなければいけないから、土曜日か日曜日の一日ぐらいは走り回ってもいいかもしれませんが、小学生や中学生の本分は、勉強することです。それで教育委員会にもいろいろと働きかけをするのですが、教育委員会としてこれをやるというのは決めてくれない。これはもう完全にボランティアでやるしかない。いくつか実験的にやろうとしましたが、教育というのは非常に平等を重んじる世界で、自分たちも協力したいが、ある場所ではできても別の場所ではできないというのでは、教育関係者や学校の先生のOB・OGも含めて反対なのです。山口県には山口県教育会という、現役の先生もほとんど加入する教育振興のための財団法人がある。教育委員会ができないのであれば、山口県教育会の柳井支部として何か実施してみましょうかぐらいの話はしてくださるのですが、どの地区でも、どの学年でも、ある程度みんな平等にできることが前提で、なかなか話がまとまらなかったのです。

ただ後ほどのＩＴ革命も含め、とにかく時代は大変化するということになるので、せめて特色のある教育をやるということであれば、ＩＴ関係のことはいいだろうと、いち早く学校現場にＩＴ関係の投資もして、そういうことの得意な人は県の教育委員会にお願いして柳井市にみんな張りつけてもらった。熱心にやっていこうとすると、先生がたというのは真面目な人たちばっかりですから、心意気を感じてくれます。市長や市の一般行政側が教育について、大いに期待感をもっていることは伝わるわけです。そうすると、校長先生も、若い先生も含めて、この時点では柳井市に対して、教育で自分たちは頑張らなければいけないと熱心にやっていただきました。ですが、姿形で何か特色のあるもの、寺子屋や土曜日を使って塾をやるまではいかなかった。いまだにそういうものをやるべきだという気持ちはもっていますが、一般行政、教育行政の中でやるのは非常に難しいなと感じました。

もう一つは、徹底的にふるさと教育をやらなければいけない。実は、自分たちのことは知らないのです。私自身も含めてですが、どういう歴史があって、どういう地理条件のまちに住んでいて、自分たちの地政学的な位置はどこなんだみたいなことは誰も知らない。そうすると、薄っぺらなふるさと教育で終わってしまう。どこの自治体もやっていますが、副教材がつくれるのです。『わたしたちの柳井』という副教材は中身が充実していて、子どもさんが家に持って帰って親御さんが読んでも「いやー、勉強になります」といういいものをつくったのです。「テストやるよ」と言ったらすぐみんな読むのですが、読まなくてもいいという感じで配ると読まない。もったいないことをしました。

――『わたしたちの柳井』について教えてください。

河内山　もちろんです。茶臼山という古墳があり、その頃は柳井の町中は海であった。そういう土地に大きな古墳ができ、あるいは中国から渡来してきた大きな銅製の鏡をもつような人がどういう立場の人だったかという話から始まります。地域にとって交通の要衝というのは非常に大きな意味があり、結果として古墳ができ、これが後々は商都として物流の拠点として発展していく。一方で、瀬戸内海特有の温暖多日照というのはいいことですが水に恵まれない地域で、日本全体が工業化した時点でいうと少し柳井市は損をした部分がある。そのため、自分たちの地域にはプラスもマイナスもある。ですが、それは自然に応援されながらもそういうものの理をよくわかった人間が努力していることこそ、一番大事だということで最終章が終わる。歴史的な水を引っ張ってきた人物のお話であるとか、様々な身近な文化財の紹介も含めてなかなかいい本です。

「ふるさとの森」創設にむけて、子どもたちと植樹に取り組む著者

柳井茶臼山古墳から発掘された出土品の１つに、単頭双胴怪獣鏡（大鏡）がある。この鏡は直径44.8cmと、古墳から出土した鏡では日本国内で最も大きなものである

「ＩＴ革命」

――二〇〇〇（平成一二）年に森内閣が「ＩＴ革命」を掲げたことを契機に行政の世界でもＩＴ化の波が押し寄せました。柳井市で生じた変化や考えについてお話しください。

河内山　国策として推進して一番よかったのは、地方におけるＩＴインフラの整備水準が非常に高まったことです。例えば、光ファイバーも二〇〇〇年より前は、大都市部で整備可能なインフラであり、ＮＴＴであっても地方まで光ファイバー網を整備するのは無理という感じでした。ＮＴＴ自身が光ファイバーを敷き、国からケーブルテレビ会社に相当な応援をしていただいた。ですが、コンテンツで行政をどう変えていくかは、まだまだ緒に就いたばかりです。確定申告が電子申告できるようになりましたが、個人認証を取るなど、前提条件がいろいろあります。必要だと思っている人はやりますが、なかなか進まない。これから、ＩＴインフラや個人番号制度を使ってどう行政の効率化を図るか、国民目線で便利にしていくかという課題が出てくると思うのです。

森総理がなぜ熱意をおもちになったかはわかりませんが、あのときから一〇年以上インフラ整備をやってきたことは、日本中に高速道路を敷くのと同じぐらい重要な、国土が均衡をもって発展するためのインフラとしては非常に大事だと考えます。ただ、それをどう使うかは、地方も中央もまだまだというのが実情でしょうかね。柳井市でも、庁内をどうするかみたいなことはＩＴ化が進んだのですが、それを外と結ぶ、住基ネットを使うなど、やるべきことはたくさんあったのですが、私が市長時代は未成熟なままで終わったなという感じです。

芸予地震への対応

――阪神・淡路大震災のときにも話をしてもらいましたが、二〇〇一（平成一三）年三月に芸予地震があり柳井市も最大震度五強の揺れに見舞われました。当時の対応について詳しくお話しください。

河内山　結果として、大きな人的被害は出ませんでした。地震というのは、どこが大きく揺れてどこが揺れないというのがあって、被害が面的ではなく線的に出てくるところがあるのです。柳井市も地盤、あるいは我々がまだ知らない断層の関係などあるのでしょうね。非常に屋根がたくさん壊れるような被害があったところと、全然揺れなかったところがありました。幸いにして人的な被害はありませんでしたが、強い地震があまりないところですから、たいへん驚きました。

二つの点で非常によかったなと思うことがありました。一つは、地震のときに災害対策・対応するのに最初に初動体制で動いてくれるのは地方公務員です。まずある程度の自治体の職員の人手が集まりませんと被害状況の確認もできず、各地の主だった地点の人たちへの問い合わせや調査もできません。地震があったのは土曜日の午後ですから役所はお休みなのですが、私が登庁したのは地震が起きてから三〇分後ぐらい、その時点で総務部長が「六割ぐらいの職員が参集してくれています」と言ってくださった。六割いれば二〇〇人以上いますから、相当のことができます。普段の災害対策の基本的な計画に従って、三〇分後には「調査班は何するか、あるいは土木班は何するか。それから広報班は何するか」という組織立った活動をスタートしていました。阪神・淡路大震災後、参集の訓練をやり、繰り返し、繰り返し、危機管理の意識を喚起したことの結果としてうまく初動できたと思った。非常に嬉しかったことの一つですね。

二つ目は、いち早く海上自衛隊の岩国基地の人たちが、上空からの目視で被害状況があるかないかを確認してくれました。震災の場合は、水害の場合よりも本当の被害がわかりにくい。阪神・淡路のときもそうですが、誰が見たら一番わかるかいうと、上空を飛んでいる人です。確か、地震の発生が午後三時二十七分頃で午後四時ぐらいに岩国基地の基地司令から電話がかかってきて、「柳井の上空もいろいろ飛んでみましたが、河川や橋梁の異常、土砂崩れなどは見受けられません。それから先ほどの話のとおり一部分、たぶん屋根が被害を受けたものがひょっとすると一〇〇プラスマイナスアルファ軒ぐらいある可能性があります」と正確に教えてくださった。非常にありがたいことです。

これが、自衛隊をはじめとするいざというときの危機管理に必要な組織と日頃からコミュニケーションを取ってきたことの結果です。自衛隊が好きか嫌いかではなく、阪神・淡路のときの反省です。当時、兵庫県では訓練もあまりしなかったということで、言ってみればホットラインさえもなかった。いち早く情報を的確に教えてもらえたというのは、非常によかったと思いました。

実は、そういう関係というのはお互いさまみたいなところがありまして、ずいぶん後に山火事が起こったときに、今度は防災ヘリコプターだけではなかなか消えないときがありました。それは水の量が圧倒的に少ないのと、県の運用している防災ヘリは技量が低くて申し訳ないのですが、双眼鏡で見たらよくわかるのです、ピンポイントで水が当たっていない。山火事の火を消そうと思ったら水をもって行くのですが、水によって火勢が弱まるよりも上空からヘリコプターが飛ぶことによって風を起こしますので、それによって火勢が強まるほうが勝るのです。ですから技量は必要なのです。そのときもなかなかうまくいかなくて、日が暮れてきて、だんだんみんな不安になる段階ぐらいで、県のヘリコプターは運用を夕方になると停止するのです。

そのときは、航空自衛隊の福岡の春日基地からＣＨ－47という双発のヘリコプターを投入してもらい、かなり強力に消火活動をやってもらいました。当日は鎮火まではいかなかったのですが、火が一定程度、収まった段階で夜明けになりまして、夜が明けてからもう一回ＣＨ－47に出動してもらった。最後に自衛隊の人が作戦終了で基地に帰らなければいけないのですが、「作戦終了していいかどうかは市長に空の上から確認してもらえ」と。それでヘリコプターに乗って、何となくまだ煙は出るかもしれないようでしたけれども一応収まっていますので、「作戦終了ですね」と伝えました。国もそうですが、地方自治体もそういうことを想定して、実力や設備をもっている集団と緊密な連携ができるように常にやっていかなければいけないないなと思いました。

国民保護図上演習（DIG訓練）の一幕。国民保護計画に基づき、市町・消防・自衛隊・警察などの連携を図るために実施される。写真は、2008（平成20）年９月30日に実施された訓練での一幕。写真中央の指揮を執っている人物が著者

――今、震災対策への関心が高まっています。柳井の場合は海もあり、地震による津波の問題などがあると思います。海上保安庁や海上自衛隊に協力をお願いするときの線引きについて、また消防関係および警察関係との提携についてもお話しください。

河内山　指揮命令系統が違うので、それぞれが独立した組織です。大事なのは、第一義的にも最終的にも、どこかで情報共有をしていることです。お互い人間ですから、情報共有していたら隙間がなくなるのです。危機管理で

大事なのは、もっている力を集中させて危機をとにかく収めることです。情報共有ができず、「一番必要とする部分や急がないといけない部分は何だ？」ということがわからないままに、てんでバラバラに活動したら、戦力の逐次投入になりまして成果が得られません。

柳井市災害対策本部の組織図からすると、警察・自衛隊・海上保安庁はうちの組織図の外にあるオブザーバーです。ですが、私は水害でも山火事のときでも、消防団・消防・警察・自衛隊・海保の言ってみれば情報参謀クラスの人に必ず本部に入ってもらって情報共有しています。あとは自衛隊でどう処理するか、警察の中でどう処理するか、それは官《つかさ》官《つかさ》の仕事ですからお互い介入する必要はないわけです。ただ、隙間が生じないように。それから、最も急を要するところにみんなで力を合わせて戦力を集中しましょうと。意思決定を間違わないようにするためには、情報共有が必要です。

当然のことながら、海上保安庁と海上自衛隊の役割分担ももちろんありますが、一般論として、海上自衛隊は最初から出てくるところではないと思います。様々な危機、タイプはありますが、海の安全、とりわけ人命救助と海における民間の犯罪、民間の事故、これについては海上保安庁が第一義的には対応すべきだと思う。海上自衛隊が出てくるというのは大きなものへの対応、あってはなりませんが、外国の関与するようなこと。基本的には海上保安庁が第一線へ出て行き、海保は航空機を含めましてそんなに数をもっているわけではありませんし、当然、海上自衛隊の中でも飛び道具をもっているところはまた特別ですから、そういう連携を図ってもらうのが基本かなと思います。

山口きらら博

――二〇〇一（平成一三）年七月から九月にかけて「山口きらら博」が開催されました。当時の模様についてお話しください。

河内山　山口きらら博は、様々な経緯があって始まります。まず、山口県が事業主体としてつくった山口市の南、瀬戸内海側の農業用の干拓地が利活用されないままに放置をされていたこと。そこをいったい、将来的にどう考えるのか、投資した事業効果がまったく現れないままになっている。山口県の中でそういう課題、問題がありました。

二〇〇〇（平成一二）年頃の山口県政でいうと、財政規律を正さないといけないと、当時の二井開成知事は思っておられました。大型の投資やハコモノなどには、抑制的でした。二井知事の前の平井龍知事の時代にかなりの投資をされ、下関にタワーを、岩国にはホールもつくられた。山口県政でいうと「西の下関、東の岩国」、両方とも地理的に一番端で、どうも反山口市、反県庁の感情が強いため懐柔策的に少し多めの投資をするという面もありました。ですが、投資抑制の時代に入っていましたので、元気があまり出ないということがありました。

二井知事はソフトでやらなければならないと考えて県知事になられたのでしょうが、ソフトでやるといっても、ひとづくりはすぐさま結果が出るわけではありません。そうすると、イベントは県民を元気づけるためにはいい仕掛けであると思われたのでしょう。埋め立て地、プラス、イベント。私もピンときましたが、これは神戸のポートアイランドのことを考えたのです。神戸市の沖に人工島をつくって博覧会をやられて、その後の土地は企業に買ってもらう方式ですね。山口県においても放置されている荒れ地ではよくないので、一定の整備をしたい。後々は山口きらら博記念公園という県民運動公園などを整備するのですが、その過程で博覧会をやりましょうとなりました。博覧会というのは中心になってやる人は非常に熱く燃えるのですが、それ以外の人は冷めています。最初の立ち上がりは、みんな冷ややかでした。私も市長会の役員をやっているから、一緒になって成功させる立場上の責任がありますので、様々な人に前売り入場券もいっぱい買ってもらいました。市役所の人も、たくさん買ってくれました。

やり始めますと、案外と県民性なのでしょうか、みんな行こうという気持ちになったのでしょうね、成功裏に終わりました。こういう地方の博覧会は、だいたいは惨憺たる結果になる。県でやっても、市でやっても、その後の県政、市政が失速する原因になるのです。それはそれでよかったなと思うのですが、全てがよかったわけではありません。当時の二井知事はいい成功体験をされたので、結局、「イベント知事」になってしまった。その後も、次の目標は二〇一一（平成二三）年の国民体育大会だ、その次は二〇一五（平成二七）年の世界のボーイスカウトの集まり世界スカウトジャンボリー。そういう節目、節目でイベントをやることによって県政の元気さを保っていく意味では、二匹目のドジョウはなかなか出てきません。誰も表だって批判はしませんが、もう少し地道なことをやらないといけない。これが、その後の山口県政に対する県民の偽らざる感情というか、評価になったのではないかと思います。

別府・広島・呉間の定期航路の就航

――二〇〇二（平成一四）年三月に別府・広島・呉間の定期航路が三八年ぶりに復活し、柳井港に高速旅客船ソレイユが就航しました。この経緯についてお話しください。

河内山　柳井市に本社を置かれる防予汽船が子会社をつくり、別府、広島、呉に加えて柳井に寄港する高速船の運行の認可を取られたのです。長井頼雄会長さんとはたびたびお目にかかって、いろいろとお話ししました。このかたは非常にベンチャーでチャンレンジをされています。当時で七〇歳を超えておられました。

当時、これからの日本は、今の言葉でインバウンドの時代が必ず来ると思いました。まさにその時代が来ました。インバウンドの時代が来るときに、地方都市が単独で何かをやろうとしても無理ですから、長井会長のお話を聞いて「ぜひ航空会社にも話そう」と思いました。一回か二回テスト的にやったのですが、アシアナ航空でソウルから大分という経路は、温泉好きな人が頻繁に観光客として訪れるのです。ただ、一度来られるとだいたい終わり。ですので、アシアナ航空にソウル‐大分のフライトの後に、別府・柳井・呉・広島に立ち寄ってもらう旅行プランのセールスプロモーションをしました。補助金も出して、まずは市民の人にもそういうものが走り始めるというのは大事なことだから、みんなで応援しましょうよと言いながら。そうは言っても、自分たちだけで乗っても限界がありますから、今みたいな話で「インバウンドの受け皿みたいにならないですかね？」ということでいろいろとテストしてもらい、可能性はたくさんあることがわかりました。

2002（平成14）年３月１日から高速旅客船ソレイユが38年ぶりに柳井港に寄港することになった。くす玉の真下にいるのが著者

残念ながら、その後に燃料の高騰が起こる。燃料をたくさん使う高速船の運行に対して支障が出てくるような状況になり、実を結ぶまでにはなりませんでした。ですが、インバウンドを地域経済に溶け込ませていくためには、今までなかったようなルートで移動することをスポット的にでもいいからやったほうがいい。瀬戸内海はエーゲ海と同じ

ぐらい船で旅すると楽しいのです。いまだに意味はあると思いますので、そういうことをビジネスとして誰か考えなければいけないでしょう。

地域通貨「やない」の導入

――この頃全国各地で地域通貨の導入が話題になり、柳井市でも「やない」という地域通貨の取り組みがなされました。地域通貨に対するお考えを教えてください。

河内山　地域通貨は、流通する意味合いが大切です。普通ではビジネスとしては成り立たないのですが、そういうものを噛ませることによって小規模で多様な社会サービスが生まれてくるのではないか。そこへの期待です。様々なタイプの地域通貨がその当時、出てきましたよね。何かいいことをすると、それがポイントとして貯まって後々何かに変わっていく。誰かにボランティアでいいことしてあげると、ボランティアの供給側だけではなくて将来は受け手になりますよ、みたいな。

地方の課題解決のために特区であったり、あるいは特別の法律でやり始めます。例えば、交通支援サービス。そういうものもできれば、単独ではビジネスにはならないが、何かサービスの供給ができないかなというのがこのときの思いです。

この仕組みや仕掛けはそのまま継続はできなかったのですが、その後、市のほうで健康マイレージを始めた。意味するところは同じです。自分の健康にとっていいことをします、あるいは他者の健康をサポートします、そういうものはマイレージとして貯めて、柳井のやまぐちフラワーランドの入場券に替えられるようにしたり、市のほうで付加的な公共サービスの提供ができるようにしたり、市内の商店街に加盟しておられるお店で、やや社会性のある商品に交換できるようなポイントにしましょうということをいまだに続けていますす。そういう根っこは、その後も精神は続いているなと思います。ですが、そのものズバリ、地域通貨というのは難しかったですね。

平郡島と離島対策

——二〇〇三（平成一五）年三月には平郡島の分校が休校しております。離島対策についてお話しください。

河内山　小学校がなくなってしまうのは、地域にとって悲しい話です。私が市長時代、島に七〇〇人ぐらいいましたが、あっという間に五五〇人ぐらいになり、若者はゼロ。最後の小学生がおられる家庭が小学校を卒業してしまうとその後の可能性はゼロになる。でも後々、物語が展開します。離島にとって若者が定住してくれるのは大事な目標ですが、すぐさまはできそうにない。離島に関して一番思ったのが、産業として何もないわけではないことです。お魚、タコ、ミカン、サツマイモがある。特色のあるものができますが、運賃が上乗せされるとバカ高いものになってしまうのです。ですから、物流をなんとかしなければいけない。それから、車社会になっていますから、人だけが乗れる船じゃダメ。人が行き来するための大事な道具としてフェリーが必要。ですので、フェリーを就航させようというのが、私の夢になったのです。

ただ、離島航路の環境からすると、なかなか難しい。第三セクターで、市長が社長を務める平郡航路という船会社でやりますのでとにかくフェリーをつくろう。つくりさえすれば、運航のための離島航路補助金を今でも国が手厚く出してくれます。もちろん条件不利地域ですから厳しく査定はされますが。そういうことが続く限りは、初期投資を頑張れば、減価償却のほうも離島補助金で相当程度みてくれる。

一番大事なのは、国土交通省がフェリーの建造を真に必要なものとして認め、減価償却の補助金を出してくれる確約。やっぱり、固いんですね、「人だけ運んでも赤字が出ているのに、投資額が大きいフェリーなんて。そんな需要があるんですか」と言われました。様々なやり取りをして、最後は政治的な決着です。「離島に対して、普通の経済原理で議論していても始まらないじゃないですか」と今はもっと厳しく言うかもしれませんが、離島航路補助金は聖域の部分でもありました。昔から自民党の有力者で山中貞則さんなど、離島について非常に熱心な代議士がいました。まさに「まちに住んでいる人はわかんないだろうが、そういうことにお金を出すのが日本国政府の役目じゃないか」みたいなことを本気でやる人です。国土交通省も全否定みたいなことはせずに、「ある程度とやかく言うが、めでたく離島航路としてフェリーを就航させる」ところまではできあがりました。物流のコストを下げないといけませんから、それには柳井市で補助金をということで始めたのです。私がやっている間はなかなか実を結びませんでしたが、そういうことをきっかけに山口県内の人でも平郡のことについて注目する人も増えてきまして、今は平郡島で取れるサツマイモを使った芋焼酎を生産しています。時間が止まったぐらいきれいな海で隔絶したコミュニティーがずっと残ってきましたから文化そのものが残っている。興味の対象としては面白いことがいっぱいあるのです。それが生活とどう両立してくるか。

時代は変わって、島根県の隠岐にもIターンする若者がいるように、平郡島にもIターンしてくれた人がいました。ちょうど私が市長を辞める頃に第一号の人が出てきて、その後、第二号、第三号と来てくれました。若い人がお住まいになると、赤ちゃんも生まれ、二〇一二（平成二四）年に、小学校が再開したんですね。休校したときの寂しい思いは当時、地元のかたはもちろん、私も、行政関係者ももちました。では、何について手を打つか。もちろん、船だけが全てじゃありません。離島に関してちゃんとした将来ビジョンをもつ。一つには、産業として成り立つことを考えない限り人は何も生み出しません。もちろん生活の安心感からしましても離島補助金。もう一つは離島の診療所、お医者さん。これは自治医科大学の出身で、へき地、離島医療を一生懸命担っているいい先生に恵まれた。だいたい三、四年ぐらいで交代するのですが、みんな島を離れるときは、島中の人が港でお見送りするぐらいの人気者。市長が行っても三分の一ぐらいしか出てきませんが、診療所の先生だと全員です。それだけすごい。船の話、産業振興、離島医療。そういうことをいろいろやっていくといいことも出てきます。

市長時代に平郡は特別だと感じました。ですから、デイサービスセンターもつくりました。それから、集落を走るバスに近いものも入れました。陸地側の人からすると、自分たちにもやってくれとうらやましがられるぐらい手厚くやりました。島を事情があって出て行った人、あるいは島出身の人もじっと見つめてくれます。その本気さを、直接、離島と関係ない人もずっと見ています。

――瀬戸内ですと、離島のある自治体がたくさんありますが、横の連携、一緒に組んで何かという動きはありましたか。

河内山　全国離島振興協議会があります。ですが瀬戸内海の離島は、連帯するほど困ってないということがわかったのです。山中貞則さんが思われるところの離島や長崎県の有人離島のほうがよほど大変です。それぐらい離れていきますと、投資する内容も空港、航空機と多額のものになります。そうすると、離島同士が連携して何かと協力するのです。瀬戸内海ですとそこそこ自分の島に何とかしてくれという思いはあるのですが、みんなが協力してというほどではない。海が時化なければ一時間くらいあれば船で必ず行けますので、なかなか連帯感をもつほどの遠さではないのですね。

松下政経塾二〇年

――二〇〇三（平成一五）年八月二一日から九月九日にかけて、政経塾二二期生の福原慎太郎さんがインターンとして柳井市を訪れております。福原さんのインターンの様子についてお話しください。

河内山　福原君があのとき、明確に市長選挙に出馬しようという決意を固めていたかはわかりませんが、「生身の市長はいったいどんな仕事して、日々どういう生活をしているのか」を隠す必要はありませんから、限られた期間ですが、福原君は全て見たわけです。それは彼のものの見方、考え方に良くも悪くも影響を与えたと思います。その後、彼もなかなか苦労していますが、彼自身の姿勢、様子というのは終始一貫、「真摯に学ぼう」。礼儀も正しく、市役所の職員は「ああいう人に地方政治で活躍してもらうといいですね」と言ってくれました。福原君が真面目にやったことは、柳井市の若い職員にとってもいい刺激だったと思います。トップである私に対してものを言うのはなかなか遠慮もありますが、「政経塾でどんな勉強しているんですか」みたいな感じで後輩である福原君に職員がいろいろ問いかけます。トップには聞けないですからね。「政経塾とは何か」ということについて市役所の人もいろいろと関心をもってくれたり、知識をもってくれたりする意味でもよかった。何につけても福原君の個人的な資質について、市役所の中で様々な立場の人に話してよかったのだろうなと思います。

福原君は島根県益田市の市長になりましたが、「益田の市役所の職員は、柳井の市役所の職員ほど自分のやろうとしていることを真正面から聞いてくれません。組合の関係もあって」と言っていましたので、そこでつまずいたのかもしれませんね。市役所の全職員が「右向け右」と言って九割方向いてくれるのは、市長になって一〇年ほど経ってからの話です。ですから、福原君が見たのは二期八年をさらに上回る段階の私と市役所や市役所職員の関係、あるいは私と議会の関係です。それは、私も後から言ったのですが。一朝一夕で、職員の労働組合まで全部、最初からよき理解者というのは焦り過ぎたのではなかったかなと、後々思いました。

――二一世紀初頭は松下政経塾が発足して二〇年経った時期です。野田さんや前原さんなど松下政経塾出身の政治家たちの活躍がメディアで盛んに取り上げられるようになりました。そうした中で、世代間の違いなどを感じたことはありましたか。

河内山　どんな社会、どんな組織でもそうですが、二〇年ぐらい経つと、ある程度の形ができてしまいます。それはマイナスの面だけではなく、しなくていい苦労や悩み事をバイパスできるというメリットもあります。

諸先輩の姿を見るとうまくいったところの姿は見えるが、そこに至るプロセスというのが二〇年も経つと見えなくなってくる。以前に申し上げたと思いますが、小野晋也さんが最初に選挙に出られる頃、あるいは野田さんが最初に出られる頃は、無手勝流。とにかくみんなで考え、知恵を絞り、汗をかいていろいろやっていく中で様々な教訓を得ていく。逆に言うと、二〇年も経つと無駄な時間も少なくなる一方、必要とされる教訓を得る時間も同時に少なくなったと感じます。そういうところをどうやって教育の中で補っていくか、プログラミングするかは、今日なお、政経塾に行って感じます。なるべく本当のことをお話しさせてもらったほうがいいのかなと、非常に強く感じています。

小泉純一郎内閣と地方政治

――二〇〇一（平成一三）年四月、自民党総裁選挙で小泉純一郎氏が地方党員の圧倒的な支持を背景に勝利しました。この自民党総裁選挙で小泉氏を強く支持した地方の自民党員の「声なき声」について、考えを聞かせてください。

河内山　森内閣の最後の局面は、地方から見ていても「なんでこんなに失敗の連続が起こるのだろうか」、同じような光景は最初の安倍内閣の終わりのときにもあるのですが、国会議員、とりわけ有力な閣僚や党の幹部の人の感覚が、すごく乖離してくるわけです。そうすると、「これじゃダメだ」とみんなため息をつく。森さん個人としてはお話も面白く、親分肌で様々な人とのネットワークはあるのですが、総理大臣としての仕事、あるいは内閣としての結果責任からするとまずい面がたくさん。

そこで、その正反対の姿で出てきた小泉さんがああいう形で熱狂的に選ばれて内閣をスタートさせて、政権スタート時点の勢いを失わないうちに次から次へ。みんなの構えができる前に、矢継ぎ早に様々なことをやっていく。「聖域なき構造改革」など、とにかく言葉は面白く、躍動感が政治に取り戻されたということで、好きだという人が増えてきたのですね。

ですが、申し訳ないのですが、政治の中身的にはよろしくないものも混ざっています。「構造改革」と一言で言うのは簡単ですが、既得権益者をどちらかというといじめる。既得権益というのは別にズルして得たわけではなく、社会のインフラとして、社会のためにそういう特別な地位を与えられた人もいるわけです。今、日本郵政の株が売り出され、郵政改革が終着点を迎えつつあると考える人もいますが、決してそうではない。かなり大声で叫んだわりには改革ができてない部分がたくさんある。株を上場公開するなど、形だけはいろいろ変わった、あるいは民間人が社長になることはありましたが、最も大事な共通のインフラである、どこでも誰でも利用できるユニバーサルサービスとしての物流がうまく機能しているかというと、マイナンバーの通知一つとってもこの一五年間の間に改革できず、悪くなった面もたくさんあった。これは社会全体と同じですが、郵政事業でも非正社員化が進み、組織に対する忠誠心や仕事に対する責任感、使命感がどんどん落ちてくる。言ってみれば「人手も削っているから品質も落ちている」わけです。

郵政三事業もそうですし、「三位一体の改革」もそうですが、打ち出しの方法は確かに、「こんなことおかしいでしょ」と。三位一体でいうと、地方が元気を出すためには補助金を減らして実質的な財源を増やすところまではいいが、なぜ合わせて交付税も減らすのでしょうか。それは足し算、引き算が全然、合わなくなるわけです。ものすごく大騒ぎをしてタイトルは知っているが、中身については国民もそんなに知っているわけではない。地方自治体関係者ですら、「三位一体の改革」の意図するところは、最初はなかなかピンとこなかった。

私は最初から、「これは地方にとってみると毒まんじゅうみたいなものになる」と感じていました。考え方全体としては、財政効率化もしながら地方に財源を移譲するのはまったく財政中立で、税制中立。地方に財源を移しましょうというだけでは成り立たない話だから中央もスリム化するが、地方もスリム化できるところを探していきましょう、税源移譲しますよというのは悪い話ではありませんが、よほどその中身を見ないと毒まんじゅうみたいなこともありますというのが当時の私の考えです。

「三位一体改革」と生活保護

河内山　私は当時全国市長会で社会文教関係の責任者をやっていました。「三位一体改革」で、要は国の補助金をやめる代わりに税源を国の所得税から市町村民税に振替させることになり、地方からすると税源が移譲されるのは大賛成です。しかし、補助金を返上して自分たちの財源にするので、何の補助金をやめるべきかは、悩ましいのです。少しずつ補助金をつまんで税源移譲で振替というのは作業が大変なので、大きなものを考えなければならない。

一つには、公共事業の地方負担を増やすという考え方。しかし、長い間基盤整備に関わっていることの補助金をやめてしまうと、事業が進まなくなる。例えば下水道関係の仕事をまだやっているところがたくさんありますが、補助金をやめると事業が進まない。ですから、地方からすると「待ってくれ」となる。最後に残ったのが、一つは生活保護の国庫負担。普通の補助金と違い、国が四分の三出すのです。高率補助金にしているのは意味があります。地方の負担を増やしますと地方自治体は何を考えるか、「生活保護やりたくない」となってしまうのです。多額の生活保護の費用を出したくないから、ある意味で「貧困の輸出」を招いてしまう。自分のところを絞りに絞りますと、生活保護を受けて借家に住んでいる人は「じゃあ隣の市に住民票を移します」となるからです。結局それは現在の国が四分の三、都道府県が八分の一、市町村が八分の一という割合でさえそういう傾向がありますので、四分の三を三分の二にするといったら、地方としては大変です。やっていけない。

ですが、税源移譲の振り替わり財源は、生活保護を地方移管することで九九％決まりかけていました。地方自治体、とりわけ市長会としては、絶対反対。当時、官房長官が安倍晋三さんだったのです。アポイントをとって官邸へ行きまして官房長官室へ。知らない人ではありませんから、「安倍先生、生活保護をやめるというのは、基本的に全市長みんな反対です」と言った。そうしましたら、厚生労働省の社会・援護局長と相談されたのでしょうか、生活保護の地方移管は中止になりました。安倍先生が地方の声を汲んで、骨を折ってくださったのでしょう。それで、義務教育の先生の給料の三分の二を国がもっているものを二分の一に。ですから文科省は割を食ってしまいましたが、これは市長会の力だったと思います。

先ほど言ったように、全国市長会は圧力団体とはいいませんが、政治的なアクターとしての力はある。どのテーマでもですが、アクセルの力というのは束ねるのは非常に難しい。ですが、ある組織、ある団体は確実にブレーキを踏む力をもっているわけです。ですから、国論を二分するような様々なテーマで、地方が本当に強くなろうと思うと、言い方は悪いですがブレーキを踏む力をみんなで一生懸命つくらないといけない。アクセルを踏むというのはなかなか手間暇がかかるが、ブレーキを踏むとみんなに電話して話せばみんな反対と言います。

ノーマライゼーションと「幸齢社会」の実現

――当時の『広報　やない』には、「幸齢社会」の実現という言葉が登場します。また、二〇〇二（平成一四）年より一〇年間、長崎県諫早市の社会福祉法人南高愛隣会が「福祉のトップセミナー」を開始されており、浅野史郎宮城県知事、国松善次滋賀県知事、古川康佐賀県知事らと共に参加されております。福祉政策についての当時の思い出を教えてください。

河内山　現役の知事さんの中で非常に印象が深く、付き合いが深かったのは浅野さん、それから、後に総務大臣をされる片山善博さん。浅野知事とお付き合いが始まって国の審議会でご一緒したり、セミナーでご一緒したり、あるいは一緒に本（『民に聞け　地方からこの国を変えてみせる』）を書いたり。私は高齢者福祉、介護保険はなんとなく自分なりに勉強してわかる部分はあるのですが、最後まで残された最も難しい課題の障害者福祉の感覚をつかむために、浅野知事に様々な人をご紹介いただきました。このセミナーは事実上、浅野さんが私を呼んでくれたものですが、そういうことで勉強させてもらった感じです。

南高愛隣会は精神や知的な障がいをおもちのかたが、隔絶された施設、病院で暮らすことはおかしい、できるだけ地域の中に住まいをもってそこで生活し、通勤して地域の一員として溶け込んでいくことを理想型として長崎県でやっておられます。その現場を見せてもらいました。身体に障がいをおもちですが、普通にお付き合いできるのです。目の悪いかたは転ばないように自分が手でも引いてあげて電車乗るときにサポートしてあげましょうとなります、耳の悪いかたもそれなりのサポートの仕方がある。手に障がいのあるかた、足に障がいのあるかたにも、自分が杖代わりになりますよというサポートの仕方があるのです。ですが、精神の障がい、知的障がいというのは、なかなかサポートの仕方がわからない。行政もまったく同じです。サポートの仕方がわからないとなると、その人を保護すると同時に、周りの人も保護していかなければいけない。そうすると隔離、壁のあるところに住んでもらうという考えになりがちですが、その常識をまったく変えようとしているのが、非常に勉強になりました。

「社会的にハンディキャップがあると信じ込んだらダメなんだ」というのが浅野さんの考えでもあるし、南高愛隣会の考え方でもあるのです。自分は健常だと思って相手の人を見て、あの人たちはサポートする立場、弱い立場、「こちらが応援する立場」で「こちらが負担する立場」というお付き合いの位置関係をつくることは間違いだと教えてもらったのです。様々なかたがたが十分に活躍できるような社会になったらすごくみんな幸せになる。ご本人も幸せ、幸いの齢を重ねていくことも大事で、見ている人たちも幸せ。あるいは将来、歳をとっていく本人にとっても幸せ。そういう社会づくりをやっていかなければならない。そうすれば一般的にみんなが幸せになると思ったのです。例としてよく出すのは、エレベーターやエスカレーターがあればそれはいいのですが、ないところにはスロープをつくる。道路と歩道の段差、この段差がなくなることによって、みんな幸せになる。高齢者や障がい者だけでなく、旅行するのにキャスターを引っ張るかたがたにとっても、あの段差がなければだいぶストレスがなくなる、移動がしやすくなる。この幸せな社会というものを高齢者にとっても、後々高齢者になる私たちにとっても、障がい者にとっても、幸せな社会というのはいったいなんだということについてもっと深く学ばなくてはいけません。行政も隔離や特別扱いをするのではなく、深く考えて政策を展開すべきですね。

民主党政権が言い出した社会的包摂のイメージです。みんな同じ時代の同じ船に乗っている。あの人は船の外にいるとか、自分は乗っているがあの人は乗れないというのではなく、みんなすでに乗っている。船自体がいい方向に進むように考えましょうよというイメージで社会福祉関係のことを考えようと、浅野さんに教えられたのが実情です。

――二〇世紀終わりから二一世紀初頭ですとバリアフリー、ユニバーサルデザインという考え方も広がったかと思います。柳井市において、そういった考えが反映された施策はありますか。

河内山　私も何度か参加していますが、土木課や道路整備をする担当者が、たびたび車いすの人たちに協力いただいて、歩きやすさ、移動のしやすさのテストやモニタリングをやってもらうのです。そうすると、皆が移動するキーポイントがバリアフリーになってないことが、見えてくる。私も一緒になって車いすに乗っている人たちと歩いてみたらよくわかるわけです。「自分たちがいつも使っている、この公共施設のこの角度がきついんだ」と。結局、怒られるわけですよね。「自分たちには見えるんだけど、健常な人はスロープさえつけとけばいいんだと思ってみんなやっている」、「その角度がきついっていうことについて何とかしてくれ」と。角度がきついのを直そうと思ったらどうするかというと、長くスロープを取る。できないときはもう一つつくっていくのです。それは多くの人から教えてもらった。バリアフリーはやればいいんだ、形さえ整えればいいんだという姿勢を関係者から否定してもらうのが非常に大事です。

あとはバリアフリー法にしたがって公共施設、学校だってそうです、中学校で一人でも障がいのある生徒がいればエレベーターをつけないといけない。そこのところで学校経営の哲学が問われるわけです。私は、柳井市の中学生でそういう子が入学してくるらしいと聞いたので、お金はかかりますが、簡易型のエレベーターを設置するべきだと思いました。哲学というのは何かと言ったら、そういう人が入学してくるときに、「それは特別支援学校へ行くべきだ」という考えもあるわけですが、私は可能な限り、ご本人が普通の中学校で学びたいという気持ちがある以上は、そういうことはやらなければいけないんだという精神に基づいて決断をしました。

「平成の大合併」

――二〇〇〇（平成一二）年に政府が閣議決定した行政改革大綱には市町村の数を将来的に一〇〇〇にする旨が明記され、二〇〇五（平成一七）年三月までの時限立法である合併特例法の措置を延長しない旨が強調されました。こうした政府の一連の対応をどう評価しますか。

河内山　国をあげて合併をやることは、地方行政に関してみるとよろしくない。特に、数まで目標を決めてやるのは見識がないと考えます。もちろん当事者として、自分たちはいい地域をつくっていくために合併したほうがいいと思えば合併すればいい。それを無理やり、地方財政措置で後押ししてまで合併を進めるのはよろしくない。地方では、福祉・教育・環境・産業振興や先ほどの話でいうと離島対策など、本来、力を入れるべきことがたくさんある。それにもかかわらず、日本人はほんとに単純過ぎるのですよ。合併をすると言った途端に本来やるべきことは、完全にスピードダウンするわけです。合併が最優先。みんな不思議なくらいに煽られる、「バスに乗り遅れる」と思うのです。それは日本人の精神性によるところが多いと思うのです。みんな同じでありたいという気風を司馬遼太郎さんが様々なところで指摘されていますが、私はこの合併に関してもそうだと思います。

当時、全国市長会の役員で副会長になっておりまして、それで合併はよろしくないと言うものですから総務省は非常に困った。「せめて、そのことだけはあんまり指摘をせずに、個人的に言われるのはいいけれどもお立場を」と言われました。その後、あの狂騒曲、あのときの大騒ぎはいったい何だったんだろうかとみんなわかってきたのです。災害に対する対応をはじめ何にしたって、合併すれば必ず条件不利地域の行政職員は引き上げます。先ほどの災害の話で申し上げましたが、何かみんなが困るときにリカバリーが難しくなる。そういうことはいろいろとありまして、政府の対応についてはそういう考え方をもっていました。

一方で、主要テーマはいくつもあるが行政改革の観点から行政の組織をスリム化、簡素化、合理化するという方策として、合併は一つの道具としてはいい。私は市民に対する説明会、市議会でも「合併についてどう思いますか」と聞かれたら「道具として行政の簡素化であり、合理化であり、効率化。そのことが合併を通じてできるのであれば、それはよしとしなければならないんだ」と答えました。

それから重要な案件があり、財源がないのに何でも使っていいと言うなら、将来のために何かをつくるのであれば合併特例債を使えばいい。ですが、つくりたいものもないのに、合併特例債があるからとりあえず何かハコモノつくりましょう、合併特例債があるから今まで誰も思いもしなかったような文化施設をつくりましょう、そんなことはやっちゃダメ。「必要だがお金がなくて今までできなかったことに合併特例債を使うことがいい」と議会でずっと答弁していました。政府への対応、後々の任意の協議会への対応も含めまして、私は合併については消極的推進派です。積極的に、あるいは、これがなければ世の中は成り立たないぐらいの偏った感覚でやったら失敗する。

しかし、無理矢理、合併をしなきゃ自分たちは死んじゃうような意識をもっている人もいたのですよ。特に小規模の町村に関しては、総務省というより県の体質です。県自体に理念、理屈というものがない。総務省は、言ってみれば都道府県にとって最大の得意先。「県というのは総務省の出先なんだ」みたいな意識をもっている人もいます。そういう人たちが、総務省が一〇言えと言ったら二〇も三〇も言って、ポスターやパンフレットで夢のような話をいっぱい書いている。体制や組織をつくったら夢が実現するというのは、いまだかつて実現したことはない。組織や体制は道具です。もっと言うと、「愛のない結婚なんかしてもダメだ」と。そこまで言ったのですが、あまり強烈に言うと、市の職員が県からいじめられたりするとかわいそうだから言葉を選びながら言いました。

柳井市の合併に関しては、二〇〇五（平成一七）年二月二一日に一市一町で実施しました。二通りの評価がありました。一つは、「市長にやる気がないから合併が進まなかった」という評価。よくプロセスや説明をずっと聞いている人は「それでいい」という評価。両方ある。市民の中でも議会でも二通りの感覚があり、「合併やろうっていう時期に合併しなきゃ損をするから合併しよう」。ですが、「果たしてそれは五年単位、一〇年単位で見て本当に得だったか」と言ったら、得したことは一瞬にして消えてしまい、後は長い間苦労するわけです。合併に関しても、一市一町合併で弊害はなかったと思っています。

その他の市町村は様々な理由がありますが、市町村議会の中に合併を通じて大目的を達成するためというよりは、単独では生きていけないという思い込みだけで合併しようという人もいます。ですから、そういう市町村が一緒になっても、あれがダメだ、これがダメだと、必ずなるわけです。それよりは、私はずっと大畠町のことばかり言っていたのですが、大畠町で苦労している高潮対策、老朽化した役場、後でもお話ししますが幕末期の僧、月性（旧周防国の妙円寺の僧。松下村塾の塾生らに海防の必要性を説く）さんへの対応をする。このことだけをやっても合併の意味があると思うので、それをやろうじゃないですかと。それで大畠町の町長も町議会の人たちもそれはプラスになることだから、よろしくお願いしますという話で合併しました。私はよかったなと思っています。今、柳井に帰りますと当時は「何で合併しないんですか？」などと言っていた人が、だいぶ宗旨替えされたみたいで「よかったですね」と時々言ってくれますね。

第6章 市長時代――第四期

「新」柳井市

――四期目（二〇〇五～二〇〇九年）について伺います。二〇〇五（平成一七）年二月二一日に新しい柳井市が発足してから新たな市長が選出されるまで、折中光雄氏が市長職務執行者となられました。市長職務執行者の位置づけや折中氏が選ばれた経緯、そして新柳井市への移行前後の様子についてお聞かせください。合わせて、同年三月二〇日に新生柳井市の初代市長になられた当時の考えなどをお話しください。

河内山　合併を挟み選挙もありました。外から見ますと、同じ名前の柳井市であまり変化があるわけないだろうと思われます。ですが、首長や議員、とりわけ自治体の職員にとって合併は一大事です。コンピューターシステムの統合から始まり、公共施設の看板の架け替え、道路標示の変更など、非常に膨大な実務が集中的に発生します。「問題なくやって当たり前」の世界なので、自治体の職員はこの合併を挟み、一番ハードな業務を数か月間繰り広げた。これが、当時の思い出です。

合併というのはご承知のとおり二つタイプがあります。吸収合併、存続する自治体がありそこにどこ

柳井市と大畠町の合併協議会事務局の看板を設置する著者（左）と折中光雄大畠町長

かが加わる合併の仕方。それから、新設合併、対等合併のスタイルがあります。「平成の大合併」のときは、「昭和の大合併」の反省に立ち、一部が一部に吸収されたなどの印象が残らないように工夫をして、ほとんど新設合併の形が取られました。新しく自治体が生まれるその日から、直前まで市町村長や市町村議会議員を務めていた人は、お役御免です。いったん旧自治体の市町村議会議員の在任期間は終わるのですが、大半の自治体は一定の時間まで在任の期間を延ばす特例を設けられました。首長の場合は特例措置を取る事例はなかったと記憶しておりますので、当然のことながら旧自治体が終焉を迎えると同時に、市長も任期半ばで退任をする。

しかしトップがいないことは自治体の運営上は許されないことなので、職務執行者を選ばなければならない。柳井市みたいに一市一町合併であれば、次の選挙に出る予定のないかたが職務執行者になるというのが極めて妥当な線で、折中前大畠町長に職務執行者をお願いして快く引き受けていただきました。実は新しい市ができあがると同時に、新市においては条例も何もまったくない状態からスタートしますので、臨時議会を開いてすぐさま、様々な権限の根拠を網羅的につくらなければならない。自治体の法令執務上は非常に重要な仕事があります。もちろん予算もそうですが、何も根拠がない状況から生まれますので、旧自治体のうちに決められることは全て決めるのですが、正式に決める機関がありません。市長職の職務執行者のお役目というのは、円満にスタートを切るという大事なお仕事になります。折中前町長さんに職務執行者としてたくさんの実務的なお仕事をして、新しい市のスタートを円満に切っていただいた。こういう状況でございます。

私のほうは選挙が予定されているのですが、どうなるかはわからない。とりあえず市長を退任します。思い出としては、年金や市町村共済組合の加入者の資格を失いますので、国民健康保険・国民年金の加入手続きをしました。地元の山で登ってみたいと思いながらも登る時間がなかった大星山という山に登ったのはいい思い出です。一度造林で行きましたが、市長時代には土日に休んだ記憶がありませんし、それ以来行ったことがない。そんなに高い山ではなく四三八メートルほどの山なので、そこに登ってみたい。市長職を退いた直後に家内と飼い犬を連れて山に登りましたよ。それがまことに愉快で。登る途中にもお知り合いに会うわけですが、「合併したら、市役所に行かないでいいんですか」と、出会う人出会う人みんなに言われるんですよ。「いや、今ちょっと無職ですから」と言いながらお弁当をもって登りました。

それから程なく市長選が告示されて市長選挙となるのですが、幸いにして無投票でまた選んでいただきました。一日だけ選挙運動もやりました。ただ合併した先の旧大畠町のかたがたについては、主な役職に就いておられるかた、議員さんや農業委員さん、あるいは商工会の世話をされるかた、そういう人は存じ上げているのですが、隣町といえどもまったくご縁がありませんので、旧大畠町側はきめ細かに様々な集会をもっていただき出かけていきました。

大畠のことは行政事情も地域事情もまったく知らず、不勉強だった。後々、これは合併特例債を使う事業に何を選ぶかについても非常に関係してくるのです。旧大畠町のかたがたの切なる願いは、一つは、老朽化していろいろな所が雨漏りする庁舎の建て替え。

それから、大畠町はタイ漁が盛んなところで、鳴門の沖のような瀬戸があるのです。豊後水道から潮が入ってくる入り口ですから、急流なのです。そうすると、渦を巻くような瀬戸になり、好漁場になります。このために漁業が非常に盛んですので、水産振興についてのご意見。それから台風被害でよく高潮の被害を受けられるので、災害対策の話。

そして地域のアイデンティティー、誇りは、明治維新の頃に吉田松陰先生とも交流のあった月性というお坊さんです。月性さんという勤王僧が大畠のご出身で、まさに萩と同じように私塾を開いた。そこから維新の幕開けの前に亡くなってしまう志士もいっぱい出た。その月性さんの顕彰をやっていきたいというのが、大畠の人たちの願いでした。私も短期間ですが勉強させていただいた。合併後の柳井市として、合併特例債を使って行う事業の第一号で旧庁舎を公民館出張所として建て替えると同時に、月性さんをテーマに掲げた図書館をつくろうという構想につながっていきました。

対等合併といいながらもやや大きめなところと小さめのところが合併しますと、どうしても住民には「吸収された」感が残るのです。ですが、旧大畠町民に出会うと、「本当にいい合併していただきました」と言われることがあります。それは建物の建て替えもあるのですが、災害対策をちゃんとやった。それから、月性さんの顕彰を新しい市においても引き継いだということが、旧大畠町のかたの琴線に触れたのかなと思います。

一方、「平成の大合併」の極めて経済的側面、財政的な側面である行財政改革も大事です。大半は行財政の改革、財政の出費削減の方向に向いてしまい、意味がなかったという評価がある。私は、何とかそのことはできてよかったなと思います。

道州制ビジョン懇談会

河内山　中央政府との関係でいいますと、合併の時期は、地方が「これからどうするか」を真剣に考えるときに、国は矢継ぎ早に財政の論理で「三位一体の改革」をやる。もう一つは、今もその傾向は収まっておらず少し言い過ぎかもしれませんが、諸外国だけでなく日本の行政や国政、地方も含めてですが、政治が反知性的です。筋が通る、通らないというよりも、どちらが面白いか、あるいはどちらが耳目を集めるかということが様々なところで起こってきた。地方自治は現実にいつも向き合っていますので、大半は面白くないことばかり。ですが、そこのところを真面目に考えて、地道に情報発信して、住民と共に自治をつくっていくことからすると、あの頃は荒れた状況でした。

私は第一次安倍内閣のときにできた道州制ビジョンの懇談会の委員をやりましたが、「自治はどうあるべきか」という論点は、意外とみんな知っているようで知らないのです。行政の組織、体制はみんな言うのですが、それが自治に役に立つか、あるいは基礎自治体のやるべき仕事をサポートする方向になっているかという視点は、地方自治の経営をやった人でないとよくわからないところがあるのです。合併を機に、それを非常に強く感じました。市長選挙が無投票でもう一回市長にさせていただいたことも関係するのですが、合併前後の様々な折に、あらためて、合併をした自治体に何が今一番大事なのかをいろいろと考えさせられた。

上田助役と「新」柳井市政

——二〇〇五（平成一七）年七月より、新たな助役に上田順二氏が選出されました。上田氏と交わされた議論などについてお聞かせください。

河内山　上田さんの経歴は、一番初めに私が選任した錫本さんと非常によく似ていまして、環境行政や民生部門でずっと苦労してきた人。これはもう、ゴミの問題から始まって、どちらかというと難しい処理をしなければいけないことについて的確に対応できた人です。市政全体の経営に携わってほしくて企画担当部長になってもらいました。合併の協議が始まった頃には、柳井市における合併に関する事務方の責任者の部長をずっと務めていましたので、合併のうまくいかなった経緯、うまくいった経緯など、何が一番課題なのかを含めて熟知しています。組織内的にも違和感のない人事で助役になっていただき、その後、副市長になっていただく。

規模が拡大し新たに市域が広がったことについて、合併に賛同した大畠の人たちがよかったと思ってもらえることについて、少しでも努力をしていきたいという気持ちで副市長の役割を果たしていただきよかったと思っています。対議会的にも、議会の根回しを含めまして旧柳井市側にも旧大畠町側にも非常にきめ細かに懇切丁寧に対応してくれました。今までの議会文化が違うところが一つになりますので、議会の中でコミュニケーションの取りづらいところが出てきます、そのことが反射的に執行側にも影響を与えますので、上田さんのおかげで議会運営もうまくいったというのが、非常に大きな功績だと思っております。

上田さんとよく話したことは、地方自治体は筋が通らなければいけないということでした。形がどうあれ、筋を通していこう。これはもうとにかく、上田さんも私もまったく同じ。円満にやろうと思えば思うほど筋が通らないことを考えがちなのですが、上田さんも非常に筋を通す人です。

合併直後から、「小規模な小学校は、これからは重荷になる。それは子どもたちにとっても不幸だ」

と思うようになりました。ちょっと失礼な言い方をしますと、幼稚園に行くとき、小学校に行くとき、中学校に行くときが同じメンバーで義務教育九年プラスアルファ、十数年、同じコミュニティーで子どもたちが育っていくことは、社会性を高めていく、いじめを起こさない、メンバーの固定化をしない、教育の実をあげる意味でいうと、様々な意味で問題がある。今やっと、積極的に誰もが全国で取り組んでいますが、小規模な学校の統廃合の問題は不人気政策。ですが、一生懸命やった。上田さんのサポートあってのことです。

アイデンティティーの確立についてはは先ほど申し上げたとおりで、全体のアイデンティティーというのは、徐々にできあがっていくものです。私はアイデンティティーの原点というのは、より狭い地域にあると考えます。私たちがどこに属している人間かというのは、広いところに属しているという感覚を無理やりもたせてもキャッチフレーズをつくっても、そんなに簡単に変わるわけではない。どちらかというと、合併すればするほど小規模なところに移る。ですから、合併後も基本はコミュニティーを元気にしよう、コミュニティーが崩壊しないようにするには、何をすべきかを考えました。

まずは、農業や漁業という基礎的な産業の振興です。あわせて、交通網を整えて、生産物や人の移動を支えていかなければいけません。何でも揃っている街中のコミュニティが確立することは必要ですが、街中の周囲に存在する郊外でもコミュニティが確立しないと、人々の生活が成り立ちませんし、自分たちの地域に誇りがもてません。ですので、「自分たちはどういうところで胸が張れるのか」でいうと、歴史もあり、共通の尊敬に値する自分たちの先人というのを顕彰することも大事です。月性さんは、旧大畠地域の人のアイデンティティーの原点でした。

「柳井市をきれいにする条例」

河内山　一方、柳井市民というアイデンティティーをどうするかというのは、まちをきれいにしていくことも大事なことだと思いました。自分の身の回りからきれいにしていくしか方法がありませんので、ゴミのポイ捨て、自ら環境を害すようなことはやめましょう。みんなで力を合わせて海も駅前も農村もきれいにしていきましょう。農村でいうと牛にも協力してもらって、耕作放棄地の荒れた姿はなくしていきましょうと、取り組みました。新しい市になって、自分たちはどういうまちにするのかといったら、総合計画や合併の基本構造はありますが、あれは書き物。書き物ではなく、自分たちの手や足で何を実現していくかというのが、自治の基本だと思います。そこのところで、こういう条例もつくれば、職員もずいぶん変わります。

まず率先垂範してやれというのは市民の声ですから、柳井市役所にお掃除クラブをつくって毎週木曜日のお昼休みの時間に、私も時間さえ空いていれば職員と一緒にやりました。仕事ではないのですが、生活環境課長が市の職員に広く呼びかけてくれました。まずは市役所の周り、とにかく落ち葉一枚、たばこの吸い殻一つ落ちてないようになるまで一生懸命やりましょう。入所したての若い職員は、小学校のときに掃除したことはありますが、中学校、高校、大学でも掃除したことはありませんという感じですから、ほうきの使い方一つとっても下手です。それで、「市長、上手ですね」と言うから、「いや、僕は政経塾で掃除を一生懸命やっていたんだ」としゃべりながら掃除していました。

小さいことなのですが、市民はよく見ていますよね。「一言、二言何か苦情を言ってやろうと思ったけれども、真面目に掃除していれば、そんなことは言わず自分もやろう」と。「まず隗より始める」のです。宣言条例ですから実行が伴わないとダメです。そういうことで様々な変化があった。

——新聞や『広報 やない』を見ますと、市の職員が、車に乗ってどこかの出張所に行く際も掃除道具をもっていって掃除をしたという記事があります。この条例をきっかけに広がった活動について教えてください。

河内山　基本的には、元々社会性が非常にある人がよく頑張ってくれていました。ボランティアで、市民活動として掃除を一生懸命やりたい人には、有料のゴミ収集袋を無料で差し上げますよと、ルールを決めたのです。そうすると次から次へ、各地区、各エリアで、自分たちは今までも清掃活動をやっているが、自分で清掃して集めたゴミも有料で市の焼却場にもっていった。有料で不燃物の処理場にもっていったという人たちがたくさんいたのです。それはさすがに申し訳ないので、無料でゴミ袋を差し上げますといったら、たくさんそういう人がおられた。その人たちの存在が、この条例をつくるきっかけにもなったのです。柳井市をきれいにする統一行動日を設けて掃除しました。

　他にも川の土手にずっと桜が植わっている〝さくら土手〟という場所がある。そこは市民が参加して、花見の二週間ぐらい前にはきれいに掃除していただいた。それだけでは面白くないので、花は咲いてないが早めの花見をしていただいたり、様々な活動をしている人を見ました。いいことについて

「柳井市をきれいにする条例」を市民に広めている著者（中央）

恥ずかしくもなく自分たちは頑張ってやろう。そういう市民活動を促進する意味では、こういう条例も一つのきっかけです。ですから、両方あるのです。そういう活動があるから条例をつくろうということになりましたし、そういう活動があるから条例をつくってさらに広げていこうと。今でも「引き続き頑張って掃除してますよ」みたいなことを私に言ってくれる人がいますから、よかったなと思います。子どもたちも当然連動してきます。ですから、市民の力というのは、本当に、ちょっとしたお節介をどうやって促進するかですね。

交通安全にも全部影響してきます。子どもを巻き込むような危険な事件、事故が起これば、とにかく誰もができるボランティアで、子どもたちの通学に合わせて朝、犬の散歩をしていただく。そのときにはゴミ袋と軍手と、それから掃除道具をもって参加される人もいる。様々なところで市民活動というのは、あるのだなと思いました。

「医療崩壊」への対応

――『広報 やない』などを見ますと、柳井市の周東総合病院で小児科の存続が危ぶまれるなど、医療崩壊が声高に問われ始めた時期かと思います。

河内山　小泉内閣で二年ごとに行われる診療報酬の改定のたびに、お医者さんの技術料を含め幾度か、三回連続でしょうか、引き下げを行いました。それが医療現場にだんだん影響を与えたというのが、後からわかってくるのです。当時は、放っておいたら増えていく社会保障関係費の伸びを、自然増からマイナス二二〇〇億円に凝縮して抑制しようというのが政府の方針でしたので、社会保障関係費の中で痛みを一番強く受けたのは医療関係費。勤務医の先生がたが相当に努力をしてもなかなかうまくいかない部分を担当していますので、小児科をはじめ産科や、外科、麻酔科の問題、そういう特定の診療科ならびに、ある程度は中核的な病院であっても、経営的にいうと非常に厳しい病院というところが、柳井市における周東総合病院と同じようなお医者さんの問題が起こったなと感じます。

これはお金の問題だけではなくて、もう一つあります。今はずいぶん状況が変わりましたが、少なくとも二〇世紀の間は大学の医局が非常に強く、どこで勤務をするかは医局の教授の意向というか指示で全て決まる。それを当然とドクターも思っていたのですが、それが揺らぎ始めて、「医局というのはけしからん」という話が出てきました。医師の派遣をする権限も仕組みもないのに、なぜ大学が決めるのだということで、今度はドクターの研修の仕組み、研修医の修行の場所を決める方式を変えました。診療報酬の問題と研修のプログラムの問題が双方相まって、今までであれば、お金的にも成り立たないし、それから、「派遣されていた」と感じるお医者さんがどんどん引き上げられた。それで、引き上げられると、後がなければ小児科が一番厳しい部分です。お医者さんの世界で救急、当直、それから訴訟、これらのある可能性の高い診療科は非常に厳しいのです。それは救急の他でいうと小児科、産科、あとは麻酔科だったりする。

2007（平成19）年12月1日に休日夜間応急診療所の看板を設置する著者（右）

そういうところのお医者さんがどんどん引き上げられたの

で、周東総合病院も非常に厳しい状況になった。今もそうなのですが、お子さんを育てるかたがたの切実な問題というのはやっぱりそこにありまして、一生懸命そのときにいろいろと勉強しました。一つには、先生を派遣してもらわなければいけないということ。これは山口大学などにもお願いをしました。一方で周東総合病院に過大な負担をかけているのは、やっぱり休日夜間の軽めの医療を担う場所がないということ。今度は柳井市のほうで、休日夜間診療所の建物を確保して、それからお医者さんにきてもらうような仕組み、仕掛けを考えた。休日夜間の診療が周東総合病院に集中しないように、引き受けるところをつくりましょうと。それから、これは山口県全体ですが、軽めのものについては、まずはすぐ病院に駆け込むのではなくて、特に小児の場合は電話相談を二四時間三六五日で受けられるような仕組みをつくりましょう。そういうことをやりながら、崩壊をしないように取り組みをした。これは当時、非常に深刻な問題だと思い、これができないと大変な社会問題になり、政治問題になるという感じがいたしましたので、取り組みをさせていただいた。

二一世紀初頭の中央地方関係

―― 四期目の時期には国政では安倍総理、福田康夫総理、麻生総理と、小泉総理退任後、相次いで交代しました。この状況下での中央地方関係について、どのような感想をもっていましたか。

河内山　安倍内閣、福田内閣、麻生内閣、いずれも一年ですね。ものすごく期間が短いと同時に、取り扱っているテーマが非常に重要なものであるにもかかわらず、ガバナンスが効かないような話がいっぱい出てきて、ある意味では国難だと思いました。

その遠因は、小泉総理が圧勝されたあの「郵政解散」や劇場型の民主主義、そういうものに国民がある意味では「惑わされた」こと。小泉総理に比べると、安倍総理、福田総理、麻生総理はある意味ではちょっと役者としての格が落ちてしまった。あるいは、国民のほうが騙されなくなったのかもしれません。同時に、後退りしながら何かを決めていこうとすればするほど、役所のほうの打ち出す手も非常に稚拙になった。例えば年金記録の問題、様々な役所の不祥事などについて、当時の政治状況からすると強くなりつつあった民主党からの批判に晒されて、打つ手打つ手がことごとく失敗するということが続いた気がします。

加えて、福田内閣、麻生内閣当時の世界の経済状況でいうと、リーマンショックは大きな影響を与えた。政治の失敗もあるのでしょうが、経済があれだけ混乱をしますと政権はもたないというのが、当時の状況です。

そうなると、中央地方関係でいいましても、当時いわれ始めた地域主権をどう位置づけていくかについては議論が深まらないですね。当座、新聞の一面を飾り、あるいは人口に膾炙しやすいようなスローガンが重視されて、地道なものは置き去りにされる。先ほどちょっと触れましたが、中央地方関係でいっても、中央政治でいっても、反知性主義、反理性。

市長職を一二年、一三年と経験してきますと、本質的な中央地方の課題とは何なのかがだんだん見えてくるのです。見えてきて何も発言しない、何も行動しないというわけにもいきません。ちょうど「三位一体の改革」の推進会議の委員や国民健康保険の委員長、社会保障審議会の委員などの物言う立場が得られたので、タイミングよく発言ができました。それから道州制ビジョン懇談会での地方自治あるいは地方行政に深い理解がない人の発言には、これは反論せざるをえない。

当時の私の立場でいうと、地方自治や地方の行政が機能してないと、国政でいかにタイトルをつくっても、あるいは表題をつけてもうまくいかない。だから、地方がうまく回る制度設計をすべきだ。これは、社会保障の中でも、三位一体でも、それから、審議会でも、ずっとそういう立場で発言し、物も書きました。非常に忙しく、週二回も日帰りで上京したことがありました。

「せんたく」

――二〇〇八（平成二〇）年一月二〇日に発足した「地域・生活者起点で日本を洗濯（選択）する国民連合」、いわゆる「せんたく」に名前を連ねています。当時の気持ちをお話しください。

河内山　先ほどから話に出る反知性的な流れに、危機感をもつ人が出てきました。その動きが「せんたく」です。「平成の大合併」という、地方に相当大きな影響を与えた政治的な事情をきっかけに、あらためて「自治はどうあるべきか、基礎自治体はどうあるべきか」と、非常に真剣に考える機会がたくさんできてきました。二〇〇八年はいずれ政権選択選挙が行われる時期でした。そのときに地方側から見て、国の形をまっとうな形で変えていくには地方が絡まない限りうまくいかない。同時に、上から行政を見ていくことで改革をするには限界があります。そういう意味では、まさに地域起点、生活者起点で日本のこれからの姿形を選んでもらうための地方自治関係者、首長関係者で少し政策提言をしようじゃないかとなりました。当時名前を連ねておられた元三重県知事である北川正恭さん他、私もご縁のあるかたもたくさんおられて。それはいいことだということで、当初から運動に加わりました。

そうはいっても、政治報道的には永田町や霞が関に常駐している記者が、「自分たちが得ている情報で今日本の政治はどうなっているのか」という政局報道をやりますので、ハンディキャップがありました。いかに「大事だ、大事だ」と言っても、毎日何か情報を発信するような運動でもなければ、記者会見を毎日やるわけでもありません。言ってみれば、一生懸命に地道ないいことを提言しましても、政局や政策レベルの話にならなかったという意味でいうと、多くの人が失望感を感じました。共通政策、共通認識で地方から中央に対して物を言おうという意識はあったのですが。

その後、大変失礼なことを言うようで恐縮ですが、やや荒々しく出てきたのが橋下徹さんであり、東国原英夫さん。地方から東京に向かって物申すことでいうと、東国原さんは「宮崎を何とかしなさゃいかん」と言い、橋下さんはある意味「ケンカ民主主義」でやっていく。今までは地方政治というのはフォーカスされませんでしたが、そこがフォーカスされた。

劇場型なのですね。劇場型で胸がすくような思いをする人はいるかもしれませんが、その全てが現実ではない。お芝居を見に行って、忠臣蔵を見たら、「ああ、よかったな」と思って帰りますが、世の中にある様々な矛盾や問題の全てを忠臣蔵のように解決できるとは限りません。お芝居は演出もあり、相当極端な言説をする。様々なことを考慮せず、自分の思いだけでリーダーが物を言い始めたり、あるいは信念だけで役所の人に指示したり、命令して、物事をつくらせても、必ずしも国民の利益にならないという状況は、当時からだんだん出始めたと思います。

「せんたく」もそうだし、市長時代に付き合いをし、いろいろと活動してきたことのうまくかみ合わなかった反省点でもある。まだまだこれは、ちょっとやりようは、今なお作戦、戦略を練らないといけない問題だというのが、この頃の私の率直な感想です。

――「せんたく」の名称で気になったのは、生活者という視点です。かつて保革対立の激しい頃ですと、生活者という視点は、少なくとも保守ではなく、革新に見られたものだと思います。生活者という言葉を「せんたく」の中に入れた経緯を教えてください。

河内山　主たる提唱者である北川さんは元々保守のかたですが、様々な事情があって三重県知事に転身をされていく。その中で、これからの時代のキーワードとして北川さんが大事にされたのは、「地域」、「生活者」なのでしょうね。いまだに生活者といわずに市民という言い方をされることもありますが、この国の主権者は誰なんだというと、最終的には個々人。それから、その人が共同して運営しているコミュニティー、「地域」が北川さんの原点。国会議員のときの反省点もあり、ああいうスタイルでやられました。発案者は北川さんで、私も別に問題はないと思いました。

そういえば、「せんたく」に誘ったのですが「自分はこのタイトルが気に入らない」と言って断った市長もいました。日本ではいつの時代もそうですが、言ってみれば「ライトウイングではない、より広範な人たちへ」という言葉として生活、市民を入れざるをえないですね。例えば、社会民主連合というのもありました。そのときも市民を使っています。「生活者」を使って小沢さんも渡り歩かれていますね。SEALDs（Students Emergency Action for Democracy-s の略称）が所属するのも市民連合ですか。そうするとどうしても、そういう言葉を使わざるをえないのでしょう。そのことの受け止めはどうも、あまりにもアンチの色が強く打ち出されると感じます。

審議会と意思決定

――全国市長会で三位一体改革推進会議委員、国民健康保険対策特別委員会の委員長、厚生労働省で社会保障審議会の委員など、複数の委員を務められました。委員に就任した経緯や印象に残ったことを、お聞かせください。

河内山　三位一体も国民健康保険も、社会保障審議会もそうですが、基本的には金沢市長を務められた山出保会長のご指名です。地方政治、地方自治上、厚生労働省との関係は金額的にも仕事の重要性からしましても、関係がものすごく深いのです。医療制度、介護、生活保護、最近は子育てなど、地方自治が直面し、お金もかかり、制度の理解という視点からも地方政治が非常に大事ですが、難しい分野ばかりです。私も縁あってそういう関係が深くなり、ご指名をいただきました。こういう立場に立って公式の話として審議会や様々な会議に出席します。一方、今度は厚生労働省から見ますと、市長会では私、知事会では宮城県知事を務めた浅野さんが、「窓口」になります。地方に影響があることや地方の立場からしたらお願いすること、逆に厚生労働省から見たらこう考えていただけないでしょうかということの仲介者でした。当時から厚生労働省の幹部とは本音レベルの話をし、国家公務員倫理規定に反しない範囲で会食しますから、ずいぶん親しくなるのです。先ほどお話ししたように、三位一体に関してはどの補助金を整理するかが最大の課題でした。額が大きい生活保護と、地方公務員である教員の給料の国の分担部分。国、財務省としては、一番額も大きく頭を痛めている生活保護費に関わる国庫負担金を四分の三から三分の二あるいは二分の一に変えようとしましたが、厚生労働省も困ると同時に地方も困る。当時、官邸におられた安倍官房長官にお話しして協力いただきました。

社会保障審議会の委員としては、高齢者医療制度をつくりたいが、誰が引き受けてくれるかが決まらない。厚生労働省としては二〇〇八（平成二〇）年度に行った改革では無理と思っていたようでしたが、ギリギリの段階で全ての市町村が参加する広域連合をつくってやるアイデアを私も出したし他の人も出して、数日間で局面を変えたこともあります。ある意味では、厚生労働行政のインナーのかたがた、役所だけでなく当時の「厚労族」と言われた、丹羽雄哉元厚生労働大臣、鈴木俊一元環境大臣、田村憲久元厚生労働大臣などと非常に親しくなる。公明党では坂口力さん。政治的な面も含め奥深い議論をしました。

――様々な審議会に参加し、学者の発言や政治家、官僚、官僚OBの発言の違い、もしくは課題に対する発想の違いを感じましたか。

河内山　私もよくわからないことについては誰かの振りつけでしゃべることもありましたが、基本的には自分なりに理解して、自分なりにわかったことを自分の言葉で、審議会や会議でもしゃべるように努めていました。ですが、各々の利益を代表して出てこられる人は、結局、組織の代表としての発言になります。審議会で発言しても、真意として、本意としてそうしたいと思っているのか、「自分は○○を代表して出ているからこう言わなければならない」のか。「こういうことを言った」という議事録にアリバイを残すために言われているのか。これはそのとき、その折にいる人からするとよく違いがわかる。

知事会なり市長会、とりわけ市長会の強みは、法律で決めたところで地方自治体が円満に協力するかどうかが厚生労働行政の一番のキーポイントです。介護保険導入時によくわかりました。そのとき私は、市長会の役員をやっていたわけではありませんが、介護保険をつくろうと思ったところで市長が本気で反対したら、政府はできるかもしれませんがオペレーションまではできないとよくわかりましたから。

私は「市長は強い」とよくわかっていましたから、審議会や会議に出ても、思いきり賛同することには思いきり賛同もしましたが、思いきり抵抗することは思いきり抵抗した。全部が全部、一〇〇％そうはいきませんが、八割方ぐらいは私が思うとおりに結論を出していただいたと感じます。当時保険局長だった辻哲夫さん、後に厚生労働事務次官を経て東大の特任教授になったかたです。いまだにお会いしますが、辻さんからはよく「河内山さんの言葉には力がありました」と言っていただいています。そういうものだなと思いましたね。

――審議会で、ある考え方を通すためにも、当然、論理性は必要です。後藤田正晴さんのオーラル・ヒストリーのタイトルでも使われている「情」と「理」のたとえでいうと、「情」と「理」がぶつかったときに、妥協できる分野だったら「情」が湧くことがあるのでしょうか。その人の性格にもよるのでしょうが、この人は信頼できるという場合、考え方が違っていても、意見の擦り合わせをするほうにいくのでしょうか。お話できる範囲でお願いします。

河内山　例えば、社会保障審議会の医療保険に関わる論点で言いますと、医療・医学の進歩と、日本全体が高齢化する意味で医療費がかかるようになります。それはみんな、そのとおりだと、致し方ないことだと思っていますが、どこの部分でそのお金を分担するかは、これはバトルです。経営者ならびに民間の健康保険組合は、「自分たちはお給料から負担しているのだから、いくらでも増やせるものではありません」、「従業員の人と折半して出しているのだから、増やす限界はあります」と。それに比べて、市町村が運営している国民健康保険は収納率が悪く一〇〇%収納してない。国の税金も国庫から入り、ひょっとすると地方の税金も入っているかもしれない。ですから、「税金を使ってやっている部分は、もう少し収納率も高めなきゃダメです」と。それから、「我々は税金と保険料と二重払いしている、だからそれはもう少し経営努力すべきじゃないですか」。経営者や健保連のかたがたは言われるのです。

それに対して、私はこう言いました。それは表面だけ見たらそうですが、国民健康保険の加入者は、大手大企業で働いている人のようにお給料も高くありません。中には、病気がちで普通のサラリーマン生活になじまなくて細々と暮らしている人もいます。農家や商店主は、確実に毎年毎年、変動なしに収入があるわけではありません。税金を入れるのは当然です。また、非常に弱い立場ですから、そこに税金を入れるのはけしからんということを言って、保険料を出している人間の言うことだけを聞けというならば、恵まれた人は恵まれてない人にお金を、それこそもう一回、社会保険でやらずに税で所得の再分配をやりましょう。国保は解散しましょう、その代わり税金で運営する医療制度にします、ですから皆さんは税金の形で払ってください、ということでいいのですか。それとも、少なからず社会保険制度ですから保険料方式でやる。その均衡をとるために少しの財政調整は保険の中でやるというのではどうなんですかと。

こういう話をしたら圧倒的に、内心はみんな、それはそのとおりと思われるわけです。当時、医師会のかた、それから中立的な医療経済学者も「河内山さんの言うことも一理あるから、とにかく円満にいくように財政調整すべきじゃないですか」みたいな話になり、それで、後期高齢者医療制度に多額の仕送り金を出ることになりました。

「情」と「理」どちらも大事です。最終的には「理」でしょうが、同じ社会、同じ国に暮らす人間として一肌脱がなければいけないと思う気持ちになるかどうかは、やっぱり「情」も大事だと思いましたね。

第7章　市長退任――社会保障政策との関わり

不出馬の決断

――二〇〇九（平成二一）年二月の市長選には立候補されませんでした。当時の柳井市長選および県議選などについてお話しください。

河内山　二〇〇八（平成二〇）年一二月、この時期ぐらいまでは、翌年の正月明けに行われる市長選挙に出馬するつもりで、選挙事務所どうしようか、後援会の会報をどういうタイミングで全戸に配布しようかなどと、後援会の皆さんと相談している最中だったのでしょうね。

当時のカレンダーは、いつもに比べて正月休みが長いのです。普通でしたら二八日が御用納めですが、二〇〇八年一二月は二六日が御用納めで、二七日から正月休み。翌年一月五日が御用始めですから九連休です。いつもよりも年の暮れのバタバタ感がない。「選挙は翌年あり、県会議員の長谷川さんは自分が出ると言ったらやめるだろう」というのが当時の私や後援会の人たちの感覚。長谷川さんは強気な人ですから、様々な人たちに「出るよ」と言っていますが、様子見みたいなものだろうと。それで御用納めで、議長をはじめ市議会議員さんたちも、「とにかく正月休みが長いから、市長も少し骨休めして選挙に備えて」と言ってくださいますから、「年の暮れはゆっくりさせていただきます」と言って冬休みに入りました。

二七日から正月休みなので家でゆっくりしていましたら、家内の様子がどう見てもおかしいのです。「どこか調子が悪いんじゃないか」と聞いたら、「ちょっとこないだからずっと調子が悪くて」と。「お医者さん行ったか」と聞いたら「行ってない」。市長もそうですが、市長の家族も地元ではお医者さんにかかりづらい。それで仕方なく、私の後援会長が内科の先生ですので、行って相談しようと言いました。先生は、とにかく早くお医者さんに行かなきゃいけないとの見立て。親しい他のお医者さんにも相談したら、正月の間にいろいろと検査したほうがいいと言う。とにかく、調子が悪いのがよくわかりました。

無投票であれば家族が誰もいなくても選挙になりますが、田舎というのは、本人はともかくとして、奥さんが出てこないとつらいものがある。後援会長の先生から「市長、まだまだやりたいこともあるし、やる仕事もある。その夢は応援したい。だけど、一六年間以上、奥さんはとにかくあんたに全部合わせて、本当はいろいろな事情はあるにもかかわらず全部合わせてくれた。こういうときこそ、まだまだ人生長いから考えなきゃいけないんじゃないか」と。そうはいっても大変だということで、正月の間に後援会の主だった人にきてもらったり、私が出向いて行ったり。うちの後援会の人は優しい。一番最初からお付き合いした人は、権力にぶら下がってとか、僕が市長であることの必要性より、夫婦の関係や長いこれからのあり方を大事にすべきだという人のほうが意外に多い。どの人も、「こういうときは市長というよりも夫の姿勢の見せ所だから」と言うのですよ。それで、月初めにすぐさま仕事始め。消防の出初め式や年頭の記者会見をやって、その間に大急ぎで議長や議会の中で一生懸命応援してくれて中心になってくれそうな人には、直前に申し訳ないけど、とお伝えしたわけです。蜂の巣が三つも四つも爆発したぐらいの大騒ぎになりました。

後任の選出過程

河内山　その後の話になりますが、それまで長谷川さんは水面下の活動でしたが、すぐさま、活動を本格化された。すると、私のところに長谷川さんを応援したくない議員さんたちが山ほど来られ、「何とかしてくれ、もう一回翻意しろ」と。翻意しろと言いますが、出処進退を明らかにしたのに翻意して「辞めるのをやめました」みたいなことは絶対通用しないですから、なかなかそれは難しい。今度は市役所の主だった職員が市長室にきて、「何とかしてください」と言ってくる。商工会議所も真っ二つですね。「何とかしろ、それがあなたの責任だ」と。

私もまだ現職の市長ですから公務をやっており、家内のほうは戦線離脱して静養に入っています。日々そういうことで、何とかこれは決着をつけないといけないと感じました。当時は「ねじれ」ていましたが、候補は前に県議会議員の選挙に出た井原健太郎さんしかいないのです。この人は民主党の平岡代議士の秘書をやっていたため、保守政界からするとよそ者です。私の後援会も様々な立場の人がいて自民系の人からは違和感がありますが、もうこの人しかいない。井原さんにとにかく事情を説明して、納得してもらわなければいけない。一方で、私を応援してくれる人たちにも「とにかく応援してくれ」と頼まなければいけない。そこで、山口県内の自治労の関係者が民主党と関係が深いですから、「自分たちが仲立ちになって内々に話をしてみる。少しでも可能性があれば市長本人に出てきてもらってそれで話してほしい」となりました。ですから、彼を説得したのは初めて足を踏み入れるある労働組合の事務所でした。彼もまだ独身で身軽だったこともありますし、私が、「もし首尾よくいかないようなことがあったら一生懸命、私が責任取るから」と言うと、何とか納得してくれて、出てくれることになりました。

それからは、昼間は市長の仕事、夜は私の陣営を周ってとにかく固めなければいけない。例えば私が現職の市長として商工会議所の新年会に出ると、長谷川さんは現職の県会議員として出てくる。お互い極めて居心地が悪いのですが、とにかく出られるところはみんな出る。一生懸命、自分の選挙と同じぐらいの気持ちで臨みました。ですが、表に立って彼の後援会活動をやるのは出過ぎたこと。最後の最後に、一番大きな選挙前の個人演説会の集会に出て演説をした。それから、出陣式に出て演説をしました。表立ってやったのは、二回だけでしょうか。それで、彼は圧勝しました。

2009（平成21）年３月26日、柳井市役所を退庁する著者

私もエネルギーを使い果たしましたので、その後の県議会の補欠選挙は乱立し、民主党系の河北洋子さんという女性の市議会議員さんが予想に反して当選。その後、国政選挙でも、山口二区でも民主党が圧勝し、全国的に政権交代の流れになるのです。自民党、あるいは自民党的なことへの批判は非常に根強かったのでしょうね。私は自民党の人たちと仲が悪いわけではありませんが、より広範に様々な人に応援してもらっていたので、最初は反自民、反長谷川などの根強さをあまり実感しませんでした。です

が、選挙を応援してみて非常に実感しました。これはダメだと思うぐらいです。それがこの選挙の簡単な流れですが、これは本当に、私が一六年間市長をやって一番つらかった二か月でした。

民主党への「政権交代」

――二〇〇九（平成二一）年七月の総選挙を経て民主党政権が誕生しました。この政権交代選挙をどう受け止めましたか。

河内山　先ほどのように、「今回だけは、自民党ではダメだという危機感が非常に広がった選挙だ」と思いました。地元でも、後に県知事になられる山本繁太郎さんが自民党の公認になられましたが、「山本さんは大好きだけども自民党には入れません」と言う人がいっぱいいいました。これは全国各地であったと思います。例えば、岩手県選出の鈴木俊一さん、鈴木善幸総理のご子息ですね。三陸の沿岸の漁業関係者からすると、お父さん時代から鈴木以外の名前は書いたことがないというぐらい強いですが、その鈴木先生ですら落選された。選挙後に「自分が握手をするために手を差し出したのですが、今まで熱烈に応援してくれた人ですら、思わず手を引っ込められたというぐらい非常に厳しい選挙でした」とお話しされていました。

皆さんのご指摘のとおり、二〇〇九年の総選挙というのは、自民党に愛想を尽かした。「お灸をすえる」という表現ではなく、「本当にダメだ」と思った選挙だったと思います。その裏返しとして、その後の民主党に対する危機感は、それ以上に根強いかもしれません。政権選択選挙というのは本当に厳しいものだ、小選挙区中心の選挙制度はそういう結果を生みがちなんだなということが、そのときの感想です。

――当時民主党はマニフェストで「子ども手当」など様々な項目を掲げ、自民党からバラマキと批判されました。当時の民主党と自民党のマニフェストなどを比較され、どう思いましたか。

河内山　例えば分配、社会的公正というものを実現することによって社会をもう一回、まさに自民党が言っている総活躍社会、社会的包摂みたいなものをつくろうということで言うと、決して民主党の理念が間違っているとは思わない。自民党時代に絞り過ぎて、不満というよりは不安感をもっているところに手厚く社会保障を充実した。農業政策について考えると、まずは農家のかたがもう一回元気出してやろうという気持ちになるようなカンフル注射みたいな形で、小沢さんが提唱したことは決して間違いではない。

ただ、財源問題をはじめとして、中途半端でもいいから頑張って行い、次はその中身も充実していく方向で当時、政治家が役所を説得して継続ができればよかった。早々と諦めてしまったという意味では、民主党政権は稚拙だった。私は稚拙という以上に、政治の世界というのは稚拙であっても継続してチャレンジし、「なんとか今日よりは明日、今年よりは来年に向かって自分たちは確実に約束したことをやろうとし、姿形は変わったとしても真意はこうだ、このことは実現できた」という根性。

初めてそういう立場に立てば、最初は何十年もやっている人に比べ稚拙なことは誰だって百も承知です。民主党の失敗は、「そのときに賢ぶったこと」だと思います。何か意見を言われると「そんなことはない」と反論し、「ばかなこと言うな」と叱りつけることはあったとしても、そういう人たちに頼む、どうやったらできるか伺うなどの真摯さ、自分の身はどうあっても自分たちが国民に約束したことは何とかしたいという思い。「言葉が変わっても、名前が変わってもいいからこういう願いが実現できるようにとにかく協力してくれ」という姿勢がなかった。非常に高飛車なことをやって役所とケンカをし、わかったふうに賢ぶり、逆に何もやらない間に時間がいたずらに過ぎていった。もう少し辛抱強く、まさに政経塾の塾是である、「成功するまで続ける」ことができなかったというのが、民主党政権の弱いところではなかったかと思いました。

――民主党政権では四期生の原口一博さん、八期生の前原誠司さんらが入閣され、松下政経塾がよくメディアで報道されました。入閣された塾生のご活躍を、どのように見ていましたか。

河内山　それぞれが汗をかき、よく言われるところの「雑巾掛け」をした経験はもちろん様々なところであります。ですが、言うことを聞いてくれない人を束ねていく経験がない人がいきなり大臣になったため、相当な苦労があるだろうなと思いました。組織のマネジメントなど、もう少し私もアドバイスできたかなというのが反省点です。

私が聞く限りで言うと、政経塾としては早過ぎて大臣就任で、適齢期の人が一斉に出てきた。そこが、政経塾全体の評価としては必ずしも芳しいものではない。ただし、人間誰しも初めてやって初めてできるわけではありません。その後の成長、その後の努力を見ているとそれを糧としてやっているなという人もいますし、まだ糧となっていない人もいる。政経塾の一員としては、名前があがるたびに、テレビで顔を見るときはいつもヒヤヒヤして、うまくやってくれるといいな、成功すればいいなと思っていました。

野田佳彦総理の誕生

――二〇一一（平成二三）年九月に松下政経塾の一期生である野田佳彦氏が内閣総理大臣に就任しました。政経塾出身者から初の総理大臣が出たことに、どのような思いを抱きましたか。

河内山　一番初めにそういう大事な立場に就く人はいったい誰だろうと考えたとき、野田さんはその可能性があると思っていました。千葉県議会のときでも一人会派の無所属で、野田さんがもう少し仲間をたくさん束ねていくような立場になれば可能性はあるなと思っていました。当時、代表になるまでの紆余曲折を考えますと、スムーズになれたわけではない。鳩山由紀夫さんが退陣し、菅直人さんが退陣し、一番難しいときに総理大臣になられたなというのが率直な感想です。誰がどう考えても、野田さん一人の頑張りでは民主党全体の逆境を克服できない。野田さんは運があると言えばあるのですが、運がないと言えばない。もう少し順風のときにバトンを受けて、あるいは、静かな環境であれば、野田さんなりのキャラクターが多くの人に理解されて政権が継続できたと思います。

しかし、野田さんが総理に就任されたのは、言ってみれば、自陣の一番深いところで後ずさりしながらボールを受け止めて、周りを見ればほとんど相手方が攻め込んでいるときでしたね。キツイだろうなと思いました。当時の厚生労働省から総理秘書官として野田さんを支えていた人が、「とにかく野田総理と仕事が一緒にできた、野田総理を支えさせていただいたことは、ほんとに幸せな経験をさせていただきました」と言ってくれるほど、野田さんの評判が官邸でも、各省庁でも、メディアでもよい。

ですが、ご本人の評判がよくても政権はいかんともし難いという状況にある。これは裏を返せば、安倍総理、福田総理、麻生総理と短命で終わったあのときと同じ。そのような中、『読売新聞』の論説委員から「読売の論壇に社会保障のことを書いてくれませんか」と話があったので、少しでも何か応援できるようなことがあればと、「野田さんならできますよ」みたいなイメージで書かせていただいた。とにかく野田さんはいい人だから、そういうつもりで何でも気楽に話して応援してあげてくださいといろんな人に申し上げて、そのとおりにやってくれた人もいっぱいいます。ですが、なかなか厳しい環境だった。

——野田さんを政治家として成長させた経験として、一九九六（平成八）年の衆議院選挙でわずか一〇五票差で落選した後も駅頭に立ち続け、国政に返り咲いたことがあります。身近な先輩としてご覧になって、どのようなことを感じますか。

河内山　野田さんの偉いところは、当選してバッジをつけているときも、落選中で浪人をしているときも、言うことや態度、我々との付き合いの仕方が一切変わらないことです。これは私どもも注意しなければいけないことの一つ。立場にあるときは忙しさもあり、周りからも様々なお声もかかり、どうしても公を大事にしようと思うと私のほうはおろそかにしてしまいがちです。ですが、野田さんはどういう立場であっても変わらない。この間も会食しましたが、気軽に「もう一軒行きましょう」と。普通の料理屋さんでテーブルに座れば当然、有名人だから、「野田さんですよね？」とみんな近寄ってくるのですが、極めて温容で、バリアをつくらない。野田さんは、言いがたいものをおもちだなと。昔話もよくするのです。「政経塾のとき、こうでしたね」みたいな話をすると、「そうだった、あのときは面白かった」、「あのときは誰々が酒飲み過ぎたね」とか。別の機会に野田さんが必要とされることは、出てくると思っています。

民主党政権への評価

——菅内閣下の二〇一一（平成二三）年六月に社会保障・税一体改革成案が決定され、野田内閣の下で二〇一二（平成二四）年二月、社会保障・税一体改革大綱が決定され、「社会保障と税の一体改革」が成し遂げられました。一連の動きをどのように評価しますか。

河内山　一体改革の話はものすごく大事ですが、いまだに日本国民の内で本質はほとんど理解されてない。国民にとって印象に残っているのは、消費税引き上げの話だけ。これは野田さんというより、当時、政権を支えた人たちの責任放棄の部分があります。難しい理屈ですが、これはいったいどういうものかというイメージさえも伝えることができなかったのではないでしょうか。有り体に言いますと、「消費税を上げる、消費税は社会保障の財源になる。言ってみれば税金払った分だけ社会保障が充実する」です。一体改革というタイトルが明らかにミスリードと考えます。消費税の話は消費税の話、社会保障制度のほうは社会保障制度の話ですから。

正確な言葉で言うと、どう考えても「同時改革」です。一体改革と言うと、税が上がることと社会保障が改革されることは、税が上がることによって社会保障が充実するとしか理解されない。役所の人たちはキャッチフレーズをつくったと思っているかもしれませんが、国民はそのとおりかどうかを良く見ます。自民党が政権復帰して安倍総理がやっておられるのは、税は税、社会保障は社会保障。社会保障は待ったなしですから、手を変え品を変え改革する。野田総理のときは同時改革だったのです。国民としては正確に理解してその政策の良い悪いや今の進捗状況を見ていかなければいけないのですが、最初に一体改革というタイトルをつけたがために、中身が誰もよくわからなくなった。

日本の政治からすると税の話や社会保障の負担と給付の話は、手間暇はかかりますが、説明を尽くさなければいけない。地方自治体でやったら、すぐさま「嘘つき」という話になります。言葉は悪いのですが、「社会保障と税の一体改革」というのは、国民に対して正確に情報を伝えない反面教師みたいな名前だと思っています。

——二〇一二（平成二四）年一二月の総選挙で自民党が政権に復帰しました。三年間にわたる民主党政権を、現地点でどのように評価しますか。

河内山　自民党から政権を奪取した選挙のときが一〇〇点満点だとすれば、鳩山内閣で沖縄の件、米軍基地の移転の話をはじめとして、実態はほとんど何もない。政治の信頼を失わせたことによって、鳩山内閣時代に一〇〇点だったものが五〇点になった。菅内閣の東日本大震災や原子力災害に対する対応は難しいことなので置いておきますが、消費税の引き上げやＴＰＰへの参画の方向性を唐突に打ち出す。このように、選挙前に話をしたことや選挙前に公約をしたことについての物忘れの激しさということについて、五〇点になったものが菅内閣で二〇点とか一五点まで落ちた。政府というものの信頼を高めなければいけないということで傷口を繕うかたちで野田総理が出てこられて少し点数が回復したかもしれませんが、とても一〇〇点に戻るような話ではない。

民主党政権の悪かった点で言いますと、言葉に真実味がない。結局のところ、考え抜いた言葉ではなかった。実態を見ることなく、選挙のときに話題になることを一生懸命探してマニフェストを書いた。自民党の時代に、民主党の人たちが在野であったからこそ安易に批判できたことについて、自分たちが政権を取ったら責任を果たせるのかどうか、野党は野党で一生懸命、考えに考え抜いてしゃべることが大事であった。言ったとおりにならないとしても国民が願っていることについては、「少なくともこうやって実現できたではないか」と。沖縄の問題についても、対決を余儀なくするような遺恨を残してしまった。一〇〇％でないにしてもここまではできるじゃないかと、一生懸命取り組んだ形跡がない。それは経験がない、プラス、真剣味がない、本当の意味での賢さがない。賢そうに見えたが、本当の賢さはなかったということだと思います。

――民主党が選挙に勝利し、子育て世代では「子ども手当」が非常に期待されましたが、結局、半額の一万三〇〇〇円になった。「子ども手当」などをめぐっても、財源はともかくとして、特にリベラルなかたから言わせるとアイデア自体は間違っていなかったということです。「子ども手当」や「社会で子育てをしていこう」という発想をどう評価しますか。

河内山　これは前向きに評価しています。これから自民党がやろうとすることも、そうならなければ効果は出ないと思います。生活の実態や昔から言われているモデル世帯が崩壊したことをよく考えて、次の社会が縮小均衡だけではなくて、夢がもてて拡大もありうるようにするためには、フランスのように結婚の有無にかかわらず国家が経済支援するとまでは言いませんが、少なくとも子育てをしているときに経済的に無理があるかたに対するサポートは、応援するのが当然。そのときに何か削らなきゃいけないと思ったら、政治家は削るほうの説得を、政治家の信念として行うべきです。財源の問題が出てきましたが、あのときに民主党政権が「一丁目一番地はこれだ」とやればよかったのですが、結局、各省、各大臣が「自分のところの一丁目一番地」ばかり言うから、集まったときに足らないのは当たり前です。

総理が、「自分がやろうとしていることはこれ。これ以外のところは五年後でもいい、一〇年後でもいい」と国民に自分が説明し、「その代わりこのことはやろうと思う」と国民を説得することもできた。鳩山総理時代の政治の失敗は、その後の民主主義に対する信頼性を失わせた意味で評価は低くせざるをえません。ですが、子育てを社会的な問題だととらえてやるのは、私は大いに賛同できることです。

「地方消滅」時代の地方自治

――少子化傾向に歯止めがかからないと、自治体が消滅するという議論が勢いを増しています。人口減少社会における地方自治体のあり方を、どう考えますか。

河内山　地方自治体が地域の実情にしたがって公共サービスをより効率的に安価に提供する、だから中心にみんな集まってきてくださいというコンパクトなまちづくりをやっていくのが一つ。行政が責任をもって、医療、生活の足、介護など、いざというときにはみんなを応援できる仕組みをつくります。その代わり、あちこちにお住まいになっているとできませんので、いいことを約束するから少し負担可能なことや、我慢ができることがあれば協力してもらう。小学校の統廃合もまったく同じことです。そうやって地域を守っていきたいという強いメッセージを、地方自治体のトップをはじめ、行政が発しないとダメだと思います。

あとは、地方自治体自体が、公共サービスを提供するにしても、生活支援サービス業に転換しなければいけない。いざというときにはお助けしますよ、困り事だったら安心して暮らせるために行政はやりますよと、出ていく部分もあります。ですが、逆にもうやめてもいい部分もあります。民主党政権の時代もそうですが、出ていくためには引っ込めさせてくださいというメリハリがこれからは必要、そうでないと全滅します。「戦力の逐次投入は全滅する」ということについてよく言葉を尽くして、理屈も含めて論理的にどれだけトップが人口減少社会に歯止めをかけられ、人口減少社会になっても大丈夫ということを、自治体としてのビジョンをつくるべきだと思います。

市長退任後の生活

——少し話を戻しまして、柳井市長を退かれた後のことを、お話しください。

河内山　私は市長を辞めて、条件が許せば山口県知事選挙に出ようという気持ちは、ずっともっていました。市長を退任して数か月間ぐらいは、家族全体に負担になることは避けようと思いまして、少し自由に過ごしておりました。よく考えてみると、家内と旅行に行ったこともなかった。家内の体調が徐々に戻ってきたので、思い切って海外旅行に行ってみるかと。これは一六年間の罪滅ぼしみたいこともあります。治療の成果が出まして海外に行ってもいいという話になったので、「一週間ぐらい大丈夫ですかね?」と聞いたら「一週間どころか、二週間でも一か月でも二か月でも」とお医者さんが言われる。じゃあということで、行ってみたいところを家内にあげてもらって、一か月間ぐらい旅行へ出たのです。

行きたいところは香港から始まって、香港、マカオ、ベトナム、アジアではそういうところに行ってみたい。私もマカオやベトナムには行ったことないから、じゃあと。個人旅行で一生懸命、飛行機を取ったりホテルを取ったりしまして。香港、マカオ、ベトナム、それからシンガポール経由でローマへ飛び、イタリア国内のフィレンツェやベネチアに行き、それから夜行列車に乗りウィーンに行き、パリへ飛んで、それからユーロスターに乗ってロンドンに行って、それから日本に帰ってくる。確か二八泊三〇日という大旅行をしました。

――訪れた場所の中で印象深かったのはどこですか。

河内山　どこも印象深いのですが、非常に面白かったのはベトナムです。素朴だが非常に社会の活力、言ってみれば「今年より来年はきっとよくなる」と信じて疑わないような社会でした。ヨーロッパ社会全体は成熟して落ち着いている。日本は、まちを歩いても昼間に座って食事している高齢者ばっかりみたいな社会、この違いは、非常に印象的でした。

それから、二〇一五(平成二七)年のフランスのテロ行為はいろいろと報道されていますが、世俗的な部分でも宗教色を出して社会が構成されていると言えば、フランス革命以来の伝統なのでしょうね。キリスト教のほうは世俗化していますが、アフリカ系の人とムスリムの人はフランス社会の中で数も比率も多く、独特の雰囲気を醸し出していて、これはなんとも難しい。ヨーロッパ、特にフランスを見たときに感じました。当時は今ほどの対立構図はなかったのでしょうが、フランス社会の移民政策、世俗主義の話は、勉強すればするほど、物を読みながら旅すれば旅するほど様々なことを感じて非常に印象的でした。

国民健康保険中央会の顧問、社会保険診療報酬支払基金理事長に就任

河内山　大旅行から戻った頃、二〇〇九年七月に国政選挙が行われ、政権交代となって厚生労働大臣に長妻昭さんが就任されました。長妻大臣の方針で「厚生労働省が関与している各種団体、組織に役人の天下りは、今後は出さない。在任している人も再任はしない」と決められました。国民健康保険中央会も柴田雅人さんという厚生労働省出身で最後は内閣府の内閣審議官になられた役人出身の理事長でした。大臣の方針もあり、必要なときにお手伝いしますということで顧問をやっていました。

ある日、電話がかかってきまして、「同じように社会保険診療報酬支払基金の理事長も」ということです。私の前任者は中村秀一さんという老人保健局長を終えたかたでした。二年の任期が終わり理事会で再任を決めて大臣に認可申請をするのですが、大臣の方針で空席の状況が続いていました。厚生労働省もさすがに空席というわけにはいかない。いろいろと知恵を出すかたがおられて、私のところに電話がかかってきた。私も「国民健康保険のことは少しわかるのですが、社会保険のことはよくわからず自信があまりありません」と言ったのですが、とにかく急ぐ話で、お引き受けせざるをえなくなりました。

頼まれた仕事ではありますが、社会保険診療報酬支払基金は事務職員四五〇〇人、常勤のドクター一五〇人、非常勤のドクター四五〇〇人という大組織です。日本の公的な医療保険制度のオペレーション

をやっているわけですから、「うまくいって当たり前」、しかも効率的にやらないといけません。今はコンピューターで電子請求されていますから、コンピューターの力を借りてチェックしています。ＩＴの時代からすると発展の余地、変化する余地もあります。面白い面もありますが、誰がやってもなかなか大変な仕事です。

どの組織でも同様ですが、私の気持ちとしては、縁あって社会保障関係の人とも親しくなり、医師会をはじめとして診療関係団体の人ともお知り合いが増えてきたから、可能な限りお務めを果たしていこうと思っています。組織を常に風通しよくして、時代時代の社会の要請にちゃんと向き合っていくという意味では、そんなに長くやっていいものでもないと思います。様々な意味でも、集大成しなければいけないとは思っています。

——『週刊社会保障』や『社会保険旬報』のインタビューで、説明責任という言葉が登場します。

河内山　支払基金の重要な要素として、医療機関から出てくる明細書が診療報酬ルールに照らし合わせて適切かどうかという審査を一件ごとにやっていることがあります。請求どおりということについては、支払い側のほうに説明しなければいけません。文言だけ見ると、例えば薬の使用量でいうと、一日一〇ミリリットルと書いてあるのに、なんでこの人は三〇ミリリットルも請求しているのか。それを請求どおりとするか、医学的な判断を含めて説明してあげないといけません。「ルールの三倍使って大丈夫なのですか」と。

逆に医療機関側から請求されたもので、患者さんの状況を見たいと思い検査をたびたび行うものもあります。毎回毎回、血液検査を通院のたびに行う。これは、ルール上は検査してもいいのですが、「毎回、検査するのは、医学的な妥当性があるのか」、「ルールでは月に一回と書いてあるのに、なんで二回やるのか」と。これは、査定といって減額の処分をします。厳密に法律的な権限があるかは微妙ですが、うちが不利益処分をしているわけです。

これは当然、説明しなければいけません。今までは極めて不親切な説明なのです。ダメですよということも、「医学的に判断している」とだけ。これはまことに今の時代、誰が考えても説明責任を果たしているとは思えません。説明するのはすごく難しいのですが、このことをやっていかないと、審査の納得性や正当性を失わせるわけです。それはよくないことだと思います。特に、医療費や社会保障費がこれだけ拡大してきますと、なぜ大丈夫なのかを具体的に説明しないといけない。あなたたちが審査をしないから医療費が伸びたと言われて、総額管理しましょうとなると、困るのは私たちの組織ではなく、現場の先生方であり患者さんなのです。

ヨーロッパのどこの国でも、患者さんにとってみると使い勝手の悪い制度になっている。上限が決められたり、年度予算でやられたりすると、日本のような会計年度で言うと、三月の二〇日ぐらいから手術を取りやめていて、四月になって手術しましょうみたいなことになっている国がいくつもあるわけです。それは患者さんにとってみると決してよくない。日本はルールどおりやらなければいけない一方、医学的に判断して医師の裁量性を認める制度です。いざというときには、ドクターがお金のことをあまり考えずに一生懸命やってくれるのです。事後的に統制していくというのは悪い話でもないので、これを失わせてアメリカみたいにまず保険会社と交渉して決めてくださいみたいになるとみんな不幸せになる。ですから、制度を守るためにもルールを守って、なおかつ、こういう理由があるという説明をしないといけない。利害関係者のみならず、広く、みんなに納得ずくで仕事しているということをわかってもらいたい。それで説明責任と言うのです。言うは易し行うは難しですが、徐々にいろいろとやっている。

前半生を振り返って

――ご自身の半生を振り返り、どのような思いを抱いていますか。

河内山　生まれたときからの話を問われるままに話していまして、感想ということで言うと、私の人生はまだ半生ですが、自分で「この時期にこの電車にこの時間帯に乗ろう」と思って乗ったのは、全体で言うと一割、二割ほどです。八割、九割は自分の思いとそう間違ってはない、方向や行き先は違わないが、思いがけず早い電車に乗ってしまった。逆に思わぬことで、当初思ったところとは違うところには行ってないが、ちょっと行き先が変わってしまった。人生における奇縁を強く感じます。

ですが、全体的な方向性でそう違ってないというところからすると、つくづくそれは運というものと、自分なりの思いや志。その都度、一生懸命考えていることをどうやったらうまくいくんだろうという願い。「情と理」の話が出ましたが、情の部分については、これは誰も手伝ってくれません。どういう気持ちになって、どういう思いで、どういう志をもってというのは、これは電車がきたとしても乗らない場合もあれば乗れない場合もあります。ですが、思い、志、願いがあると意外とそういうときに、必ずしも一番早く着くかはわかりませんが、少なくとも今のこの時間帯だからこれに乗れば自分としては思っているところの近くまでは行けるという、運みたいなものが本当にある、奇縁があることがよくわかりました。

人間というのは、松下幸之助塾主が言われるところの「運と愛嬌」ですね。これは、政経塾の塾生採用基準です。一期生の採用選考時に審査員であった牛尾治朗氏が松下さんに基準を尋ねたところ、松下さんから「運と愛嬌やな」と、返ってきたそうです。愛嬌というのはなかなか自分ではそうだとも思えない部分もありますが、運のほうは、わからないときに、困ったときに、助け舟を出してくれる人がいるなと。あるいは導いてくれる人がいるなという意味で言うと、その人が一言、声をかけてみようとか、このことをお願いしてみようという気持ちになってくれる人がいることが、人間のお付き合いを疎かにしてはいけないという教訓の一つかなと思います。まだまだ、これから何が起こるかわかりませんが、そういう気持ちがしまして。いろんなときに、運よく、いろんなそのときにきた電車に飛び乗ったという感じがします。

河内山哲朗関連年譜

一九五八（昭和三三）年	六月二二日　山口県柳井市にて出生
一九七一（昭和四六）年	三月　柳井市立伊保庄小学校卒業
一九七四（昭和四九）年	三月　柳井市立柳井南中学校卒業
一九七七（昭和五二）年	三月　広島大学教育学部附属高等学校卒業
一九八一（昭和五六）年	三月　早稲田大学法学部卒業
一九八一（昭和五六）年	四月　財団法人松下政経塾第二期生として入塾
一九八六（昭和六一）年	三月　松下政経塾卒塾
一九八八（昭和六三）年	四月　松下政経塾研修主担当（第九期生担当）
一九八九（昭和六四）年	四月　松下政経塾副主幹、「地域から日本を変える運動」担当
一九八九（平成元）年	八月　高橋美喜代と結婚
一九九二（平成四）年	九月　柳井市長選挙に立候補表明
一九九三（平成五）年	二月　柳井市長選挙当選（三四歳・全国最年少）
一九九三（平成五）年	二月二二日　柳井市長に就任
一九九五（平成七）年	七月　青少年問題審議会（総理大臣諮問機関）委員に就任
一九九七（平成九）年	二月　柳井市長に就任（二期目）
一九九九（平成一一）年	五月　山口県国民健康保険団体連合会理事長に就任
二〇〇〇（平成一二）年	六月　全国市長会理事に就任
二〇〇一（平成一三）年	二月　柳井市長に就任（三期目）

二〇〇一（平成一三）年	五月　山口県市長会会長に就任
二〇〇二（平成一四）年	四月　国民健康保険中央会理事に就任
二〇〇三（平成一五）年	一一月　全国市長会国民健康保険対策特別委員会委員長
二〇〇三（平成一五）年	一二月　厚生労働省社会保障審議会委員に就任
二〇〇五（平成一七）年	三月　合併による新「柳井市長」に就任
二〇〇五（平成一七）年	五月　全国市長会中国支部長に就任
二〇〇六（平成一八）年	六月　全国市長会副会長に就任
二〇〇六（平成一八）年	一一月　国民健康保険中央会副会長に就任
二〇〇六（平成一八）年	一二月　山口県市町村職員共済組合理事長に就任
二〇〇七（平成一九）年	一月　内閣府道州制ビジョン懇談会委員に就任
二〇〇九（平成二一）年	三月　柳井市長退任
二〇〇九（平成二一）年	八月　国民健康保険中央会顧問に就任
二〇一〇（平成二二）年	一二月　社会保険診療報酬支払基金理事長に就任
二〇一六（平成二八）年	四月　公益財団法人松下政経塾塾長に就任
二〇一六（平成二八）年	七月　社会保険診療報酬支払基金理事長退任
二〇一八（平成三〇）年	六月　公益財団法人松下政経塾塾長退任
二〇一九（平成三一）年	四月　一般社団法人公共経営研究センター代表理事就任
二〇二二（令和四）年	五月　一般社団法人日本ユーザビリティ医療情報化推進協議会代表理事就任

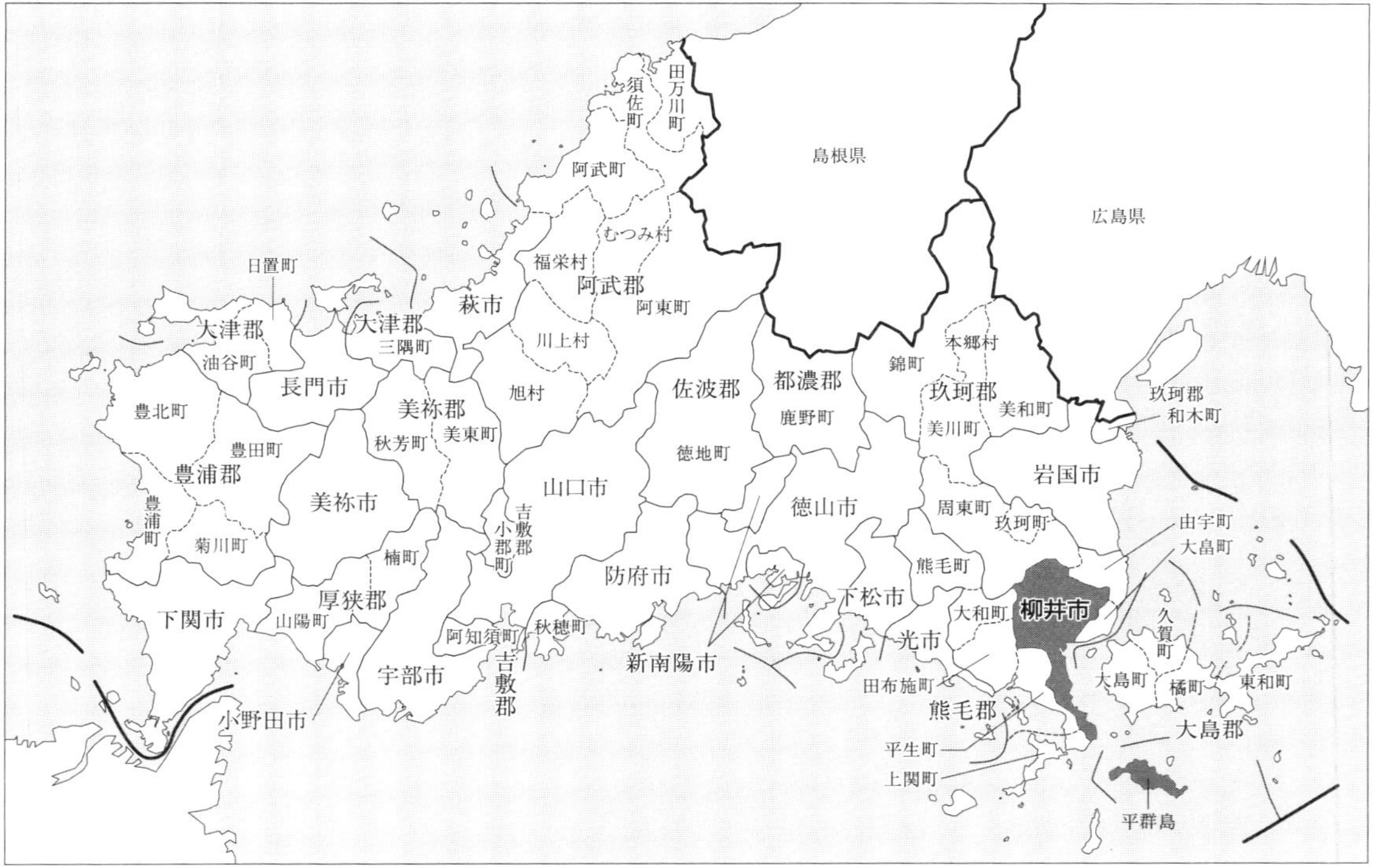

地図１　1999年「平成の大合併」前の山口県行政区画

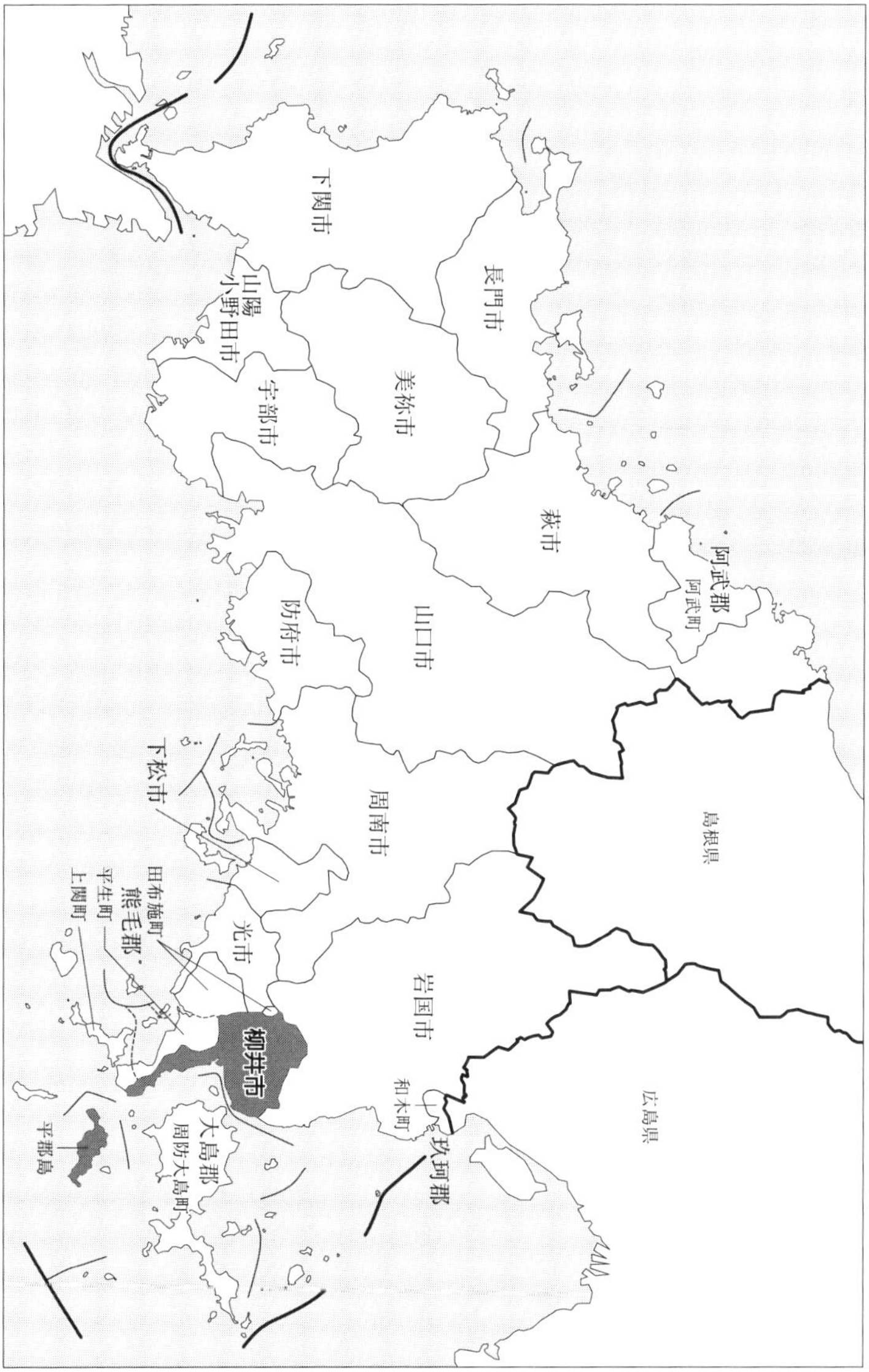

地図２　2023年現在の山口県行政区画

解　題

小宮一夫・新嶋　聡

河内山哲朗氏の来歴と本書刊行の経緯

本書は、山口県柳井市長を務めた河内山哲朗氏へのオーラル・ヒストリー形式のインタビューを再編集したものである。詳細は本書掲載の年譜に譲るが、河内山氏は一九五八（昭和三三）年に山口県柳井市に生まれ、松下政経塾二期生として研鑽を積み、一九九三（平成五）年に当時全国最年少の三四歳で柳井市長に就任した。柳井市長を四期務めた後は社会保障診療報酬支払基金（以下、支払基金）の理事長、そして松下政経塾の塾長を務め、現在も地方自治・地方経営への提言を行っている。河内山氏の話に入る前に、松下政経塾の設立者である松下幸之助から確認したい。

松下幸之助（一八九四〜一九八九年）は、一九三二（昭和七）年に松下電器産業（一九一八（大正七）年創業の松下電機器具製作所がルーツ。現・パナソニックホールディングス）を創業し、同社を日本有数の家電メーカに育てた。「経営の神様」と呼ばれた松下は、政治にも並々ならぬ関心をもっていた。政治、経済など社会の様々な分野で活躍するリーダーの育成をめざして、松下が私財を投じて一九七九（昭和五四）年六月一二日に設立したのが松下政経塾である。設立趣意書には「人材、とりわけ将来の指導者たりうる逸材の開発と育成こそ、多くの難題を有するわが国にとって、緊急にしてかつ重要な課題である」とあり、日本を牽引する人材の育成を目的として設立されたことがわかる。同じく、設立趣意書には「真に国家を愛し、二十一世紀の日本をよくしていこうとする有為の青年を募り、彼らに研修の場を提供し、各種の適切な研修を実施するとともに、必要な調査、研究、啓蒙活動を行う松下政経塾の設立を決意した」とある[1]。

一九九〇年代以降、松下政経塾出身の政治家が輩出されると、政界への人材供給源として松下政経塾への関心が高まった。二〇〇九（平成二一）年の「政権交代」で誕生した民主党政権では、松下政経塾出身の政治家が政権の担い手として注目を浴び、その一人である野田佳彦氏が二〇一一（平成二三）年に内閣総理大臣に就任した。政界に人材を輩出した松下政経塾は、日本政治研究の対象となりうるといってよい。

編者の小宮は縁あって、二〇〇八（平成二〇）年度から二〇一七（平成二九）年度まで、松下政経塾で教える機会を得た。「近代政治講座」と銘打った授業で、明治から現在に至る日本の政治・外交を中心に、「経済と政治」、「教育をめぐる政治」などの歴史を振り返った。そして、これらの分野に関する書籍をゼミ形式で取り上げ、塾生と議論した。そこで目にしたのは、社会を、地域を、日本をよくしたいという思いに駆り立てられ、真摯に研鑽を積む塾生の姿であった。

だが、松下政経塾の研修の実態について世間でほとんど知られていないこともあり、松下政経塾の研修について記録することは少なからぬ意義があるという思いが芽生えた。松下政経塾で初めて教えた塾生が二〇一一年に地方議員となったことを受けて、戦後政治史を研究する新嶋を誘い、同年七月よりオーラル・ヒストリー形式で松下政経塾での研修や選挙についてインタビューを申し込み、現役の政治家や政治関係者（県議会議員一名、市議会議員三名、政治を志す者一名。肩書きは当時のもの）へのインタビューを開始した。五人に対して合計二五回のインタビューを行った結果、「若いうちに聞き取りをしたため、事実を詳細に覚えている」ことから、既存のオーラル・ヒストリーに比べて多くの情報を記録に残すことが可能であるという結論を得た。[2]編者はこの結論を出発点として、「歴史的証言を残すため、さらに上の世代への聞き取りを行うことができないか」と考えた。

そのような中、二〇一四（平成二六）年に小宮が知己を得た元柳井市長で、当時支払基金の理事長であった河内山氏にインタビューを申し込み、快諾を得た。インタビューは二〇一五（平成二七）年二月六日から一二月二二日にかけて八回実施し、質問紙作成・文字起こし・編集などは全て編者が行った。御多忙にもかかわらず毎回、河内山氏は我々の質問に丁寧に答えてくださった。インタビューを通じて、河内山氏が語る塾生、その後職員として過ごした草創期の松下政経塾の様相は、今後松下政経塾を研究するうえで欠かせない資料となるにちがいない。当選当時、全国最年少と騒がれた一九九三（平成五）年の柳井市長選やその後の選挙戦についてはは選挙研究、四期にわたる柳井市政については地方分権が進んだ一九九〇年代から二〇〇〇年代の地方自治、地方政治を研究する際の資料として価値をもつという思いを、編者は強く抱くようになった。

また、オーラル・ヒストリー形式でインタビューを行った成果物が増えているが、その多くは「人生の集大成」としての記録である。編者はこの現状に対して「もっと若い時代から体系的な聞き取りを行うことができないか」という「問い」を立てていた。加齢・逝去などによって貴重な証言を記録に残せない事態を回避したいためだ。偶然にも、本書に記録されている河内山氏の証言は、氏が生誕してから支払基金の理事長時代までの、いわば「前半生」の証言ともいえる。本書は、河内山氏の還暦前までの足跡を記した「プレ自伝」的側面を有した一冊であるといえよう。[3]

本書の意義

編者が考える本書の意義は、①松下政経塾関係者への本格的なオーラル・ヒストリーであること、②基礎自治体の首長による地方分権改革に対する証言であること、③「プレ自伝」としての可能性を有した一冊であることの三点である。以下、本書の内容も踏まえて記してみたい。

①松下政経塾関係者への本格的なオーラル・ヒストリー　まず、本書の特徴として、松下政経塾関係者への本格的なオーラル・ヒストリーという点があげられる。松下政経塾の塾生たちは、どのような研修を受け、何を考え、自身の活動に活かしていったのだろうか。多くの者が興味をもち、疑問を抱くだろう。その疑問に対する答えが、本書にちりばめられている。具体的な研修内容としては、販売実習、製造実習、体育、武道、茶道、語学、書道、各界の第一人者からの講義、一〇〇キロメートル行軍などが述べられている。河内山氏によれば、草創期の研修内容は「体系的ではなかった」（四二頁）ようだ。だが、編者がかつてインタビューを行った五人は、体系化された研修の様子を生き生きと話していた。この差は、どこから来るのか。松下政経塾の研修は、いつ、どのように体系化されたのだろうか。本書を紐解くことによって、河内山氏が研修担当者として研修内容を立案し体系化させていったことがわかる。そのため、本書は「松下政経塾の研修内容の変遷」を知ることができる稀有な一冊でもある。

繰り返しになるが、松下政経塾は一九九〇年代以降、政界への人材供給源として注目されるようになった。例えば、「政界再編」期の中心であった細川護熙内閣を支えた日本新党には、一期生の野田佳彦氏、二期生の山田宏氏、三期生の樽床伸二氏、五期生の伊藤達也氏、八期生の前原誠司氏、一〇期生の中田宏氏らが合流した。他にも、新生党には三期生の松沢成文氏が参加している。その後、伊藤氏は第二次小泉純一郎改造内閣で内閣府特命担当大臣（金融）に任命され、政経塾出身者として初の国務大臣に就任する。また、前原氏は二〇〇五（平成一七）年九月一七日に野党第一党である民主党の代表に就任するなど、次第に政界の中枢へと進出していった。

そして、松下政経塾への注目が最も高まったのが、二〇〇九（平成二一）年八月一八日の第四五回衆議院議員総選挙での「政権交代」を経て民主党政権が誕生したときだ。鳩山由紀夫内閣の発足にあたり、前原誠司氏が国土交通大臣として、九期生の原口一博氏が総務大臣として入閣した。次いで菅直人内閣では野田佳彦氏が財務大臣として、八期生の玄葉光一郎氏が内閣府特命担当大臣（「新しい公共」、少子化対策、男女共同参画）として入閣している。極め付けは、野田氏が第九五代内閣総理大臣に就任したことである。

しかし、二〇一二（平成二四）年一二月四日の第四六回衆議院議員総選挙を経て自民党に政権交代する前後から、松下政経塾出身の政治家に対する批判が、松下政経塾そのものへの批判に直結した言説が横行するようになった。民主党政権に対する期待の高さの裏返しの結果となったが、研究者によって民主党政権に対する「総括」がなされる(4)一方、松下政経塾そのものへの「検証」がなされたとはいいがたい。

では、検証をするためには何が必要となるか。松下政経塾についての資料が必要であろう。公式の記録として、二〇一九（令和元）年六月に刊行された『松下政経塾四十年の歩み』（以下、『歩み』）がある。これに加えて、本書のように研鑽を積んでいた当事者の証言と突き合わせることによって、より実像に迫ることが可能ではないだろうか。その際、長期に渡って松下政経塾に携わった人物の証言は大きな手掛かりとなる。河内山氏は二期生として草創期の松下政経塾で研鑽を積み、松下政経塾の研修担当として八期生・九期生などと寝食を共にした後に、柳井市長として政治に携わる。そして、編者によるインタビューを終えた後の二〇一六（平成二八）年四月には松下政経塾の塾長に就任している。このように、塾生として、研修担当として、そして塾長として松下政経塾の運営に携わった河内山氏の証言は、松下政経塾を知るうえで貴重な記録であることが明らかだ。

一方、松下政経塾で注目すべき点の一つに、国政のみならず、地方政治にも多くの人材を供給している点があげられる。松下政経塾ホームページの「議員・首長一覧」（二〇二三年四月二四日現在：七五名）の内訳を見ると、衆議院議員二六名、参議院議員九名、都道府県議会議員一〇名、市区町村議会議員一七名、知事二名、市長・区長・町長一一名、国政と地方政治に分類すると、国政三五名に対して地方政治四〇名となり、国政以上に地方政治への人材が送り出されている。(5) 河内山氏はインタビューで、「松下幸之助さんの思いを達成するためには、手間暇かかる。その取っ掛かりとして、自分たちが責任をもって関与できるのは、地方自治ではないか」（四七頁）と証言している。そして、河内山氏が政経塾時代にオートノミー研究会で議論した内容は、柳井市政を進めていくうえでの骨格を提供する。「『タテ並び、ヨコ並び』になることは、最初からはやらない」（四九頁）という言葉は、象徴的な例である。

さて、『歩み』が出された二〇一九（平成三一、令和元）年に、松下政経塾は創立四〇周年を迎えた。四〇年は人間でいうと「不惑」の節目であり、新たな歩みをしていくには、松下政経塾が日本政治に果たした役割を今一度見直してみる必要があるだろう。本回顧録は二期生である河内山氏の証言によって、松下政経塾の研修内容、塾生たちの政治への思いなどが細かに記されており、松下政経塾の来歴を振り返るうえで、「塾生たちの視点で語られた基礎資料」を提供するものである。

②基礎自治体の首長による地方分権改革に対する証言

本書の特色の二つ目として、地方分権改革期の基礎自治体の首長の証言という点があげられる。一九九八（平成一〇）年の地方分権一括法を契機に始まった地方分権改革の目玉に、「平成の大合併」（一九九九～二〇一〇年）がある。本書には、「実際に合併を行った当事者」である基礎自治体の首長からの証言が載っている。

さて、「平成の大合併」について触れる前に、河内山氏による柳井市政について概観したい。河内山氏が市政を進めるうえで重視したものは、「経営」であり、初登庁時の「経営感覚ある行政」という言葉に端的に示されている。これは、松下政経塾生時代のオートノミー研究会での学びに出発点を求めることができる。河内山氏は一期生の小野晋也氏、野田佳彦氏、橋川史宏氏らとの議論を通して、「自治と経営の親和性」という疑問にたどり着いた。この疑問に対する河内山氏の答えが、「経営感覚ある行政」・「タテ並び、ヨコ並びはしない」・「まちづかい」という理念であった。

まず、「経営感覚ある行政」である。この意味は、「民間の手法を取り入れて行政の品質を高めていく。あるいはそのコストを下げていくこと」（一二八～一二九頁）であると、河内山氏は述べている。この発想は、NPM（New Public Management）を先取りしたものである。次に、「タテ並び、ヨコ並びはしない」である。この言葉は、前例や他の自治体のことを過度に気にする必要はないという意味合いで用いられており、河内山氏の挑戦する姿勢を示している。そして、「まちづかい」である。河内山氏は「まちづくり」でなく「まちづかい」という言葉を使う理由を、「まちづくり」が古いものを壊して新しいものをつくること、いわば、開発型の政策になってしまうことに求めている。そのため、地域資源の活用を意味する「まちづかい」を用いた。具体的な政策やスローガンとして、白壁の町並み、CI（シティーアイデンティティー）、「役所の中では間違い探し、まちに出て宝探し」（一三六頁）、柳井金魚祭りなどについて説明している。河内山氏は、「誘致の発想」ではなく、「内発的なまちづくり」を目指した。一方、「経営」は弱者の切り捨てを意味しない。それを端的に示すものが、「交通まちづくり」という視点である。河内山氏は、交通機関の重要性を指摘する。二〇二二（令和四）年八月以降、JR東日本が赤字路線を公表し路線縮小の方針を打ち出したことを考えると、三〇年先を行く提言であったといえよう。あわせて、離島対策にも触れておきたい。河内山氏は平群島に内在する資源を活用し、人口が増えるさまを語っている。(6)

このように、河内山氏の掲げた「経営」という理念に基づいた施策は、柳井市を活性化させた。「自治と経営」の調和をとったものが、河内山氏による柳井市政であった。他にも、ICT、議会運営、若手職員との懇談会、助役（副市長）人事、六次産業化、水利、文化行政、防災など、多くの政策について言及されている。詳細は本書に譲るが、河内山氏の証言は「何十年も先」を見据えたものである。一九九〇年代にこれだけのことを行えていたことに、驚きを禁じえないだろう。

それでは、「平成の大合併」に触れてみたい。河内山氏が市政を担った一九九三（平成五）年二月から二〇〇五（平成一七）年二月は、「地方分権改革」が進められた時期である。「地方分権改革」に対しては、『証言地方自治　内務省解体―地方分権論』(7)、『地方自治史を掘る――当事者たちの証言』(8)、『地方分権二〇年のあゆみ』(9)などが刊行されているが、これらは中央省庁側の証言が多く、「実際に合併をした自治体の様子」をうかがい知ることは難しい。一方、本書には「合併した当事者の思い」、「実際の合併時の留意点」が随所に記録されている。大きな違いである。

まず、「合併した当事者の思い」である。二〇〇〇（平成一二）年の地方分権一括法施行以降に進んだ地方分権に対して河内山氏は、「地方分権に関わった様々な人たちの努力というのは、正当に認めなければいけない」（二一一頁）という立場を示す。だが、「形式的な分権、形式的な財政の構造改革はできるが、本質的なところは伴わない」（二一一頁）点に課題があると指摘する。また、実際の合併に対しては「国をあげて合併をやることは、地方行政に関してみるとよろしくない。特に、数まで目標を決めてやるのは見識がない」（二六四頁）、「地方財政措置で後押ししてまで合併を進めるのはよろしくない」（二六四頁）と厳しい評価を下す。一方、「行政改革の観点から行政の組織をスリム化、簡素化、合理化するという方策として、合併は一つの道具としてはいい」（二六五頁）と、評価する点もある。前者は地方自治体の内発的な動きでない点への批判であり、後者には柳井市の経営者としての思いが現れている。

さて、実際に合併をした自治体の様子である。柳井市の合併について確認したい。二〇〇二（平成一四）年六月二一日に近隣四町（大畠町、上関町、田布施町、平生町）との合併をめざして、任意協議会である「柳井地域合併検討協議会」が発足して合併について協議されはじめ、最終的に大畠町と合併して二〇〇五（平成一七）年二月二一日に新しい柳井市が発足する。その過程について本書では詳細に述べてはいないが、実際の合併において、「大半の自治体は一定の時間まで〔議員〕在任の期間を延ばす特例を設けられました」（二七〇頁）と、合併を経験した自治体に生じた事実を証言している。また、「柳井市みたいに一市一町合併であれば、次の選挙に出る予定のないかたが職務執行者になる」（二七〇頁）、「月性さんの顕彰を新しい市においても引き継いだということが、旧大畠町のかたの琴線に触れたのかな」（二七二頁）と、合併においては相手がたのアイデンティティや歴史を尊重することの重要さも述べている。

このように、合併を進めた中央政府の記録に対して、本書は実際に合併をした自治体の首長の記録であることが明らかだ。そのため、両者の記録を突き合わせることによって、「地方分権改革」の実態を深く理解することが可能になるだろう。本書は「平成の大合併」で合併する側の飾らない気持ちが描かれたものである。当然のことであるが、合併から十分に時間が経過していないため、全てを語っているわけではない。そのため、本書の刊行を契機に、同時代の他の証言が出てくること、本書が他の自治体の様子を知るうえでの一里塚になることを願っている。

さて、地方分権改革とは文脈が異なるが、中央政府と地方政府との関係を考えるうえで、社会保障政策との関わりについて触れておきたい。河内山氏は「三位一体の改革」の時期に、全国市長会国民健康保険対策特別委員会委員長、厚生労働省社会保障審議会委員に就任するなど、社会保障政策との関わりが多い。社会保障政策におけるオーラル・ヒストリーとして、『戦後社会保障の証言――厚生官僚一二〇時間オーラルヒストリー』が刊行され、厚生官僚の証言が公開されるようになった[10]。一方、本書では基礎自治体の首長の視点から一九九〇年代以降の社会保障制度の変化が証言されている。また、ときに全国市長会というアクターを通して国の社会保障政策への関わりが随所に散りばめられており、双方を見比べることによって全国市長会というアクターの発言力が大きいことを知ることができる。例えば介護保険制度である。『戦後社会保障の証言』では、介護保険制度の導入をめぐって厚生省と市長会・町村会とで議論が紛糾したことが、厚生官僚の視点から述べられている[11]。河内山氏は、「介護保険をつくろうと思ったところで市長が本気で反対したら、政府はできるかもしれませんがオペレーションまではできないとよくわかりました」（二八六頁）と市長会の視点から述べている。そして、本書で一番の見どころは、「三位一体の改革」での生活保護削減をめぐる攻防である。生活保護の国庫負担を削減することがほぼ決定していた際に、当時の安倍晋三官房長官に、直談判して決定を覆した事実から、全国市長会というアクターが大きな影響力をもっていることがあらためてうかがえよう。

③「プレ自伝」としての一冊　最後に、「プレ自伝」としてのオーラル・ヒストリーの可能性について触れておきたい。本書は、河内山氏の前半生について語ってもらった一冊である。一般的に自伝や回顧録は人生の晩年に記されることが多いが、本書は河内山氏が還暦を迎える前に刊行されている。再度強調するが、編者は、日本で刊行されているオーラル・ヒストリーが「人生の集大成」として編まれつつある傾向に対して、「タイミングを逃すと記録を残せなくなる」という危惧を抱いている。そのため、「集大成でなく、前半生であっても記録に残しておくべきではないか」と考え、「半自伝」オーラル・ヒストリーという視点から、政治関係者に聞き取りを行ってきた。(12) その結果、「本格的な自伝を著す前（プレ）の自伝」としてオーラル・ヒストリーを蓄積させていく道」にたどり着いた。本書は、その一つの成果でもある。

現在刊行されているオーラル・ヒストリーを俯瞰すると、国政関係者へのオーラル・ヒストリーに比べ、地方政治関係者へのオーラル・ヒストリーは少なく、都道府県の首長のオーラル・ヒストリーとして鈴木俊一（元東京都知事）、長野士郎（元岡山県知事）、宮澤弘（元広島県知事）などのものがある一方、(13) 基礎自治体の首長のものは管見の限りでは見当たらない。そのため、本書は基礎自治体の首長を対象としたオーラル・ヒストリーの嚆矢となるだろう。なお、自身の筆で編まれた自伝とオーラル・ヒストリーとの違いとして、オーラル・ヒストリーは聞き手が用意した質問紙に沿って話を聞いていくため、話題が広がりやすい点があげられる。オーラル・ヒストリーとは、聞き手によって「補助線」が引かれた回顧録ではないか。

さて、本書のように基礎自治体の首長へのオーラル・ヒストリーを実施することは、十分に記録が残されていない分野に記録を提供することを意味しよう。そして、本書のように成果が公開され、共有されることによる受益者は、地域の住民である。首長の証言は、市民にとっての財産でもある。つまり、基礎自治体の首長へのオーラル・ヒストリーを増やすことは、記録を残し、公開し、市民の財産を増やす効果をもたらすだろう。少し話が飛躍するが、本書のような記録が自治体史編纂の一役を担える存在になることに期待をしたい。

本書は、一九九三年に「全国最年少市長(14)」として山口県柳井市長に当選した河内山哲朗氏の前半生を記した、「プレ自伝」である。本書を契機に基礎自治体の首長たちが記録を残し、公開してくれることを期して止まない。


最後に、本書が刊行できたことに御礼申し上げたい。河内山氏のインタビュー記録は世に問う価値が高いと編者は考え、氏の了解を得て、出版の道を探った。幸いなことに歴史や政治の分野で定評のある吉田書店が出版を引き受けてくださった。しかし、編者二人の仕事の環境が大きく変わったこともあり、出版に向けての作業が滞った。そのため、河内山氏と吉田書店には多大なご迷惑をおかけした。辛抱強く我々の作業を見守ってくださった河内山氏と吉田書店に篤く感謝申し上げます。

＊本稿は編者の個人的見解であり、編者の所属する組織とは関係ない。

註

（1）「財団法人松下政経塾設立趣意書」（松下政経塾ウェブサイト https://www.mskj.or.jp/about/mission.html 二〇二三年七月二八日閲覧）。

（2）河内山氏へのインタビューより前の二〇一一年七月から実施したインタビューについては、新嶋聡「オーラル・ヒストリー研究の現状と可能性に対する一考察――『半自伝』オーラル・ヒストリーの提案」（『立教新座中学校・高等学校研究紀要』第四四集、二〇一五年三月）。

（3）「プレ自伝」という視点は、編者の一人である新嶋が日本アーカイブズ学会でポスター報告をした際、フロアのかたから寄せられた意見である。御礼申し上げます。

（4）例えば、御厨貴・牧原出・佐藤信『政権交代を超えて――政治改革の二〇年』（岩波書店、二〇一三年）、山口二郎・中北浩爾編『民主党政権とは何だったのか――キーパーソンたちの証言』（岩波書店、二〇一四年）など。

（5）「議員・首長一覧」（松下政経塾ウェブサイト https://www.mskj.or.jp/almuni/politician.html 二〇二三年七月二九日閲覧）。

（6）インタビュー中、編者は休校になった小学校が再開したくだりに、目頭が熱くなったことを覚えている。二〇二〇（令和二）年三月三一日をもって再び休校になったことは残念なことである。

（7）本間義人編『証言地方自治　内務省解体―地方分権論』（ぎょうせい、一九九四年）。

（8）東京市政調査会編『地方自治史を掘る――当事者たちの証言』（東京市政調査会、二〇〇九年）。

（9）地方自治制度研究会編『地方分権二〇年のあゆみ』（ぎょうせい、二〇一五年）。

（10）菅沼隆・土田武史・岩永理恵・田中聡一郎編『戦後社会保障の証言――厚生官僚一二〇時間オーラルヒストリー』（有斐閣、二〇一八年）。

（11）同様の指摘は、介護保険制度史研究会、大森彌・山崎史郎・香取照幸・稲川武宣・菅原弘子編『介護保険制度史――基本構想から法施行まで』（社会保険研究所、二〇一六年）にもある。

（12）新嶋、前掲「オーラル・ヒストリー研究の現状に対する一考察」三九～四九頁。

（13）鈴木俊一『官を生きる　鈴木俊一回顧録』（都市出版、一九九九年）、長野士郎『わたしの二〇世紀——長野士郎回顧録』（学陽書房、二〇〇四年）、同『長野士郎　岡山県政回顧』（山陽新聞社、二〇一四年）、宮澤弘『地方自治に生きる　宮澤弘回顧録』（第一法規、二〇〇七年）。

（14）余談となるが、二〇二三（令和五）年四月の第二〇回統一地方選挙で、兵庫県芦屋市長に高島崚輔氏が二六歳で当選した。「史上最年少市長」誕生と報じられたことは記憶に新しい。この選挙から三〇年前の「最年少市長」が河内山氏である。若手市長の流れは、途絶えていないのである。

【ま行】

【や行】

【ら行】

【わ行】

主要人名索引

著者紹介

河内山 哲朗（こうちやま・てつろう）

1958年、山口県柳井市生まれ。

1981年、早稲田大学法学部卒業。1986年、松下政経塾卒塾（第二期生）。

1993年、山口県柳井市長に就任。以後、2009年に退任するまで4期務める。

詳細は本書所収の関連年譜を参照。

編者紹介

小宮 一夫（こみや・かずお）

文部科学省教科書調査官。駒澤大学大学院人文科学研究科・専修大学法学部非常勤講師。

1967年、三重県生まれ。

中央大学大学院文学研究科博士後期課程修了。博士（史学）。

著書に『条約改正と国内政治』（吉川弘文館、2001年）など。

新嶋 聡（にいじま・さとし）

中央大学杉並高等学校専任教諭、立教大学社会福祉研究所特任研究員。

1981年、群馬県生まれ。

立教大学大学院法学研究科法学政治学専攻博士課程後期課程単位取得退学。修士（政治学）。

自律と自立のまちづくり
元山口県柳井市長　河内山哲朗回顧録

2024年2月22日　初版第1刷発行

著　者　河内山　哲　朗
編　者　小　宮　一　夫
　　　　新　嶋　　　聡
発行者　吉　田　真　也
発行所　合同会社 吉田書店
102-0072　東京都千代田区飯田橋2-9-6 東西館ビル本館32
TEL：03-6272-9172　FAX：03-6272-9173
http://www.yoshidapublishing.com/

装幀　野田和浩　　印刷・製本　藤原印刷株式会社
DTP　アベル社
定価はカバーに表示してあります。

ISBN978-4-910590-19-6